思想觀念的帶動者

文化現象的觀察者

本土經驗的整理者

生命故事的關懷者

心靈工坊 PsyGarden

Master

對於人類心理現象的描述與詮釋
有著源遠流長的古典主張，有著速簡華麗的現代議題
構築一座探究心靈活動的殿堂
我們在文字與閱讀中，尋找那奠基的源頭

超個人心理治療

心理治療與靈性轉化的整合

布蘭特·寇特萊特——著　易之新——譯

Psychotherapy and Spirit

Theory and Practice in Transpersonal Psychotherapy

BRANT CORTRIGHT

目次

第二部　治療取向

第三部　臨床課題

第四部　結論

編按：附錄二所標示之數字為原文書頁碼，請對照貼近內文左右之原文頁碼。

【推薦序一】

對話整合的需要迫在眉睫

蔡昌雄／南華大學生死學系

《超個人心理治療》一書的出版已有相當的年歲，如今出版社評估後再版，足見台灣社會的心理學術與實務應用領域對此一主題內容的確存在著相當程度的需求。我個人基於宗教心理學研究的專長背景，以及在生死學研究領域與臨終關懷實務場域的長年教學經驗，超個人心理意識一直是核心的知識內容，所以這本書便成為我的許多課程必備的參考教材，也是許多研究生撰寫相關主題論文時必定會引用的文獻書目。因此，我對這本書的內容及其當代價值都有相當的個人體驗。當此書再版之際，我遂不揣簡陋，願意簡要分享個人心得，試為之序。

首先，我認為本書的價值與特色在於，它將當代超個人心理治療領域的各大流派、基本理論、批判意見，以及實務應用領域的爭論議題與發展趨勢，都囊括在內，既是一本超個人心理治療的絕佳入門指引，同時也對想要深入研究者提供了座標定位圖；可使初學者減少摸索的時間與錯誤，也讓深入研究者避免見樹不見林的缺失。

其次，我認為本書對有心探究超個人心理及其應用的學習者，具有熟悉議題及參照比對的功能。當代是一個邁向科際整合的世紀，同時也是一個實踐領導理論反思的年代。近年來將靈性或超個人意識觀點融入心理治療的趨勢日漸明顯，於是靈性與心理這兩層介面的整合論述就成為非常急迫的重要課題。例如，在超個人意識理論的部分，意識光譜的作者肯恩・威爾伯（Ken Wilber）晚近就致力於他所謂的「整合心理學」（Integral Psychology）的建構，目的即在針對跨越不同意識層級議題進行梳理統合；而佛教與心理治療或諮商的結合，也面臨到佛教「無我」的教義與心理學核心概念「自我」的理論調解與實務操作的可能性探索；此外在臨終諮商的領域，也有將適用於日常意識層級的心理治療取向，如羅傑斯人本學派，與超個人意識取向的威爾伯心靈意識地圖，加以整合的需要（《臨終諮商的藝術》作者喬治・賴爾〔G. Lair) 即對此做出貢獻，在臨終諮商的領域發展出意識促進的模式〔facilitative model〕）。凡此種種，在本書中皆可以找到深入探索的線索。因此，閱讀本書在探索超個人心理學應用在實務領域時，可以起到類似旅遊導覽地圖的功能，確立自己的定位與方向。

最後，在知識性、技術性與功能性之外，本書在思考如何建構二十一世紀靈性心理學藍圖的過程中，亦深具啟發意義。雖然作者布蘭特・寇克萊特（Bryant Cortright）在本書中幾乎未提出個人對靈性心理整合的論述，但是他非常稱職地為這項工作打好了地基，非常詳實周延地介紹了主要流派及其主張，同時也羅列了主要批判思考及有待整合的議題。當讀者有幸讀到《榮格與史坦納：靈性心理學的曙光》（心靈工坊，2023）這類深入闡述靈性與心理整合之道的書籍時，對照寇克萊特撰寫的這本書，一定能有相輔相成的作用，因為任何深入思考靈性與心理整合課題的人，都需要對超個人意識的各家主張、論述、議題及批判反思，建立起一定程度的前理解基礎，而本書就是這方面的好幫手。

對於生命靈性深度抱持敬畏好奇的人們，超個人意識領域的經驗探索，充滿了無限的可能。然而這也是一條難行道，主要在於廣闊無垠的宇宙意識，反映在個體意識上時，就成了尚未被轉化的潛意識陰影。所謂「千里之行，始於足下」，出發時能備著一本標示重點與警示的導覽地圖，對於超個人意識之旅的旅人而言，是絕對必要的。我因對本書有多年閱讀、教學及研究指導應用的經驗，且獲益甚豐，故以野人獻曝之心，為同好學人推薦。祝福有心閱讀本書之人，能夠法雨均霑，喜悅安樂！

2024 年十二月五日

【推薦序二】

從「地球新意識（New Earth Consciousness）典範」看超個人心理學

陳珏吟 Jade ／意識進化推動者、螺旋・光・意識｜多次元能量中心創辦人

能量、頻率、通道

首先，超個人心理學就不能只當作是一套理論學派來看待，而是理論加實踐（靈性修練）並進！ In the daily base ！這是我當年（2005）在舊金山灣區學習超個人心理治療時入學的第一個要求。

我是透過非母語的的方式來學習超個人心理治療的，這讓我的學習更有「效率」，因為它牽動了我啟動另一個維度去理解理論架構本身所要傳達的靈魂意涵。

高中時期，為了追尋在我身上發生所有事情的答案，我走上深度自我探索的旅程，開始研究佛洛伊德與金剛經，也接觸了西藏度亡經理解靈性的世界，在當時，正是布萊恩・魏斯（Brian Weiss, 1992）《前世今生》在台灣問世的年代，我的身體很清晰地用自己的方式尋找答案。27 歲的我在進入超個人心理治療領域前，已經是個修行多年的藏傳佛教徒，在大學受社會學的薰陶，延續到性別教育研究所裡，已將整個「後現代／解構主義意識典範」學到了骨子裡；碩士論文寫的是客體關係。當時在一切

都被解構得暈頭轉向時，我一直在尋找：「那然後呢？」到底在後現代意識典範裡，在女性主義的知識海裡，我所認知的一切都崩解了、一切皆可批判時，我在思索的是，下一步到底在哪？我經歷了「正」、「反」、之後的「合」在哪？至少當下我很篤定地知道，絕非止步於此。

帶著這樣的問題意識，我前往美國加州尋找生命的解答。而生命在顛沛流離下也輾轉地將我帶到了讓我的眼睛為之一亮的所在，那也是我第一次，認識了超個人心理治療這個名詞。與其說超個人心理學的內涵到底是什麼，不如回到自身身上，「我」是在哪個時機點，被超個人心理學所吸引；這個問題本身已經是在「量子物理意識典範」的思維範疇中。如果我們對於所處的「現代化資本主義」開始反思，進入到批判的「後現代解構主義」裡，來到「量子物理意識典範」，看見「我」和萬事萬物的連結、那張巨大的網在哪，我們又站在哪個落點裡和這張巨網連結，你就能夠更理解你所站在的時空維度裡，看見超個人心理學和你之間的關聯，這才能夠真正地進入到超個人心理學的內涵與精髓。

我還記得當年在上肯恩．威爾伯（Ken Wilber）的四度象限時，授課老師曾經說過一句話：「Wilber 的系統不能只是用眼睛看，而是要眼睛閉起來看。這種能力就如同當你看見一顆橡樹子，你就能夠透視整個地球。」

我也想沿用當時老師的那句話：

> 「超個人心理學不能只是用眼睛看，而是要眼睛閉起來看。」

這門學問我從學習到實踐總共近二十年，也曾經為了回答學生一個問題而創立「曼達拉之旅：十三堂心理療癒的歷程與覺醒之路」工作坊，來傳遞我對超個人心理治療的理解。我完全無法從頭腦來定義它，也一直無法給好奇的心理學界專業人士一個完整又滿意的回答。我只能回頭看見這些詢問的人，反問：「你現在在哪裡？」因為，超個人心理學的範疇存在於「整合意識典範」裡，也就是「量子物理意識典範」的下一個人類進化。如若你還落在「資本（理性）主義」或「後現代（解構）意識典範」的位子上，想必這門學問對你而言就是一門獵奇的新興崛起心理學或現今流行的身心靈產物罷了！當然，頭腦的理解有其作用，即便此刻頭腦與靈魂還尚未形成通道，但至少會為你在接下來的意識進化裡種下一顆種子。在我的經驗裡，每個意識進化進入到下一個階段都會經歷一次崩潰與瓦解，人類文明的演變、社會變遷與靈性覺醒的歷程皆是如此。內在會有一段歸零、停滯、「毫無意義」的週期，為上一個階段的意識給予整合、融合的空間，承接著崩潰與瓦解這相當重要的歷程，我稱為陰性週期。意識的發展與進化為陽性週期，陰陽須得平衡，才能夠完整地進入到下一個意識典範，否則，只是頭腦在自得其樂，但身體仍處在熟悉的舒適圈大啖美食（新意識）卻毫無移動，或些微淺嚐一口美味的鮭魚罷了！

而當年的我，在接受性別教育女性主義的解構／批判至極致後（從社會學的訓練開始就已種下批判意識），當時的我，在尋找人生的下一個階段。我想知道，當我從原生家庭出生之後所有建構出來的世界，已然一一瓦解、分崩離析，所有我相信、學習、所有的約定俗成與理所當然，都在逐步瓦解之後，我的下一步，在哪？帶著這樣的問題意識，我來到了美國尋找解答，這答案的落點有二，一為舊金山灣區的超個人心理治療，另外一個就是神聖能量點的靈氣啟動。

我們現今已然來到「地球新意識典範」，也就是「整合意識典範」的下一個階段。就在邁入水瓶世紀的開端，我收到了這份推薦序的邀約，此時我便明白，這已經不再是當年的我和超個人心理學之間的關係了，這是在人類的覺醒下，人類的集體意識已然可以涵納這門磅礴且無法言喻的學問了。這股無法言喻沒有語言、啟動靈魂之聲的學問，已經和人類覺醒的意識頻率產生共振，我們擁有更多的能力來看見我們潛意識裡的黑（深度心理治療的黑暗地圖）、以及我們的光（來自靈魂密碼 DNA 裡的原始訊息）。超個人心理學就是將現今人類的本質透過地球語言表達出來的一門學問（人類的本質、意識所能涵納的範圍永遠在一個進化的移動中不會停止）。整合在英文裡是 integral，「整合意識典範」的關鍵字，我認為這很內在歷程，是超個人心理學裡意識移動的路徑，透過整合、涵納舊有意識並擴張；在實務操作上，我們用的視角叫 holistic，全人視角，擁有整合意識的治療師帶著 holistic 的視野來框架他的個案（框架的形成反應每種治療學派的處遇方針，框架不可避免，治療師都有看見自身框架的能力，supposedly ！）。我猜想，當地球進化到了新意識典範，才能夠為人類給出更寬廣的框架去理解「整合意識典範」裡頭的超個人心理學，而這也是為何就在水瓶世紀的今日，超個人心理治療將會逐漸成為眾人追逐的主流知識典範的原因。

布蘭特・寇特萊特（Brant Cortright, 1997）所撰寫的這本「超個人心理治療」為這個領域提供了一份清晰明確的地圖。既然是一份地圖，那麼讀者可以透過縱覽地圖的全貌，「初步」感受超個人心理學這個國度的風情樣貌、人文景觀，從這份地圖中找到你有興趣的落點所在（不同理論取向）自行深入探索／探險。無論文字的釋義為何，你都可以找到靈魂與之共振的語言，這就是超個人心理學迷人之所在，你會找到自己的某個靈魂碎片。

近年來身心靈產業逐漸在市面上蓬勃發展，從人類意識覺醒的角度來看，這是一個令人欣喜也是必然的過程。然而，市面上所謂的「身心靈」常常都只是狹隘地被用來指稱新興的、快速學習的靈性療癒法門，亦或是某種和新時代掛鉤的時髦新語言，並非將心理治療／深度心理覺察的能力涵納進來，缺乏落地的「身體」感官知覺感受、「心理」陰暗面的關照、與「靈性」修煉全方位（holistic）的視野。如此全方位的覺察功力底蘊需要至少花費數十年，相較於現下「身心靈」工作者急於求成、急於「服務」他人的社會現象，不免容易引發內心的混亂，形成社會亂象。

超個人心理學，可以是一門自我觀照、自我照顧的學問。為人類新興崛起的身心靈產業提供一個強而有力的地基與後盾，一個全方位觀照自我的索引。我在學校（包含實習）共花了四年的時間學習超個人心理治療，而這四年最大的重點不在學習如何成為一名優秀的治療師，而在於如何啟動全方位的視角來重新認識我自己、透過各種超個人心理治療學派來療癒我自己。「我」，是我服務的第一個對象。

舉個現下很流行的字眼「靈性迴避」（spiritual bypass）就是在超個人心理學中所探討的現象。這個專有名詞是在 1984 年由超個人心理治療師約翰・威爾伍德（John Welwood）所提出，也是我個人當年很喜歡的超個人心理學家之一。心理治療（特別是在精神分析學派裡）有一個很重要的核心在於喚醒我們自我（ego）真正的感覺感受。而這在沒有深度心理意識、只專注在靈性修行的身心靈工作者身上，就很容易會產生一種現象，如同寇特萊特（Cortright, 1997）在本書中所描述的，我們在進行這些所謂的靈性修煉（無論是佛家的禪修或是當代身心靈工作者常言的沉浸在光與愛之中、或進入合一意識等等）時：「同樣的做法（靈性修行）也可能是為了防衛，掩飾表面的感受，勉強用另一種感受取代原有的感受……這種自我肯定容易使禪修者（亦或是身心靈工作者）脫離自己真正的感受……」而形成威爾伍德所描述的靈性迴避現象，強化心理結構的失功能，迴避情緒感受與內在創傷，藉由靈修來迴避我們的黑暗面、我們的真實面，致使我們和自己的核心自我愈來愈遠，和真正的靈性修行背道而馳。

在我的工作經驗裡，常見的防衛機制有否認、潛抑、解離、分裂、合理化等等。當身心靈工作者無法接納或覺察到自己的黑暗面，無法真正認識到自己的脆弱，就遑論去協助他人、服務他人。寇特萊特（1997）是這麼下結論的：「如果人格特徵的扭曲未經處理，自我的防衛結構就會常常影響到禪修（也可指當代身心靈各種靈性流派）。」

在當下「地球新意識典範」裡，人類已經有能力「知道」靈通、靈性能力原本就是我們本質上的一部分，存在於我們的DNA 密碼裡。是我們過去的創傷將 DNA 裡的光體密碼蒙上了灰，一層一層地覆蓋上。每個人都擁有記得前世的能力，每一個人也都有超越五個感官的靈通能力。如果刻意去快速「學習」急於求成，確實容易引發所謂的「走火入魔」。此魔為心魔，解藥在深度心理治療、在潛意識裡，這裡面有完整的黑暗地圖，進入地獄，你的神通就被埋藏在那裡，不在你的靈性導師手裡。從錯誤的通道取得原本的力量，本就不是一條對的路徑，而超個人心理治療有解答、有地圖、有通道有路徑，它完整地帶領我們深入黑暗，看見自身的光。然而，人類於此，該有內心主軸通道連接本源，一切外在的理論或靈修系統，都在服務你的本質核心，善用它。

因此，我也竭誠地鼓勵這群真正有心要服務人類的身心靈工作者，可以將超個人心理治療當作你在這條路上的地圖，並且扎實地將靈性工作與深度自我探索當作終身的修煉。本書只是一個開端，如何繼續往下走，你的身體會告訴你。

時機到了！人類正在逐步覺醒中，我們開始在找回曾經遺失的靈魂碎片，一片、又一片……

2024 年十二月　深秋的台中

【譯序】

喚醒心理學的靈魂

本書譯者／易之新

每當看到書上介紹「心理學」的定義，是從希臘字源的「靈魂之學」演變到當代的「研究行為與心理歷程的科學」時，總忍不住有點無奈又心痛的感覺，好像看見我所愛的人少了什麼，不再是原來的她！

在一次超個人心理學講座中，有學員好奇、急切地詢問：「我經常聽到超個人心理學，但超個人心理學到底是什麼呢？」由於那次課程只是一系列講座中的某個主題，很難詳實回答那麼廣泛、龐大又基本的問題。但由於那次經驗，我開始思考，在台灣的心理學界，以及對心理探索、自我成長有興趣的人中，「聽說過」超個人心理學的人恐怕比我所以為的還要多出許多，但這些人的大多數很可能也像那位學員一樣，對超個人心理學既好奇，又不知從何了解。

檢視台灣目前出版的書籍，和超個人心理學有關的書實在不多，而且大部分都只介紹這個領域中的一小部分，比如榮格的書和理論已有多本被譯成中文，但並沒有清楚、明確地將榮格觀點連結到整個超個人架構的書籍；肯恩．威爾伯也是超個人心理學的重要理論家，其著作已被翻譯出來的大約有四、五本，但大多缺少理論與實務的連結，而且較重視靈性傳統，不夠「心理學」；有一本《明日之我》介紹阿沙鳩里的心理綜合學，還有李安德神父的《超個人心理學》也較偏向此學派，並未詳細介紹整個超個人心理學的架構和脈絡；2004 年開始，國內還陸續出版了「鑽石途徑」的書，但這也只是超個人心理學的重要學派之一。我在此前翻譯的《超越自我之道》雖然是許多超個人心理學大師的精采文集，編者也費心以前後連貫的方式編排文章順序，但仍沒有提供清楚的整體架構，也較缺少貼近治療實務、現實人生的經驗分享與討論。

我在學術領域的學習過程中，超個人心理學可說是非常陌生的異類，可是，在華人的真實生活、自我成長課程呈現的內心世界、治療室出現的所謂「精神疾病」和「心理問題」中，常有許多經歷被主流心理學和精神醫學忽視、誤解、簡化、扭曲，但在超個人心理學這個異類中卻能受到重視和探討。其他主流學派當然各有其重要性，只是不約而同地忽略普遍存在的靈性、宗教經驗，而這正是超個人心理學吸納的部分。然而，超個人心理學並不只是探索這些被忽略的現象，而是希望同時容納主流心理學的成就與重要的靈性、宗教現象，將兩者結合，試圖看見並探索人性和意識更完整的面貌。

難得心靈工坊文化公司願意引介這個重要卻被忽略的領域，在譯完《超越自我之道》後，總編輯王桂花女士拿了一本大部頭的超個人心理學教科書給我，考慮出版，我雖然喜出望外，卻勸她不要勉強出版這麼厚重、難讀的巨著，然而，我心裡仍覺遺憾。一年多前，有一天，我在誠品外文書區看見本書，翻閱之後，喜出望外，深覺目前需要的就是這種不但簡要清楚地介紹理論架構，而且細膩刻畫實務經驗的書。

一年後的現在，欣見此書有了中文版，也希望此書對耳聞超個人心理學的人，或是對此好奇、有興趣的同好，甚至已默默投入這個領域的專業人士，都能有一點貢獻或助益，更期待有心人能開始彼此對話、交換經驗、激盪新知。

字首大寫的 Self 近年來逐漸被越來越多人翻譯成「自性」，譯者雖不認同，但在二版中決定從眾，以免讀者困惑。

書中 meditation 一字雖然大部分指的是佛教禪修或由此衍生出來的修行方法，但有時又用在冥想等類似而又不同的情形，譯者統一翻譯成比較大眾化的「靜坐」，但依據上下文有時仍譯成「禪修」，在此說明。

（原序寫於 2005 年）

【導讀】

貼近東方文化的心理療法

呂旭亞／榮格心理分析師

超個人心理學是心理學的一個新範疇。從七〇年代萌芽、發展，到八〇年代重要的理論家出現，建構了這個學派的基本論點，致力將心理學的關注焦點從個人的病態擴大到超越性與靈性。也就是將宗教、哲學所關注的人生終極議題放入心理學的內涵中，將宗教的內容用心理學的角度重新詮釋，對古老的宗教行為賦予現代心理學的新意，這也正是超個人心理學所涵括的知識領域。

從歷史的角度來看，現代化、全球化的發展，對上個世紀的西方社會造成了一波前所未有的宗教衝擊。東西方的宗教與各種文化發展出的靈性修行法門，與亞洲的移民一起大量湧進北美社會；日本禪宗、西藏密宗、印度教各種支派紛紛在西方社會建立他們的社群，教導與傳布過去數千年來只活在他們自己文化裡的宗教概念、修行方式與宗教儀軌。這種二十世紀後殖民的宗教現象，迴然不同於十八、十九世紀西方殖民者帶著長槍、重炮四處掠奪之餘，對神祕的東方密教以獵奇方式的蒐集與展示。

超個人心理學最重要的理論建構者肯恩．威爾伯，就是深受印度教吠檀多哲學與佛教思維的影響，發展了意識光譜的理論模式。之後而起的重要理論家米契爾．瓦許本（Michael Washburn），則以西方基督宗教的概念為本，以榮格的深度心理學為藍圖，繪製另一幅心靈發展的地圖。威爾伯與瓦許本兩人各據一方，激烈地爭論有關人類心靈意識發展的形貌，也就是超個人心理學的主要內涵：**東、西兩大文明所發展出來的心靈操練傳統，如何以現代心理學的概念重述**。在不斷地論戰與爭鋒下，東西方心靈之學的歧異與共象為超個人心理學奠下了基礎。原本以西方文化為範疇，以西方心靈發展為認知主體的傳統心理學，在超個人心理學的身心靈全人典範中，不僅是局限的，在文化視野上也是偏狹的。由於超個人心理學的發展，東方心靈之學正式進入西方心理學理論的建構，質變了心理學的本體論。

本書以清晰、簡明、易讀的方式闡述超個人心理治療的理論與實務，幫助我們看見這幅嶄新的地圖。全書分四部分，共有九章。

第一部分介紹超個人理論，共有三章，從理論開始，試圖將心理學的範疇延伸到超越性和神聖性的領域，以全人性、高度重視靈性的觀點，將各種靈性智慧的傳統與現代心理學結合起來。

超個人心理學的心理—靈性架構可以分別從靈性和心理學兩個面向來探討。在靈性的面向上，涉及東西方不同文化背景和哲學取向的宗教傳承，超個人心理學致力於結合這些不同的世界智慧，以兼容並蓄的角度探討靈性的轉化；在心理學的面向上，歷史上三大心理學勢力雖各擅勝場，看似互不相容，但如果從身心靈的全人角度來看，也都可以在超個人的整合架構下分別具有轉化的意義。

靈性和心理學可以共用的語言是**意識**。意識的研究為超個人心理學理論的建構基石，不論是各種靈性傳統或心理學派，都能為意識的研究提供不同角度的方法，而超個人心理學的架構和超個人心理治療的實務，都是建立在這種整合各種取向，致力於探索涵蓋超越意識層面的整體意識範疇。

超個人心理學理論發展到一個階段後，開始思考這些觀念能不能幫助人、治療人？有些人面臨的困境和心靈發展的高層次是否有關？如果有，要如何辨識、如何解決？不同於平常的意識層次出狀況時，可不可以用精神分析、行為學派、人本心理學等既有的方法來處理？如果不行，有沒有其他特定的方法？

本書的第二部分介紹各種超個人心理治療取向的精華，並說明各家的優缺點，包括肯恩．威爾伯的光譜模式、榮格學派、鑽石途徑、心理綜合學、葛羅夫的全方位模式、超個人存在心理治療、超個人精神分析和以身體為中心的超個人取向。這個部分可視為這些學派理論的入門導讀。

超個人心理學試圖超越疾病模式，探討如何使人更健康、更成長，使人的意識有更深更廣的擴展。但在深層或高層意識的發展中，不論是哪一個學派或傳承，也常伴隨各種問題或危機；在西方心理學和古老靈性傳承的結合中，對意識發展問題的處理，有許多互補或互斥的現象。

本書第三部分以四章討論各種相關的重要臨床議題。傳統心理學常常忽略或簡化這些重要的臨床議題，超個人心理學的視角則慎重面對這些人類既有的現象，以更深入的方式在臨床上幫助人得到轉化的機會。

第五章討論各種靈性道路的修行方法和心理治療之間相輔相成的配合。第六章談到靈性道路可能產生的各種危機（也就是所謂「走火入魔」），並結合心理治療與靈性成長的觀念，使危機化為成長的轉機。第七章透過迷幻藥經驗探討超常意識狀態，使我們了解禁忌之物在謹慎處理的態度下，對人類意識經驗和心靈成長可以有哪些貢獻。第八章則探討結合靈性與心理學時，值得深入探討的一些主題，如出生與死亡的意義、藉靈性逃避心理衝突的現象、成癮的問題等等。

第四部則是本書的結論，綜論超個人心理治療實務的原則，讓我們看見心理工作放入靈性架構之後，可以有涵融、多面向、充滿意義的樂觀展望。誠如作者所言：「超個人心理學站在獨特的位置，是唯一能整合、涵蓋人類所有經驗的心理學取向。」

台灣社會蓬勃發展的各種宗教與靈性活動，充斥著各樣的商業或類商業行為。靈性與宗教追尋與物質世界如此靠近，信眾捐款建造巨大雄偉而華麗的廟宇，彷彿西方中世紀贖罪券的再現。在台灣購買昂貴的宗教飾品，參加宗教活動以求得個人與生活的順遂，似乎成為流行的趨勢，可是其中所顯露「靈性物質化」（spiritual materialism）的危險卻鮮少被心理學者觸及。在面對人際關係、個人發展受挫的心理問題時，人們大都選擇靈性層次的解決方法，尋求神佛之助，以逃避面對自己的內在衝突與挫折。

虔誠的臣服在宗教信仰裡到底是靈性的追求，抑或是個人藉宗教的教誨以閃躲或壓抑個人內在問題？千百次的誦經祈禱有可能不會消除我們的心病，反而讓不健康的心理狀態找到一個合理的宗教庇護所。這些將「靈性」作為逃避個人生命挑戰的做法，會因為靈性的崇高性、宗教的絕對超越性而更難被挑戰，也造成更巨大的合理化防衛；其損失則是將靈性活動世俗化，而無法提個人真正靈性上的轉化。

心理治療長久以來並不關注「靈性逃避」、「靈性物質化」、「靈性危機」等衍生的問題，以及人們在宗教靈性所遭遇的許多困境。超個人取向的觀點及心理治療方法，企圖補足此一缺失，回應這個需要，對於釐清與處理靈性發展中所可能發生的病態有許多特別的關切，針對許多宗教或靈修現象也提出許多討論。在台灣，人們投入宗教靈修，作為人心解危紓困的方法，遠遠超過尋求心理專業的現況，是台灣心理助人工作者不能自限及自外於超個人心理學的原因。

當西方心理學大量湧入充滿靈性觀念的台灣社會時，我相信結合兩者的超個人心理學有助於我們發展本土的心理學；而透過這本好書深入淺出介紹，更可以讓我們有一個很好的立足點來發展貼近東方文化的心理療法。

【前言】
超個人的世界觀

超個人心理學已經行之有年，散播各地。每天都會出現新的書籍、雜誌、文章和相關工作坊的活動，反映出逐漸嶄露頭角的超個人世界觀，並快速散播到其他領域，包括人類學和生態學。它是越來越強大的勢力，碰觸到文化、思想和社會的所有範疇。 1

雖然超個人心理學及其衍生的觀點牽涉到許多領域的努力，但它是從心理治療開始的，也對這個領域造成最大的衝擊。它孕育出許多新的療癒和成長方法，也為許多臨床問題提出新的見解。雖然超個人文獻快速增加，卻往往各自有其獨到的觀點。現在正是把超個人心理治療理論和臨床實務的各種主要發展，簡明扼要地結集成書的時候。

這就是本書的企圖。書中第一部分綜觀超個人心理治療的理論架構；第二部分介紹當前主要的超個人心理治療取向；第三部分檢視這個領域的重要臨床議題，以及臨床和專業倫理的困境；第四部分試圖將超個人心理治療在實際臨床工作中包羅萬象的原則，做某種程度的結合。

由於本書的焦點是心理治療，所以討論的重點放在最相關的主題，並未談到更大範圍的超個人運動的諸多影響，比如十二步驟計劃、自助運動、薩滿、生態女性主義、超自然研究，以及許多有重要貢獻的力量。 2

到目前為止，大部分超個人文獻都熱烈維護既有的理念，這種情形非常正常，因為超個人心理學剛萌芽時，理論還不穩固，需要支持和保護這個新興的運動。可是，這種情形也使超個人心理學的觀念和理論缺少嚴謹的檢視。

本書除了呈現超個人心理治療的現況，也對這些理論、研究方法和治療技術提出批判性評估。超個人心理治療發展到當前的階段，這種評估是必要的，因為超個人領域既然日漸茁壯，也發展出許多理論，就可以承受更多檢視。如果沒有挑戰，就無法確知何者是有效的，也無法修正或去除無效的部分。我相信這種批判性評估其實代表一種力量，可以使超個人心理治療更為完滿成熟，因為只有讓理論接受嚴格的檢視，才能使超個人領域發展為強壯、健康的成熟學派，更徹底地融入心理治療領域的專業論述。我期望本書能對超個人心理治療興起時不斷討論的嚴肅、複雜議題，有所貢獻。

在進入正文前，對超個人文獻和本書使用的 ego 和 self 兩字，要先做簡短的說明。在不同的脈絡中，ego 和 self 各有許多不同的意義。大部分超個人和靈性文獻，特別是東方的靈性體系，會交替使用 ego 和 self，意指獨立的「我」的感覺，也就是自我意識。可是，在精神分析中，ego 和 self 各有非常特定的意思，ego 是心智器官，和 id（本我）[1]【編註一】、superego（超我）共同組成心靈；self 則較接近「我」的感覺，有時被定義為主動行動的獨立中心，在時空中被經驗成連續存在的我。榮格的用字和精神分析類似，可是他又加上一個字首大寫的 Self（自

1　編註一：id 的含義接近英文的 it，譯為「本我」有背離原意的疑慮，因此漸有學者倡議放棄「本我」的譯法，以「它」、「伊底」、「本它」等代之。

性）[2]【編註二】，是心靈中的核心原型，連結到人的靈性本質，但 3
與靈性本質不同，無法直接體驗。印度教的 Self 是指 atman（梵我），也就是自有不變的靈魂或終極的靈性存有，印度靈修目標的開悟，就是直接認同這種 Self 的經驗。這些不同的字義可能會使人相當困惑，所以必須了解上下文的脈絡。為了讓本書的脈絡清楚，特別在此說明：本書談到 ego 和 self，都是指「我」的感覺，但討論精神分析或榮格思想時，則是根據各自特殊的背景來使用這幾個字的意義。[3]【譯註】

2 編註二：本書舊版（2005）將 Self 譯為「靈性我」，但因近二十年來，榮格心理學在台灣受到矚目，相關出版品繁多，Self 一詞的譯法一般也固定譯為「自性」（也有譯為「大我」），因此本版採譯「自性」。

3 譯註：根據作者的解釋，本書中文的 ego 和 self 均譯為我或自我，當 ego 指精神分析的意含時，則加上引號成為「自我」，以資區別；又，self psychology 在國內譯為自體心理學，關於學派名，譯者從眾，但單獨使用 self 時，仍譯為自我，而非自體。

第一部

超個人理論

【第一章】

基本假設

不論是遺傳學、生物化學、神經科學的研究，或是家族系統、母嬰互動、早期童年的發展，都無法為生命的基本問題提供滿意的答案，也就是說，只考慮到天性或教養的表面解釋，都不是真正的答案。只有涵蓋並超越先天和環境的靈性面向，才能為人類存在的問題提供適當的答案。而超個人心理學結合了世界各種靈性傳統和現代心理學的知識，也為這方面提供了無限的可能性。

大部分超個人心理治療師有時仍會懷疑（或是像我一樣，幾 7
乎天天都感到懷疑），所謂超個人心理治療到底是什麼意思呢？

有太多種方式都被視為超個人心理治療，從看起來非常傳統、世俗的方式，到非常激進、古怪的方法，不一而足。但真的和案主坐在一起時，超個人取向的治療的形貌到底是什麼呢？把超個人的理念轉化成行動時，是根據治療師的做法，還是根據治療師是什麼樣的人呢？治療師要如何在一般公認的心理治療實務中，探討靈性的範疇呢？有沒有一些共通的原則、方法或指導方針，可以說是超個人取向的特徵呢？

有些疑問非常實際：靜坐對治療有益嗎？靜坐和心理治療間的界面是什麼？超常意識狀態的處理是如何輔助心理治療？靈性危機（詳見第六章）使我們對心靈和精神病理學的認識有什麼啟發？這些議題對療癒和成長有什麼意含呢？

還有一些疑問集中在治療關係：治療師在案主的靈性生活中扮演什麼角色？是超然的見證人、支持者、老師，還是靈性導師呢？治療師是否須積極提供靈性的指引？如果答案是肯定的，又
應該在什麼時候、以什麼方式提供呢？這是很微妙的問題，因為 8
牽涉到治療師專業身分的界限。如果治療師的角色混雜了靈性導師或指導者的角色，對治療和訓練有什麼意含呢？更令人困擾的是，我們憑什麼認為自己能有效地訓練出能夠勝任的治療師，遠遠優於其他早已產生良好靈性導師的體系呢？超個人心理學最基本的疑問，或許就圍繞在個人與超個人的關係上。自我和靈性之間有什麼關係？這種關係的本質又是什麼呢？

目前，充滿創造能量與活力的超個人領域正站在心理學的演化邊緣。雖然這門新興學科有許多令人稱道之處，包括其中的實

驗、推擠過去的傳統界限、創新的方法和令人興奮的事物，但其中仍有危險之處，這些危險不容忽視，需要加以了解和處理。本書試圖討論這些議題。

超個人心理學的定義

超個人心理學結合了世界各種靈性傳統和現代心理學的知識。

各種靈性傳統和現代心理學為人類歷代提出的基本疑問「我是誰？」提供了兩個最令人關心和注目的答案。各種靈性傳統在回答這個疑問時，深入內心所得到的答案是「靈魂，一種靈性的存在」，各種宗教的修行就是這些靈性傳統試圖與這種內在深處本體連結的方法。相反地，現代心理學則提出非常不同的答案，心理學向內看所提出的答案是「自我，一種心理的存在」，而深度心理治療就是重新認識自我、療癒自我、自我成長的心理旅程。

超個人心理學試圖結合這兩種答案，以全新的方式綜合這兩種深入人類意識的方法，並保持對兩者的尊重。超個人學術圈
9 有一種陳腔濫調：「你需要先成為某人，然後才能成為無我之人。」其實這個議題非常複雜，但這句話確實反映出超個人心理學關注的重點：發展自我，同時重視超越自我的需求。

就超越自我的範疇而言，意識可以開啟形形色色的經驗，遠超過佛洛伊德最初關於本我、「自我」與超我的構想。意識被視為一種廣闊、多面向的存在，可以展現「神聖存有」萬古常新的

諸多面貌。這種集體的宗教智慧認為所有存在都是一種浩瀚的靈性實相，所有人類（以及所有生物和萬物）都具有這種靈性實相的性質。

這些存在已久的傳統認為自我（心理的存在）是基本的靈性素質、存有基礎中最表面、最容易看見的部分，心理學的任何詮釋都只考慮到事物的表相，所以必然有所不足。現代深度心理學穿越心靈的表層，發現了不為人知的潛意識（unconsciousness）動力，而宗教傳統的教導更指出外在「自我」心理存在的維持有賴於至高、終極的靈性意識來源。

不論是遺傳學、生物化學、神經科學的研究，或是家族系統、母嬰互動、早期童年的發展，都無法為生命的基本問題提供滿意的答案，也就是說，只考慮到天性或教養的表面解釋，都不是真正的答案。只有涵蓋並超越先天因素和後天環境的靈性面向，才能為人類存在的問題提供適當的答案。

從另一個角度來定義超個人心理學，就是探討「超個人」（transpersonal）的字義。《韋氏大辭典》說明字首 trans 出自拉丁文，有兩個意思，就是超越或跨越，trans 的第一個定義是指「在上方和超越」，比如超越經驗（transcendent experience）會使我們超越平常的意識。第二個定義是指「跨越」或「從一邊到另一邊」，比如跨越大西洋的飛行（transatlantic flight）是指飛機從大西洋的一邊飛到另一邊。這兩個意思都適用於超個人心理學的定義。

「超越個人」的定義是超個人心理學草創時，最初所強調的 10
意義。事實上，超個人心理學有時被認為只包括超越個人的內容，比如神祕經驗、超常意識狀態、拙火經驗（詳見第六章）、各種超自然現象（如超感官知覺、靈視、通靈、心電感應等）、薩滿的歷程、合一狀態、瀕死經驗等等。雖然這些「超越」個人的現象確實是超個人心理學的一部分，但超個人心理學近年來的重心已逐漸轉變方向，試圖尋找日常生活、一般意識中的神聖性。

Trans 的第二個定義「跨越」也適用於超個人心理學，因為超個人心理學橫跨個人的範疇，不但承認傳統心理學探討的自我和潛意識，不斷探索這些部分，而且把個人心理學放入更大的架構中。自我仍是超個人心理治療關注的焦點，但是把傳統心理學帶進更大的靈性脈絡，使個體的自我跳出空虛的存在，進入靈性教導指出的更廣闊層面。

將「超越」和「跨越」兩種意義結合起來，就可以說「超個人」的意義涵蓋了個人和超越個人的兩種層面，所以超個人心理學不但研究靈性如何在個人身上表現，也研究自我的超越。

從這個角度來看，超個人心理學為所有傳統心理學的知識提供了更寬廣的視野，不但涵蓋傳統的心理學，更使心理學進入嶄新的模式和靈性的架構。

超個人心理治療的定義——理論與實務

我們習慣把心理治療區分為理論和實務。理論層面包括哲學
的世界觀、對人性的基本假設、對研究對象的概念，以及形成理
11 論和實務間橋樑的方法學。技術層面則是指運用方法學的工具。
每一種治療取向的背後或多或少都有明確的理論、產生改變的方

法學，以及實行方法學的技術或整套技巧。

舉例來說，在傳統精神分析中，理論的層面包括潛意識、防衛機轉、本我及「自我」和超我、本能理論、夢等等觀念；方法學（產生改變的方法）則是移情作用的處理；技術層面則包括自由聯想、詮釋和夢的解析。再以生物能學派為例，理論層面除了以身體為焦點外，其他部分非常類似精神分析；方法學則是軟化身體的盔甲（盔甲是指長期緊繃的肌肉模式，導致活力的喪失）；技術則包括各種呼吸練習和壓力的宣洩，使身體像充電一樣，增加能量的流動，使盔甲軟化。

在各個取向中，技術來自方法學，方法學則來自理論。不論是哪一種學派的心理治療，每一種技巧隱含的理論都包括對人性的基本假設。當對方哭泣時，不論是根據老祖母的理論，把感受視為需要壓抑的危險，而說：「好啦，好啦，別哭了，一切都會沒事的。」或是根據感受的體驗和表達是有益的理論，而說：「請你和眼淚同在，繼續呼吸，讓眼淚說話。」兩者都隱含對人性和成長的假設，卻產生不同的反應。本章和下一章要檢視超個人的理論，下一章還會檢視超個人理論產生的方法學。本書其餘部分則探討理論和方法學在臨床應用的意含。

沒有任何特定作者的理論能完全涵蓋整體的超個人心理治療，各個理論家如肯恩・威爾伯（Ken Wilber）、卡爾・榮格（Carl Jung）、史坦尼斯拉夫・葛羅夫（Stanislav Grof），分別代表超個人心理學的某些特定觀點，就好像政治和藝術有許多觀點並存一樣。不論是佛教、基督教、薩滿的「心理學」所定義的
超個人心理治療，都不能完全代表當前的超個人心理學。拉塞爾 12
（Russell,1986）認為這些靈性體系都缺乏西方心理學的重要洞

識，如果將它們稱為心理學，會遺漏大部分現代心理學的發現，比如鑑別診斷的分類、兒童發展理論、精神病理學理論，以及內在衝突、防衛機轉、潛意識動力等等觀點。超個人心理治療也不能由特定的主題來界定，比如靜坐、超常意識或靈性危機（雖然這些是最顯而易見的主題）。超個人理論不只是這些特定的觀點，而是從廣泛的心理靈性視野來說明人生的歷程。

不斷修改的理論地圖

超個人理論並不是一種統合一致、界限分明、條理清楚的取向，這個領域才剛興起，具有許多不同的構想和綜合理論，包括許多尚未開發的範疇。還有一點很重要，超個人理論就像所有理論一樣，只是現實經驗的組織方法，並不是現實本身。柯季布斯基（Alfred Korzybski）在多年前痛切地說：「地圖不是真正的領域。」他還說：「地圖不能代表整個領域。」我們必須牢記，不管理論地圖再怎麼詳細，還是會遺漏一些東西。柯季布斯基的第三句話說：「地圖需要不斷修改。」提醒我們了解地圖的本質：地圖需要隨著知識的進步不斷重新評估和校正。超個人心理學就像人類努力的任何領域一樣，一直是「不斷進步的工作」。

超個人心理學的歷史演變

超個人心理學雖然仍在草創階段，但還是有其歷史發展。這個領域剛開始時，前二十年的文章大多著重於人類經驗的「極致」。《超個人心理學期刊》（*Journal of Transpersonal*

Psychology）第一期的宣言中，有一段話可以說明這一點：

> 《超個人心理學期刊》出版的理論和實務研究、獨
> 創的貢獻、經驗性文章、論文和課題，包括下列主題：
> 超越性需求、終極價值、合一意識、高峰經驗、狂喜和
> 神秘經驗、存有價值、本體、至樂、敬畏、驚歎、自我
> 實現、終極意義、自我的超越、靈性、日常生活的神聖 13
> 化、合一、宇宙性覺察、宇宙的劇本、個人和所有物種
> 的協調、最大的人際相會、超越的現象；最大的感官知
> 覺、反應和表達；以及所有相關的概念、經驗和活動。

這種說法在今日似乎顯得有點好笑，因為強調至樂、狂喜、宇宙性合一等等內容時，苦難、痛苦、傷害、精神病、戰爭、貪婪算什麼呢？日常生活又算什麼呢？可是，我們必須了解超個人心理學在一九六〇年代末期興起的背景，當時的氛圍瀰漫著極樂、驚歎和敬畏，社會出現革命性的劇變，似乎在街頭轉角處就能出現開悟。雖然超個人心理學被批評為脫離現實，只狹隘地注重人類生活的極致，但這個階段確實提供了必要的歷史目標，使原本被心理學模式忽略或病態化的人類經驗受到關注（比如佛洛伊德輕看神祕經驗，視之為退化成子宮裡有如沉浸在海洋裡的合一經驗）。

超個人心理學注意這些經驗，跳出傳統科學、唯物論、笛卡兒的世界觀，而產生重大的典範轉移，轉向更全面、更靈性的遠景，並強調靈性的追求是人類不可或缺的動機。探索神聖的部分，不論是稱為上帝、大梵（Brahman）、佛性、實相、終極存

有、真理、神聖的愛，或是別的名稱，都是所有歷史階段和文化的重要啟示與力量，卻被傳統心理學完全忽視。超個人心理學把這個核心的推動力放到心理學舞台的中央，不再加以忽視或棄置於邊緣。（在這個過程中，必須區分宗教和靈性的不同。宗教是有組織的完善結構，有些人從中找到重大的意義，有些人則無法從中得到意義；靈性則是靈魂自由地追尋神聖性，通常不會依附於傳統的宗教組織。）

然而，近年來，超個人心理學已轉移到如何在日常生活中展現靈性。顯而易見地，超個人心理學必須涵蓋全部經驗，不只探討人類經驗的極致，也要包括日常意識中非常個人化的範疇。在
14 靈性道路上帶著一般問題的普通人，也會向超個人取向的治療師尋求心理治療和成長，他們尋找的是能重視他們對神聖性的追求，並尊重他們整個存有（包括心理和靈性的圓滿）的治療師，不會像歷史上許多傳統心理治療輕視或低估他們的靈性追求。舉例來說，現在有許多新興學派探討如何結合靜坐和傳統治療，如何運用關係來展現靈性，超個人觀點如何影響我們對兒童發展、夢、身體療癒、身心症狀的看法，以及超個人觀點如何影響我們了解精神疾病的發展與治療。

從這個更大的觀點來看，即使是探索人類功能和精神病理學的「低下層面」，我們也假定有一種不同於以往的視角。例如，精神病不只是本我病態地淹沒「自我」，也是一種通靈的開啟，可以通向廣大的宇宙力量，使靈性提升和心理療癒的可能性得以展現。

超個人心理治療的關鍵要素：脈絡、內容、過程

方恩（Vaughn,1979）有一篇論文是少數認真討論超個人心理治療問題的文章，他談到超個人心理治療的關鍵要素是脈絡、內容和過程，脈絡包括治療師的信念、價值觀和意圖，內容是指超個人經驗，過程則是從認同開始，再經過去除認同，最後到自我超越的發展。本書會在理論部分討論這些主題。方恩也注意到超個人取向的界定在於脈絡，就此還必須補充一點：使這種脈絡充滿活力的因素是治療師的意識。

在此借用完形治療的一項觀念，把「意義」界定為主題與背景的關係。例如「bow」（主題）這個字依據上下文的脈絡（背景）可以有好幾個不同的意思：弓、鞠躬、船頭。任何主題的意義都決定於背景或脈絡，所以任何特定治療方法的意義在於其中的理論背景。超個人理論的背景為超個人取向的技巧賦予意義和價值，形成方法學的意識則是理論和技巧間的橋樑。

界定超個人心理治療的特徵就是形塑治療過程的理論和方法 15
學架構。我們傾向於從技巧層面分辨超個人心理治療，因為這是治療最顯而易見的部分，可是超個人心理治療並不是由技巧來界定，技巧層面其實是超個人心理治療最不重要的層面。超個人心理治療不是一個特定的技巧模式，這個觀念會造成某些困惑，卻也是力量的來源。例如，羅旺（Rowan）在《超個人》（*The Transperonal*, 1993）一書中就犯下錯誤，把某些技巧（基本心像、積極想像、靜坐）等同於超個人心理治療。可是，即使把所有技巧都丟到一旁，超個人取向仍然存在，隨時可以發明新的技

巧。只要在超個人的架構之中，所有技巧都屬於超個人治療。

有些特定的技巧常常被視為超個人技巧，比如全方位呼吸工作、誘發超常意識狀態的方法、心理綜合學的引導想像，即使如此，提供超個人意義的仍然是環繞這些技巧的脈絡。有些技巧會被行為治療引用，比如引導想像，但此時與超個人心理學毫無關聯。技巧的意義會隨著脈絡的改變而改變。

從這個角度來看，超個人心理學比較接近人本心理學，離精神分析較遠，因為精神分析中的各個學派所使用的治療技巧非常類似，而人本心理學的治療方式卻有生物能、完形治療，乃至案主中心的取向，形形色色，不一而足。同樣地，超個人心理治療不受特定取向的限制，可以融入各式各樣的技巧。

所以，理論的重要性就在於它是界定超個人心理治療的中心架構。超個人治療中，常常完全看不到超個人的內容，可是賦予意義的架構仍提供了超個人的方向。治療師可以運用行為學派、精神分析或人本心理學的方法（理想上，治療師要接納所有理論模式，但在實務中，大部分治療師有偏好某一個理論的傾向），
16 因為超個人治療的進行沒有固定的技巧或公式。超個人治療不在於治療師的言行，而在於治療師言行背後的無聲架構，可以為特定的介入方法賦予意義。所以超個人心理治療是更寬廣的容器，可以包含所有其他治療的取向。

基本假設

接下來幾章會詳細討論超個人理論，但此處要先提出一些界

定超個人取向的重要假設。在這個領域中，雖然有許多不同的觀點，但仍有一些大家認同的基本原則：

一、人的本質是靈性：超個人心理學認為現代心理學和各種世界靈性傳統對人類身分認同的本質都是正確的，我們的生命本質既是心理的，也是靈性的。但超個人的觀點強調靈性是支持和維護自我心理結構的來源。

二、意識是多面向的：超個人心理學率先探索和研究其他意識層面或狀態。在心理學領域中，這種超常狀態常常被視為病態或無稽之談（比如神祕的合一被描述成「人為的精神分裂」），或完全不予理會，視之為幻想。徹底改變意識的迷幻物質、引發超常狀態的非藥物技巧（如薩滿的旅程、呼吸法、禁食、催眠、靜坐），以及各種世界宗教的研究，都顯示大部分人所經驗的一般日常意識只是整體意識的冰山一角，靈修常常把人推入更大意識的範疇或狀態，顯示出正常意識是多麼的狹小有限。

意識的其他層面能顯示出智慧傳統的真理，所有生命的宇宙性連結，各種外在差異下的內在合一，微細的意識範疇和層次變得更為清晰，物理現象背後的和平、光、愛、智慧和力量。如果心理學排除上述任何層面，都會製造出狹隘的意識理論。 17

三、人類有尋求靈性的強烈慾望，透過強化個人、社會和超越的覺察，表現出追尋完整的意圖：我們可以從追尋完整的角度來看馬斯洛（Abraham Maslow）的需求層次論，使個人逐漸進入自我探索、實現和超越的層次。超個人的觀點把整個心理學劇本視為追尋靈性合一過程的一部分，靈性的追尋不但是健康的，更是人類全然健康與實現所不可或缺的。心理衛生的定義必須包含靈性的面向，才算完整。

靈性的追尋會越來越重要，有可能成為案主生活的核心。大部分宗教傳統的神祕主義教派都指出，所有人類最深層的動機就是渴望追求靈性。馬斯洛的地圖以西方思想肯定許多宗教傳統表達的觀念，就是意識的成長最初著重於自我的身體、情感、心智結構的進展，這個部分正是大部分西方心理學研究的領域。傳統心理學強調動機的層次：生存的需求、性與攻擊、整合感受與衝動的需求、建立親密關係、發展統合的自我，然後透過有意義的工作和活動實現自我。超個人心理學則把動機層次再推進到靈性旅程的背景，在這種旅程中，個體從較基本的需求逐漸邁向更崇高的需求，在旅途中站或終點產生靈性實現的渴望。

從現在的眼光來看，實在很難了解試圖探索人類經驗真相的心理學，為什麼長久以來會避開靈性的範疇，因為這是歷史上任何人類文化最關心的主題。若從西方科學的角度來看，就容易了解這種現象，因為西方科學試圖撇棄所有形而上的推測，只重視
18 可以在實驗中觀察的現象，所以心理學是根據「凡夫俗子」的角度來進行探索。西方歷史中，宗教組織以天主教的形式維持保守的思想，時間長達數百年，直到文藝復興時期，科學脫離宗教，才使人類的探索得到有力的解放。直到現在，我們才做好準備，將靈性帶回科學和心理學的領域。

四、接觸內在智慧與指導的深層來源，不但是可能的，也有助於成長：西方心理治療試圖找出比意識自我更深的指導來源，不同的體系會以不同的語彙描述這種情形。完形治療談到當事人本身不了解的「有機體智慧」，試圖以「有機體的自我調節」取代「自我」的控制；榮格學派試圖以連結到潛意識智慧的「自性」（Self）取代「自我」的控制；自體心理學和客體關係理論

試圖以「核心自我」（nuclear self）或「真實自我」（real self）為中心，而不是以防衛建構出的假我為中心；存在心理治療以「真我」（authentic self）為真正的指引，而不是折衷妥協的不真實自我。所有現代心理治療都以直覺摸索，尋找深層的智慧來源，而不是追求表層的自我。

幾千年來，宗教傳統一直宣稱我們的本性是無邊智慧的來源，我們可以也必須轉向內在，以尋找真正的智慧。有些心理學體系明確地排斥這種看不見的層面（如精神分析和完形治療），有些體系則不予討論，但有些體系則明確地承認靈性的層次，如榮格學派和心理綜合學（psychosynthesis）。

超個人心理治療的目標和傳統心理治療是一致的，都想協助人獲得內在的智慧，使情感和心理得到更大的整合，但不論任何特殊體系或心理學怎麼稱呼這種內在智慧，超個人心理學都認為自我或有機體的智慧來源是更深層的靈性實相。超個人心理治療使西方心理學模糊指出的方向變得非常明確。

五、將意識中的意志和抱負與靈性的渴望結合起來，是最高 19
層次的健康價值：超個人心理治療的基本價值就是確認靈性的渴望會以無數方式表現出來，但不表示走上靈性道路就能清除所有心理問題，也不表示必須強迫人（即使是溫和的方式）進入靈性的道路，而是這種認知方式及更根本的靈性方向能使人更進一步連結上心靈和宇宙的療癒力量（這種力量有各種不同的名稱，如道、神聖意志等等），為心理的整合創造最適當的條件。所以超個人心理學支持靈性的渴望，同時也注意如何處理案主以靈性的渴望逃避精神官能模式的情形，這種情形被稱為「靈性的逃避」（spiritual by-passing），本書將有專章討論。

在靈性的追尋中，治療師必須尊重不同的靈性道路，如果武斷地堅持任何特殊的靈性方式，就會嚴重限制超個人心理學的實務工作。我們唯一堅守的教條就是不要堅守任何教條。邁向神聖的道路不只一條，有各式各樣的道路（包括無神論），重要的是對這些道路有廣泛的知識，並加以尊重。

六、超常意識狀態是取得超個人經驗的一種方法，對療癒和成長都有幫助：超個人心理學從一開始就受到超常意識狀態研究的影響，特別是迷幻藥的研究。迷幻藥曾使許多人得到重要的覺醒，能開啟一道大門，使人接觸無限、深刻的存有基礎，為意識揭開許多前所未見或純屬抽象的嶄新可能。印度教經典《薄伽梵歌》（*Bhagavad Gita*）中，克里希納[1]【譯註一】讓故事中的英雄阿朱納[2]【譯註二】看見神聖的概念，對阿朱納產生強烈而改變一生的影響。超常意識狀態的經驗就相當於現代版的神聖識見，可以開啟全新的經驗範疇，具有強大的力量。謹慎地引發超常意識狀態（不一定適用於每一個人），在超個人工作中具有重要的地位。超常意識狀態對身體和心理的療癒都具有非常重要的意含。（詳見第七章）

七、我們的生活與活動都是有意義的：我們的活動、快樂和哀傷都有成長與發展的意義，並不是隨機發生的無意義事件。超越純然科學、唯物或存在的觀點，使我們能從更寬廣的角度看待生活。從嚴謹的存在立場來看，健康就是在無意義的世界中創造意義；相反地，從靈性的立場來看，健康則是找出原本就有的意

1　譯註一：Krishna，印度教三大主神之一。

2　譯註二：Arjuna，《薄伽梵歌》中般度族勇敢的三王子。

義。從超個人的綜合立場來看，則是兩者兼顧，一方面不斷找出更深的意義，另一方面不斷建構和詮釋這個更深的意義。這種意義的發現具有極大的療效，根據法蘭可（Victor Frankl）的觀察，人只要能從中找到意義（不論這個意義看起來多麼可怕），就可以面對任何事。

現代心理學給我們許多教導，重視痛苦、走入其中、感受和探索痛苦，而不是逃避或壓抑它。探索痛苦能呈現其中的故事，使我們進入更深層的生命，當我們向內心深處開放、不怕受傷時，不斷擴展的覺察力就有療癒的作用。

生活的創傷和悲劇常常是內在旅程的動力，在心靈最黑暗、最痛苦的地方，可能會發現救贖之光、安慰的來源、療癒和嶄新的成長。「心理」（psyche）的字源是希臘文，意指「靈魂」，打開「心理」的意思就是向靈魂的轉化力量敞開。超個人的觀點認為靈性的根基是療癒的來源，匿名戒酒會常常有這種實例，成員有時在聚會中述說一生最美好的事就是酗酒，因為酗酒使他踏
上尋求靈性和更新的道路。 21

這種觀點使案主以更寬廣的角度看待自己的成長，邁向更崇高、更圓滿的自我。這種觀點的轉變使人看見外在、表面的劇碼並不是唯一的觀點，生命的成長還有更大的轉化過程。

八、超個人的脈絡以不同的方式看待人和案主：許多傳統的診斷和治療容易把案主看成「他者」，但超個人取向和人本學者一致，把案主視為不斷發展的生命與尋求靈性的同伴，就像治療師一樣。這種觀點使治療師對案主產生慈悲的治療態度，促使治療師更全心全意地投入心理治療，並保持細膩而適當的人際界限。

實務工作

當治療目標受到限制時，技巧也必然有限。可是，當治療目標是擴大意識和整個人類經驗的範圍時，技巧就是無限的。在超個人的脈絡中，可以運用創新和傳統的技巧。

技巧只是評估自我及其深度的方法，並不是目標。每一個人各有適合自己的方法以進入內心世界，技巧的適當運用就是要調和案主的能力和偏好。

合適的技巧可能有：詮釋、回映、澄心聚焦（focusing）、認知的探討、面質、角色扮演、引導想像與幻想、夢工作、身體工作（如生物能、感官覺察、瑜伽、太極拳、合氣道、生物回饋及其他身心學派）、呼吸工作、表達性藝術的技巧、擴大表現法、靜坐、寫作、聲音工作，以及超常意識狀態的工作（如催眠、迷幻藥、全方位呼吸法、薩滿之旅）。

22 一般說來，只要是治療師已經消化吸收的生活經驗，又能擴大意識的方法，就都可以使用。治療師的一生會不斷學到許多好用的技巧。

不論治療目標為何，都可以運用超個人的方向。例如，麻州大學的卡巴金（Jon Kabat-Zinn）的治療工作就是以超個人的方式達到減輕壓力的行為目標，他運用瑜伽和內觀禪修來強化覺察力，以療癒身心的分裂。

超個人心理治療面臨的挑戰

超個人心理治療關於治療案主的實務工作，目前仍令人覺得較模糊不清，本書第二部分會討論超個人心理治療常常把自己定位為某個學派或取向的特定技巧，可是，超個人心理治療其實比任何特殊學派都更為寬廣、包容。在實務中，大部分超個人治療師傾向於在超個人架構中混雜人本心理學或精神分析的取向，但這種態度仍然容易產生排斥異己的治療方式。

本書主張超個人心理治療必須吸收行為學派、精神分析和人本心理學最強而有力的洞識與技巧，才能達到最完滿的境界，使超個人取向不但得到更清楚的界定，也能保持彈性和創新，透過整合和創造的方式，逐漸實現超個人的潛力。

超個人心理治療透過靈性展現的背景來看所有心理歷程，「心理」不再被視為終點，而是開啟更為浩瀚的靈性實相，可以超越並容納心理發展的歷程。超個人取向的特徵就是這種改變的觀點：將心理的圖像置放在靈性的支持背景之中。

超個人心理治療在起初二十年的發展中，多半只是添加而成的混合物（在心理學中加入靈性，但兩者都沒有改變）。但近年 23
來的發展則視之為新的合成物，兩者都經過變化和修正，成為新的整體的一部分。超個人心理學的挑戰就是要嚴謹地發展和檢證理論，在西方心理學理論和靈性傳統中扎根，謹慎地結合這兩種深刻的智慧傳統，形成活躍的嶄新視野。但願超個人心理學能產生更具心理知識的靈性和以靈性為基礎的心理學。

【第二章】

心理—靈性的架構

靈性和心理學傳統都談到我們是什麼、人類狀況出了什麼問題，以及轉化的可能性。超個人心理學的綜合理論致力於整合世界各種靈性和心理學的取向，成為新的整體，嘗試找出成長和改變的基本共通方法。

如果超個人心理治療是靈性和心理學的整合，就必須先描述 25
這兩個領域的整體架構。這兩者對人性和意識的假設是什麼？對
人的成長有什麼意含呢？

心理學和靈性各自以不同的語言和隱喻來描述人類的狀況。「隱喻」這個字眼並不是指這些取向只是幻想或詩一般的意象，因為就某種感覺來說，所有科學和哲學都是隱喻。例如，當代哲學家理查·羅提（Richard Rorty, 1989）把科學思想的發展比喻成不斷重新創造新的語言和新的隱喻，以重新描述人想了解的事物。在後現代語言中，科學和哲學的語言和隱喻都是建構出來的。

靈性和心理學體系都是久已存在的描述和隱喻，和人類自古
以來的經驗有最深的共鳴。靈性和心理學傳統都談到我們是什
麼、人類狀況出了什麼問題，以及轉化的可能性。超個人心理學 26
的綜合理論致力於整合世界各種靈性和心理學的取向，成為新的
整體，嘗試找出成長和改變的基本共通方法。本章試圖說明這個
理論的綱要，我相信這個心理－靈性架構為超個人心理學提供了
最寬廣的架構，即使是較特定的取向都有立足之處，如威爾伯、
榮格、瓦許本（Washburn）、葛羅夫和其他理論家的理論。以
下先檢視這個理論架構的靈性層面，然後是心理學層面。

靈性層面——永恆哲學的靈性架構

為了徹底了解自古以來各種文化記錄的各式各樣靈性經驗，而形成了「永恆哲學」（perennial philosophy，或譯為長青哲

學）。這個名詞最早是由阿道斯·赫胥黎（Aldous Huxley）提出的，用來指世界各種靈性傳統都同意的核心觀念。知名的哲學家赫斯頓·史密斯 （Huston Smith）則做出最詳細的說明，他花了三十多年論述這個主題。雖然超個人領域普遍接受永恆哲學，但不表示大家都同意永恆哲學足以徹底解釋超個人心理學的靈性基礎，而且就哲學論述的本質來看，似乎不可能對這種議題達到普遍的共識。不過，永恆哲學提供的靈性經驗地圖顯然非常龐大，因此，在超個人領域中，永恆哲學有許多**不同的詮釋空間**。

一神論與非二元論

在簡介時，首先要說明世界宗教中的靈性有兩種主要的表現，一種強調人格化的神性（Person Divine），就是一神論或一神關係的傳統（包括大部分西方的靈性），另一種則強調不具人格的神性（Impersonal Divine），或說是非二元論的不二傳統（包括大部分東方的靈性）。

西方的靈性是個別靈魂尋求與神建立關係，主流的基督教、
27 猶太教、回教都是一神關係的傳統，把焦點放在尋找個人與神性的關係，並強調靈魂的實相。也就是說，個體的靈魂不被視為完全與神性分離或獨立，靈魂存在其與神性的關係中，當靈魂和神性割離時，就會產生存在的疏離感、空虛感，或是基督教所說的「墮落」。這種處境的解答就是透過靈修重新與聖靈連結，以尋找靈性的自由、完整和「救贖」。或是不以擬人化的方式來說，神性可以視為人裡面的一種「力量」或「同在」（以《薄伽梵歌》的話來說，就是「上主在每一個生物的心中」），目標是讓

人與這種靈性的力量或同在有更深的連結。

相反地，大部分東方的靈性都強調純粹的靈性，尋求讓個體融入不具人格的神性。佛教、吠檀多和道家都是不二傳統的例子，強調自我的虛幻本質，以及無相、無名、不具人格的靈性實相是存有基礎的終極顯現。

雖然在大部分宗教傳統中，都可發現一神論和非二元兩種取向，但各個傳統的主體都傾向於強調其中之一，所以，基督教、猶太教（喀巴拉）和回教（蘇菲教派）中的神祕傳統雖然都描述到靈性經驗中不具人格的不二層面，但整體說來，這些傳統更重視靈性經驗中與神建立關係的層面。同樣地，吠檀多也有靈魂和人格化神性的經驗，其實大部分印度人和大部分吠檀多學派是一神論的，這一點和一般觀念剛好相反，可是西方較熟悉的是不二論吠檀多（Advaita Vedanta），這個學派認為與神建立關係的經驗比較次要，只是邁向不二大梵經驗的過程。佛教傳統則堅持沒有靈魂，認為終極實相完全是非二元、非人格化的。

值得注意的是，有些傳統不強調一神論或非二元論，而是同時接受神性的兩種面向。印度教特別抱持這種觀點，在其他傳統中，大多也是這種情形。

還有兩點需要注意。首先，永恆哲學同時看見內在的神性和 28
超越的神性，而許多宗教傳統只強調其中之一。其次，女性主義、生態學和第三世界對永恆哲學階級理論的批判，常常導致兩種可能的反應，其一是艾斯勒（Eisler, 1987）、威爾伯（1995）和羅旺（1993）較喜歡的方式，就是試圖解釋階級並非不合時宜，而是受到根本的誤用和扭曲。第二種可能性是把不同的層次看成同時並存的經驗層面，是彼此交織混合的。羅斯伯格

（Rothberg, 1986）對這個主題有絕佳的評論，他認為階級只是呈現或組成永恆哲學的一種方式，並不是永恆哲學的本質。

四種認同和存在層面

在這種背景下，讓我們看看赫斯頓．史密斯所說的靈性架構。他說，從最單純的層面來看，永恆哲學主張有四種認同的層次或層面：

一、身（body）
二、心（mind）
三、魂（soul，「個體性的最終所在」）
四、靈（spirit，個人的大梵／佛性）

身和心（心包括感受）的層次對大多數人是不證自明的，也是傳統科學和心理學研究的層次，可是魂和靈的層面需要進一步解釋，這個觀點認為魂是人超越生死的部分（印度教中輪迴的部分），是超越界以個人的方式在世上的表現，是每個人獨特的靈性本質。

魂是「與神性有關的認同」，靈則是「對神性的認同」。在印度教中，神性就是永恆而本自俱足的大梵。在佛教中，則是佛性。靈的範疇超越了主客二元性，不再有二元性或多樣性：存在的每一件事都視為「一」的展現，所以用「不二」或「非二元」來描述這些傳統。

29 永恆哲學的宇宙論還談到四種存在層次或層面：

一、人間層面（the terrestrial plane）
二、中介層面（the intermediate plane）
三、屬天層面（the celestial plane）
四、永恆層面（the infinite plane）

我們最熟悉的就是人間層面，包括身體感官和心所在的現實界，這是感覺經驗和心智建構的屬地層面。

中介層面有時被稱為靈界，是微細能量、微細知覺和微細物理過程與生命的範疇，是超視覺和通靈現象（如超感官知覺、預知未來事件、知道前世事件等）的層面，也是各種無形實體存在的範疇，比如善靈（提婆〔devas〕和天使）和惡靈（阿修羅〔asuras〕和泰坦〔titans〕）、大自然的靈體、鬼魂，以及剛離開人間的靈魂。這個層面包括我們的微細身體（通常稱為星光體〔astral body〕或以太體〔etheric body〕），以及靈氣的知覺、脈輪和微細的能量場。這個層面也是薩滿的世界，包括善良崇高或邪惡低劣的範疇，薩滿的旅程就是進入這個層面的各種領域。

有趣的是，傳統社會中，常常對精神病人又敬又畏，因為精神病人同時受到中介層面和人間層面的力量所控制。最佳的例子就是附身，在靈性危機的章節（第六章）會進一步討論。

中介層面的另一個特色就是榮格所說的原型層面，這是組成集體潛意識的普遍模式，把精神力量塑造成眼所能見的形式。這些普遍模式也見於神話、共通的象徵，以及世界各地文化的故事和傳奇一再出現的主題。

史密斯認為屬天層面和人格化的神性有關，是一神關係傳統所指的靈性實相。這種神性的臨在（Divine Presence）可能是有

30 形的，也可能是無形的。以形式來看的話，世界宗教傳統有許多神聖存有的形式，例如塔拉（Tara，印度女神）、克里希納、聖母、聖父。西方有神論傳統傾向於單一的神聖存有：典型的一神論。印度有神論的概念則有許多神祇，是人格化神性採用的各種外形，有時被誤稱為泛神論。其實，不同的印度神祇（如濕婆、梵天〔Brahma〕、毘濕奴〔Vishnu〕、卡莉〔Kali〕）只是單一神格的不同反映，是唯一神聖存有的不同面具或人格。

如前所述，這種神聖臨在可以視為存在求道者內心的神（個體的靈魂是神聖存有的一部分），也可以視為全然外在的神聖他者（如猶太教），或兩者皆是（如印度教）。

一神關係論傳統中，靈修的目標是建立人與神的關係，我們的魂渴望與神合而為一，當我們接近這個目標時，魂就會展現各種不同的力量：平安、光、愛、喜樂、力量。這些魂的性質灌注到我們的生命中，解決我們的困惑和痛苦。中介層面是原型的範疇，而屬天層面就是原型的來源。

永恆層面，史密斯稱之為非人格化的神性。這個層面的靈性經驗別無他物，只有神性：自己、他人和世界全是一個靈的不同形式，這個靈是萬事萬物的共同本質。人格化神性的體驗常常具有外形，但非人格化神性的體驗則永遠是無形無相的。事實上，非人格化的神性常常用否定語詞表述，印度《奧義書》稱之為「沒有實質的神性」，或稱之為「非此非彼」；大乘佛教稱之為「空」；道家稱之為無法言說的道。這個範疇是超越一切分別的。

以肯定的性質描述無限時，都只是描述大約近似的性質而已。印度教描述無法描述的大梵時，不斷談到三個部分：存有或存在、意識和至樂（Sat、Chit、Ananda）。神性或大梵不是一種存有，而是存有本身；大梵被視為浩瀚的非人格意識，宇宙的 31
廣大創造都只是意識的劇碼或動作；大梵是我們的終極認同，形成個人意識的基礎。

永恆哲學的吸引力在於其完整性和廣大的範圍，每一種靈性經驗都可以放進這個架構。這個模式也提供了一個背景，可以了解許多傳統間的競爭，這是討論崇高哲學時很少談到的部分。長久以來，有神論和不二論的追隨者之間一直有各種爭論，例如，許多有神論的信徒相信其觀點具有較優越的道德感，認為佛教和吠檀多的追隨者只想逃避世界，脫離輪迴，融入絕對實相。相反地，許多不二論的信徒堅拒任何魂的觀念或神性具有人格的觀點，相信這種經驗若不是出於全然無知，就只是進入更高真理的初階。有神論和不二論的信徒又都把薩滿貶抑為較原始的靈性取向（不過，傳統上，薩滿傳承通常把自己定位成有神論的陣營）。

世界上所有的靈性傳統都相信自己擁有最完整的地圖，並認為其他傳統的地圖較支離破碎。永恆哲學的價值有一部分就在於提供夠寬廣的架構，以了解這些相互競爭的主張；也讓我們得以了解超個人文獻裡某些爭論的背景，比如威爾伯和瓦許本之間的辯論，就可以視為永恆哲學的不同詮釋。雖然個人或有偏好，但對整體超個人心理學領域而言，要斷定何者是靈性真理的主要本質，還言之過早。

轉化的靈性模式

不論是有神論或不二論，所有靈性體系都把我們的身分認同描述成靈性本質，我們的根本身分是靈性的存有、本質或靈魂。此外，靈性語言和隱喻把人類處境的問題解釋為不純淨和潛意識
32 造成的（所謂潛意識也可說是制約的習性造成的無知）。

因為我們受到制約，只認同外在的性質（也就是永恆哲學所說的身與心兩個層次），不知道或沒有意識到真正的靈性本質。不純淨是指我們一直認同冥頑不靈的感覺、粗糙的慾望、感官、身體習慣等等，使我們無法更細微精緻地了解自己的身分。我們的真實本性就是靈性的覺察，但卻受到制約，以至於堅持認同身心覺察的內容，因為向外看的心和感官而感到著迷，只認同意識的內容、感受、感官和思想，使我們不知道自己的真實本質，也就是純粹的靈。這種無知或意識的匱乏，就是痛苦的來源。

從靈性的觀點來看，問題出在無知和不淨，所以靈性體系提供的療方或轉化的可能性，就是淨化和脫離制約，喚醒人看見實相。靈修的設計就是要增加存有的淨化，喚醒意識。各種倫理和道德的規範則有助於表層心靈的平和、安靜和淨化。

在一神關係論傳統中，虔誠、愛和奉獻之類的做法，就是要使我們的存有敞開，接受更高的神聖淨化力量，重建並深化魂與聖靈的關係。在這種合一或與神性的神聖「結合」中，魂得以找到滿足、愛、平和與祝福。

相反地，在不二傳統中，禪修的目的是覺察日常生活運作的機械化和無意識的制約。當意識加深、覺知變純淨時，就能看見自我的空無和虛幻本質。這種真理能使修行者自由，解除外在自

我習慣性認同的束縛，進入靈的純粹與浩瀚。個體的認同融入大梵或佛性的完美、平和與極樂，脫離習慣性認同，覺察更深的靈性實相。

心理學層面——傳統心理學的三大勢力

心理治療有許多學派，包括許多人類成長和經驗的不同模 33
式。心理學傳統把我們的身分認同界定為心理方面的本質，以專業的語言和隱喻來描述人類處境的問題與痛苦的原因。這些模式都像窗口一樣，可以看見人類經驗的各種面向。或是用不同的隱喻來看，各種心理治療學派就像組織知覺的透鏡，可以更清楚地看見人類經驗的不同部分。

我們可以從心理學發展的歷史和概念來分類，以了解這些不同勢力的學派。這些勢力分別是第一勢力（行為學派）、第二勢力（精神分析）、第三勢力（人本心理學）和第四勢力（超個人心理學）。

第一勢力：行為學派

心理學的第一勢力是行為主義，從十九世紀末期的巴伐洛夫（Pavlov）開始，到一九四〇、五〇年代美國心理學界數千個老鼠實驗達到最興盛的時期。行為主義的焦點在於科學上可觀察的現象，也就是學習和行為。行為主義對美國心理學有極為深遠的影響，時至今日，大部分美國心理學入門教科書一開始還是把心理學定義為「行為的研究」。行為主義兩大著名的臨床產物就是行為治療和認知治療，兩者都帶來某些重要的治療進展。例如，行為治療是畏懼症（phobias）的治療方法之一。可是行為主義對心靈的觀點非常局限，因為它只研究外在可觀察的現象。晚近，認知治療開始檢視思考如何影響感受，因為它把思考視為內在的行為（也就是人如何對自己說話，或是「自我對話」），這在理論上是說得通的。認知治療對某些特殊症狀的去除是有用的，特別是某些種類的憂鬱症。

行為的轉化模式：令人驚訝的是，行為主義的觀念最接近靈性的語言，因為它把痛苦歸因於人所接受的制約，人學習（或說
34 是被制約）以錯誤和非理性的方式來感知、思考、對情境做出反應，從而產生負面的感受、憂鬱、焦慮和痛苦。

行為模式對不良制約的因應之道，就是強調以新的學習克服舊有的學習。靈性體系強調脫離所有制約的習性，而行為主義不認為有可能達到這種境界，只認為最多能得到新而較好的制約，具有較大的適應力和彈性。例如，一個本來對橋感到畏懼的人，可以學會放鬆，或是避免因為失敗而認為自己是世界上最不好的人，因而不至於落入想自殺的嚴重憂鬱；只是體認自己必然會犯錯，或只會有輕微的憂鬱。

第二勢力：精神分析

雖然行為主義有許多人類學習上的發現，但建立第一張心靈內在地圖的卻是心理學的第二勢力：佛洛伊德的精神分析。精神分析開啟了人類對心靈的深遠認識，它是最早又持久的深度心理

學，也就是說，除了意識之外，它還探討潛意識。佛洛伊德的洞識對整個現代心理學產生革命性影響，他認為成人受到童年期的決定性影響、夢是有意義的、許多感受和衝動對生活的影響是不受理性和意識「自我」控制的，我們都有潛意識的防衛以抗拒這些感受。我們現在都把這些觀念視為理所當然，但在佛洛伊德之前，這些看法其實是不可思議的。

不過，所有天才都是時代的產物，佛洛伊德也不例外。好比達爾文的適者生存演化觀點正流行於佛洛伊德的時代，許多十九世紀初期的科學隱喻也深埋在佛洛伊德的心理學中。古典精神分析有時被稱為衝突模式，因為其理論包括許多互相衝突的心理力量：衝動與防衛、心與身、自我與社會、邁向成熟與退化的不同力量、本我與超我、性慾和攻擊，都是互相衝突的力量。心靈被視為戰場，心理衝突則是內心世界的主要特徵。佛洛伊德的理論也非常悲觀，他的許多追隨者如榮格、蘭克（Rank）、阿德勒 35
（Adler）、荷妮（Horney）和威罕·芮克（Wilhelm Reich），都反對他的悲觀態度。佛洛伊德曾說，精神分析的目標是把神經質的痛苦減輕成一般的不快樂，這對人類的存在而言，實在不是什麼特別激勵人心的崇高目標。

精神分析的轉化模式：精神分析開創的深度心理學，加上繼之而起的人本心理學，都同意靈性體系的觀點，認為潛意識就是問題所在，但用不同的語言描述這個過程。精神分析描述的隱喻主要集中在成長過程的情緒創傷，人在幼年受到傷害，適應力受到損傷，無法使創傷得到療癒。防衛的隱喻進一步強化創傷的隱喻，為了適應創傷的痛苦，人會保護自己，把痛苦推走。所謂防衛機轉（比如潛抑和否認），是用來描述人如何處理創傷的痛苦，也就是轉移注意力，不去意識到痛苦。

父母由於自身的創傷，無法處理小孩的創傷，小孩需要保持自己在家庭系統裡的位置，於是壓抑自己的感受和痛苦，在一段時間之後，就意識不到這些感受和痛苦，長大後形成長期緊繃的身體姿勢，這是類似事件不斷重複的結果，身為成人以後，仍然以幼時的防衛姿態生活。內心狀態的潛抑和其他逃避的防衛機轉，就成為內在分裂、心靈痛苦和衝突的來源。

治療的方法是透過回憶、重新經驗、釋放和處理舊時的傷口，以得到療癒。深度心理治療的過程就是看清當前的痛苦是舊時創傷模式的重演：重新連結到舊時的傷害，加以感受，然後表達出兒時無法感受或表達的部分。對舊時的創傷有更徹底的感受，並以不同的方式和創傷共處，用口語表達這種經驗，於是開始復原。

36 舊時創傷再度進入意識的過程，需要移除原有的防衛。透過心理治療，抗拒開始減輕，使人重新擁有這些失喪的感受、衝動和經驗。透過較完整的自我表達，重新承認這些失喪的能量，於是內在的破碎和分裂得以痊癒，伴隨著自我覺察和較大的能量（因為能量不再為了讓自我的一大部分躲藏在潛意識中而消耗），自我以嶄新的面貌浮現。

除了上述的創傷隱喻和對抗創傷的防衛外，精神分析的自體心理學還有另一個隱喻，創傷和試圖處理痛苦的防衛使自我得不到充分的發展，導致自我結構的缺陷或斷裂。這種有缺陷的自我結構使人以假我（防衛結構）與他人建立關係，剝奪了健康的活力、自我價值感和真誠親密的能力。所以，自體心理學的主要隱喻就是結構的缺陷和虛假或防衛的自我結構。

這種隱喻把人類問題定位成不穩定或不適當的自我結構，對應之道就是建立新的自我結構。也就是說，透過治療過程，揭露並處理創傷，去除防衛或虛假的結構，讓核心的自我得以浮現。在治療關係中，就要透過情感轉移，重新推動停滯的發展，重新激發受挫的發展需求，經過一段時間後，舊有的自我模式進入發展的過程，經過修改、精煉而發展出新的自我結構。在這種模式中，自我的療癒和成長不只是重新擁有失去的部分，更需要逐漸發展新的結構，得到充分的展現。在這種過程中，自我得以凝聚、有彈性、更能親密、提升自我價值感，並能體認自己的使命或「核心計劃」（nuclear program）。

第三勢力：人本心理學

在一九三〇到五〇年代間，心理學界出現許多不同的力量，比如芮克的身體工作、存在主義、現象學和完形治療。五〇年代最具影響力的兩位心理學家羅傑斯（Carl Rogers）和馬斯洛，促使人本心理學的興起，也就是第三勢力。馬斯洛率先提出「人本心理學」，批評佛洛伊德是只研究病理，而沒有研究健康的人。 37
於是他創造了人類第一張關於成長的地圖，並得到後續研究的證實。

馬斯洛發現人的需求是有等級的，當較低層次的需求得到滿足後，較高層次的需求就會浮現，使人走上增進自我實現的旅程。例如，滿足食物、衣服、安全感和歸屬感的基本需求後，就會升起較高層次的需求，比如自我價值感、有意義的工作、獨特能力的發展，促使人實現自己的潛能，達到創造力和自我呈現的嶄新層面。而根本的活動就是成長，當人進入更大的分化和個體化，就得以展現新的能力與天賦。這個觀點強調身心的全面性、有機性統合，對人生抱持強烈的樂觀看法，使人展現更大的潛能，相對於佛洛伊德對存在的陰暗觀點，以及全然機械化的行為主義，形成截然不同的對比。

人本心理學的轉化模式：人本和存在學派對人的問題增加了新的描述。人本心理學認為自我實現是了解自我具有越來越大潛能的過程。無法實現這種潛能時，會導致心理的痛苦，以及自我和世界的壓迫感。

潛能的實現是這個模式的療癒之道，藉由提升動機的等級，從**匱乏**的需求到**存有**的需求，在提升的過程得到更大的滿足。不論是透過治療或其他方式得到的成長，都能增進自我當前的可能性：擴大自我的選擇，深化其完整的有機體經驗，允許人以新的方式伸展，擴展創造的反應。

芮克的身體工作以另一種隱喻描述人類處境的問題，芮克對人的經驗採取比佛洛伊德更為有機的觀點。芮克以身體的盔甲描述對抗感受的壓抑和防衛。身體的盔甲就是長期緊繃的肌肉，會抑制呼吸，進而壓抑人原本能感受到的興奮與能量，使不受歡迎的感受留在潛意識中。

38 因應之道是軟化身體的盔甲，透過治療使人體驗所有感受和能量，然後身體就能承受和支持更大的興奮感和能量流動，以全然的活力呈現自己。

存在學家則以不同的語彙描述人類經驗，認為人類的基本處境是恐懼、焦慮、死亡的覺察、缺乏意義，以及害怕為自己的行動和選擇負起責任。逃避這些核心經驗會導致不真誠的存在，不願直接面對自己的經驗，而轉向膚淺的瑣事，比如在工作、關係、藥物、娛樂中失去自我，以避免面對存在的痛苦和生命本然的恐懼。

因應之道是以真誠的存在取代不真誠的存在，正面迎向存在的處境，掌握關鍵的議題：責任、選擇、死亡的覺察、意義的缺乏、存在的焦慮以及孤獨。使人能放下不真誠的瑣事，面對死亡，適應存在的孤單與焦慮，負起責任，為自己做出選擇。在過程中，可以創造有意義的生活，真誠表現自己的價值和信念，並承認人類處境與生俱來的痛苦。

第四勢力——超個人心理學的整合架構

心理學的三種勢力都在自我的範疇之內，超個人心理學開始把自我放進更大的脈絡之中。因為即使在人類潛能運動全盛的時期，許多人仍然覺得有所欠缺。馬斯洛本人渴望心理學能超越個人，承認超越的驅力，使人得到激勵。許多力量在一九六〇年代末期匯聚起來，包括醉心於迷幻藥的文化、東方宗教漸增的影響、靜坐，因而產生第四勢力，就是超個人心理學。回顧起來，可以看出超個人心理學是心理學自然的演化，甚至可說是歷史的必然，因為它把個體放進更大的宇宙脈絡之中，不只是個人內心 39
的力量，或是家族、環境、人際的場域，而是展現整體存在現象的靈性實相。

超個人心理學的理念是把三種心理學勢力和歷代以來的永恆智慧整合起來，從超個人的觀點來看，任何模式都沒有錯，只是各有限制。

超個人心理學的志業最令人興奮的部分，就是以空前未有的方式取用所有世界智慧的傳統，因為世界靈性傳統提供了幾千年來的集體研究結果（要以最寬廣的角度來看「研究」這個詞），這些研究結果可以幫助我們了解人類成長的各種可能性。此刻，我們不再局限於單一的體系或世界觀，可以自由運用靈性傳統、現代哲學和心理學。

神祕主義哲學家奧羅賓多（Sri Aurobindo）在八十年前，說了下述預言：

> 大量嶄新的素材湧向我們，我們不但可以吸收印度和世界的偉大有神論宗教，以及佛教意義的復興，還可以納入雖然有限卻很有效的現代知識和追尋；不僅如此，似乎已逝的遠古也披露出許多奧祕，人類意識雖然喪失這些奧祕已久，但現在又再度揭開面紗。這一切都指向一個全新、豐富、浩瀚的綜合體，新鮮而包羅萬有的和諧收穫，使人類同時擁有知性和靈性需求的未來。（1972, p.8）

超個人的轉化模式

雖然上述靈性和心理學模式，常被視為彼此競爭比較的模式，但絕不是互相衝突的。它們是一系列部分相同、彼此互補的隱喻或意象，用來描述人類的處境與轉化的可能。每一個隱喻都碰觸到人類經驗的不同面向，只是靈性隱喻比心理學隱喻更能提供較基本的轉化可能，摘錄於表一。

表一　靈性與心理學的隱喻

	問題	轉化的可能
靈性	不純淨	淨化
	無知	靈性存有的意識
心理學	不良的制約	以新的學習克服舊的模式
	創傷和防衛	消除防衛，釋放，處理而療癒
	自我結構的欠缺：碎裂的自我	建構新的自我結構
	不認識蟄伏的潛能	自我實現
	盔甲、緊繃的情感生活	軟化，向感受與能量之流敞開
	不真誠的生活	真誠

超個人心理學藉由這些介面，看見整體的人類功能，包括的 40
範圍從最器質性的大腦傷害造成的精神病，到最高層次的神祕先知。這些介面各自提供特殊的理論和治療觀點，所以行為學派、精神分析和人本—存在的觀點，可以應用於精神病、邊緣性人格和人格疾患、「正常的」精神官能症或自我疾患，以及所謂「成熟」的人格，各個觀點對病態到理想的整個人類功能範圍，都提供了獨特的用處。

就像瞎子摸象的故事，靈性和心理學體系各自描述人類經驗不可或缺的不同部分。例如，把人類處境視為學習的產物，這是一種整合經驗的絕妙方式，根據這種觀點，精神病、邊緣性人格和精神官能症都是人**學習**以不同的方式整合自己的經驗；每個人

41 經由原生家庭**學習**遠離（對抗）某些情感和衝動，遠離的嚴重程度決定了精神病理的嚴重性。所有治療都是在某一個層面重新學習。

同樣地，早期的創傷和對抗這些感受的防衛，都會造成自我結構的缺陷與不真誠的存在模式，並伴隨著緊繃的身體型態（盔甲）。創傷的療癒和處理包括建立新的自我結構，找出更真誠、更有意義的在世存有（being in the world）方式，同時也會減少肌肉的緊張。

但是，在超個人取向中，所有這些自我的心理工作都被放在更大的靈性脈絡之中。不過，自我的心理工作會以什麼方式影響靈性的展現，在目前還沒有定論，下一章會詳細說明。超個人架構藉由把心理學發現的各種面向的心理經驗，放進存有的靈性脈絡，使心理學延伸到根本的靈性來源，擴展到許多過渡的空間，比如以回溯技巧進入潛意識時，可能使人經歷出生經驗，甚至子宮內的記憶，這些都可能是進入超個人範疇的大門。

西方心理治療可以視為一種淨化的形式，心理治療工作和療癒過程可以清除某些負面而具有破壞性的衝動、感受與行為模式，鼓勵並促進崇高的價值，比如愛、真誠和脆弱。是否有其他淨化的形式或層面不只是處理心理障礙呢？大部分靈性導師會說「有」，否則完成治療的人都會成了聖人一族，但事實並非如此。超個人心理治療的最大期望是讓心理工作成為靈性淨化中非常重要的一個面向，當然還有許多當前傳統心理治療沒有處理的部分，這還有待未來超個人研究的進展。

超個人的方向比傳統心理治療工作更進一層，認為理想的心理健康和靈性健康與覺察是交織在一起的。光是進入更深層的靈

性存有，就可以產生深遠的轉化，所以所有傳統心理學最多都只是減輕症狀的局部解決方法，只有接觸更深入、更真實的存有層 42
次，心理工作才能為人類困境帶來真正的解答。

一些歷史的偏見

雖然上述心理學勢力的歷史是一般的說法，但那是六〇年代的版本，當前的觀點已大不相同。雖然古典精神分析確實專注於病理，人本心理學著重於受到忽視的人類健康面，可是當代精神分析進行了一項革新，和人本心理學並行不悖。自體心理學和客體關係學派已遠離佛洛伊德的驅力釋放（drive-discharge）理論，從發展的關係模式來看自我。自體心理學檢視自我的成長和發展的停滯（這種停滯會阻止自我的強化和凝聚），把自我看成發展、演化的過程，非常符合人本心理學的成長模式。事實上，自體心理學非常支持人本心理學的理念，也明顯受到存在主義和現象學的影響。雖然當代精神分析持續忽視人本心理學對有機體和身體的強調，但兩者已不再如此疏遠，甚至還難以區分。

心理學演進的討論常常忽略非常貼近整個心理學架構的家族系統理論，由於有許多不同的系統取向，所以更正確的說法是「各種」系統理論。系統理論的方向非常符合當前的心理學架構，策略性家族治療的焦點是改變行為和移除症狀，屬於第一勢力的類別；敘事家族治療強調建構新的敘事，重新建構人或問題，就像認知治療。發展、客體關係理論和原生家庭的取向，屬於第二勢力的類別。薩提爾（Virginia Satir）的聯合家族治療和

43 懷泰克（Carl Whitaker）的存在取向則是第三勢力的類別。如果考量家族系統理論與靈性哲學的貼近，比如佛教的緣起論或一行禪師所說的「互入互攝」（interbeing），反而令人疑惑為什麼家族系統理論的文獻或超個人文獻欠缺這方面的整合，未來數十年必然會彌補這個斷層。

人本心理學的偏見

過去數十年來，行為主義和精神分析一直不斷演變，產生許多嶄新的觀念和聰明的領導人，比如寇哈特（Heinz Kohut）的自體心理學、相互主體性，以及當代的客體關係理論。可是人本心理學似乎停止成長，對一門看重成長的心理學來說，這種結果實在令人意外。自從六〇年代全盛期以來，人本心理學就不再有新的觀念，新的理論家也缺乏創立者馬斯洛、羅傑斯、波爾斯（Perls）的知性境界。就一種運動而言，人本心理學確實不斷演變，比如轉變成超個人心理學。可是人本心理學許多舊有的形式缺少早年的活力和動能，就好像蛇蛻下來的死皮一樣。

就某種意義而言，超個人心理學繼承了人本心理學的議題，把成長的觀點擴充到靈性。不過，在過程中，超個人心理學也繼承了一些人本心理學的偏見。在創立時，人本心理學對精神分析抱持不屑的態度，所有新的運動都有輕視舊運動的強烈傾向，認為自己比較優越。那時常聽到這種話：「我們已擺脫佛洛伊德的廢話。」馬斯洛對這種氛圍有很大的影響，他說：「簡單地說，佛洛伊德提供了心理學病態的部分，我們現在必須補足健康的部

分。」（Maslow, 1968）

雖然馬斯洛的話沒有錯，人本心理學確實增添了我們看待人和潛能的重要面向，這是精神分析所忽略的，但如果據此認為人本心理學「超越」了精神分析發現的潛意識和動機，就言過其實了。這種觀念導致人本心理學界當時普遍的信念，也在今日的超個人心理學界不斷迴盪，認為要先處理精神官能症的童年議題，
然後再進入更高層的成長存在議題。可是，臨床證據並不支持這 44
種看法，反而常有顛倒的過程，案主可能先處理存在的議題，然後才面對童年議題。在臨床實務中，我曾遇見案主在二、三十歲就非常深入地處理存在議題，卻到四、五十歲才發現需要心理動力的治療來處理童年創傷。存在治療和人本治療只做了部分心理動力的工作，結果反而成為成長的障礙。

當我們更仔細審視的時候，就發現這兩類議題並不是全然獨立的。存在的認同、真誠和人生意義的議題，都緊緊連結到童年的創傷和自我的結構缺陷。如果大部分的自我經驗受到潛抑、否認，或是無法取用，就不可能有真誠。必須重新連結自我被否認的部分，才能浮現真誠的存在。自體心理學確切證明了馬斯洛的兩大關鍵概念（自我實現和找出有意義的工作）都需要先處理早期創傷，重新推動停滯的自我發展。填滿自我結構的缺憾、消除防衛的結構，才能找出一個人真正的雄心、天賦和理想。尋找意義不只是以存在的角度面對價值觀和人生哲學，也與整合、凝聚的自我發展密切相關

精神分析和人本——存在取向的比較與運用

其實精神分析和人本心理學處理的是相似的發展層次。精神分析的基礎確實建立在精神病理學的了解，以非常細膩的方式解釋精神病、自戀—邊緣性（narcissistic-borderline）人格，以及正常的精神官能發展，但也闡述了發展的「成熟」層次，這是非常罕見的層次，通常只見於非常深入的心理治療工作之後。而人本心理學也處理這些狀況，使我們更認識較嚴重的精神病理學。存在—人本學家連恩（R. D. Laing）醫師是在精神病人的治療中認識精神病的先驅。也有人以存在—人本的認識取向處理邊緣性案主（見史奈德與羅洛．梅在 1994 年的著作《存在心理學》）。
45 雖然專業人士近幾年對邊緣性人格的治療非常著迷，但精神分析和人本治療的案主大多是「正常的精神官能症」。（附帶說明，雖然近年的心理治療趨勢試圖超越精神病和精神官能症的語彙，但這種說法在臨床上仍然是有用的，本書也會如此使用。）

現在已不能再把精神分析劃分為病理的處理，而人本心理學則歸為健康和存在議題的處理。我們當然不能說精神分析和人本心理學取向是相同的，也不能說它們只是以不同的語言來做相同的事，但兩者確實涵蓋相同的發展範疇，只是以不同的方式看待治療和成長。

整體說來，以精神分析或心理動力來治療，意味著看清當前局限生活處境的創傷來源（較以過去為中心），經由過往的記憶、當前的外在生活處境和情感轉移，來處理舊時的創傷，然後在治療關係中治癒舊日的創傷，重新擁有嶄新的自我，建立新的自我結構，得到更大的自由和真誠。

以人本或存在取向治療則意味著較重視此時此地，以現在為焦點，治療師持續引導人接受自己在當前經驗中的責任，試圖增加各種選擇性。於是案主可能接受自己對家庭、朋友、事業等等的感受，完全擁有這些感受，然後以新的方式與人建立關係，比如更自由地流露感受、保有自己的立場、設定界限、向人說不、選擇新的行為、以新的方式拓展自己、在關係中更真誠。

精神分析與人本取向的治療無法截然劃分開來，彼此會有互相重疊的部分，如果強調特定的取向，反而容易有問題。

有時，治療師會先以存在的方式處理案主（因為某種理由覺得要以這種方式處理），在一些成長之後（數月或數年），又需要以精神分析顯露問題的歷史根源。有時，先用精神分析處理案主（因為某種理由覺得適合如此），經過數月到數年的療癒和成長之後，又需要以存在取向處理，因為案主的自我已進展到可以增加選擇。不能說哪一種方式比較好、比較進步或更健康。

精神分析和人本—存在取向都關心自我的恢復和提升（透過 46
處理昔日的創傷，擴大自我當前的可能性），但差別在於較強調何者。精神分析基本上是以處理過去的創傷、消除防衛、運用情感轉移進入最深的自我，而恢復和提升自我的潛能。人本—存在取向則透過強調當前的自我結構、開啟新的可能性來自由表達自我、運用治療關係學習以新的方式建立關係，而恢復和提升自我的潛能。

兩種取向都會探索過去和現在。精神分析進入過去的程度，比人本取向更仔細，也有更細膩的地圖，但並沒有忽視現在。其實有些當代精神分析作者，如寇哈特、吉爾（Gill）和史托羅洛（Storolow）強調當前的情感轉移，非常貼近人本和存在取向。

可是精神分析師較不強調當前的可能性，而更喜歡揭露問題的根源。所以，強調過去的佛洛伊德最喜歡的問題就是「為什麼？」

人本－存在取向，比如完形治療，比精神分析更徹底展現當前的經驗，對此有較詳細的地圖，但也沒有忽視過去。完成過去的未竟之事，是任何人本－存在取向的關鍵部分，但人本－存在治療師較不強調過去，而喜歡展現當前的結構（態度、長期的肌肉模式、自我設限的行為），並增加「現在」的可能性。所以，強調現在的存在心理治療師博斯（Medard Boss）最喜歡的問題是「為什麼不？」，以質疑現在的自我設限。

我覺得精神分析和人本－存在治療之間，有一種辯證的關係。不論當前的自我達到什麼程度，人本－存在取向會增加有效的選擇，可能在幾年的治療後，效果逐漸變差，進一步的治療就要轉向精神分析，揭露埋藏更深的創傷，「連線」到舊有的自我，以建立新的自我結構；同樣地，這個方法在數年後走到一種地步，效果常常又變得不佳。當自我結構得以擴大和發展，就進
47 一步開啟所謂存在的可能性，可以表現出更多擴大的自我，但日後又會走到效果不佳的情形，於是再開啟新的治療焦點。稱職的精神分析師會交替運用兩種方式，處理過去和擴展現在，但較偏好前者。能幹的人本－存在治療師也會交替處理過去的創傷和擴展當前自我的可能性，但較偏愛後者。任何良好的治療都不能排除兩者之一，差別只在於較強調哪一部分。

馬斯洛在晚年撤回早期的主張，開始批評人本心理學過度樂觀和忽略心靈陰暗面的特徵，可惜他的批評被大部分人本運動所忽視。馬斯洛在過世前進入精神分析領域，肯定精神分析對人性的洞見。他發現自己一生曾如何逃避自己的生氣、暴怒，看見藏

在陰影中的內容，並了解自己建立的人格理論強化了自身的防衛態度（Schwartz, 1995; Hoffman, 1988）。

人可能「不再需要」心理工作和「處理完」早期創傷的謬誤

先前的世代遺留一個錯誤的觀念，認為人可能把精神官能症的早期創傷「處理完畢」，從此「不再需要」心理治療。從瑪勒（Mahler）以來的作者就主張最早期的客體關係和分離—個體化的問題會在整個生命周期一再迴盪。內在的心理工作對我們脫離壓抑的潛意識模式，有極大的幫助，並能釋放全新的心靈層面，但永遠不能說已經「做完」這種工作，這是六〇年代的幻想與錯覺。在我個人的經驗中，自認已完成心理工作的人，常常是最否認自身問題的人。

在大量內在工作之後，心理層面的問題確實比較不會佔據人生舞台，使人的功能得到改善，讓心靈能量更自由地流入當前的工作、愛與生活。但這個人並沒有「結束」內在工作，而是在人生舞台上越來越清楚看見生命中其他重要的事，包括靈性的部分，只是有時還會因為往事的迴盪而出現新的心理問題，使當前的功能受到影響。舊日創傷會一直引發新層面的問題，也越來越容易透過內在工作來處理。療癒的深度是沒有止境的，被否認的 48
舊自我會以新的面向浮現，整合到不斷演進的自我之中。自我的開拓、療癒和發展都是沒有止境的。

各個心理治療取向都為深入的工作提供令人興奮的互補層面。如果超個人心理治療真的要成為較寬廣、整合的取向，就必須放下人本心理學遺留的狹隘偏見，尋求更大、更有包容性的結合。

期望超個人心理學能提供多面的架構，不需要以拒絕既有成果的方式來穩固自身。超個人理論可以涵蓋並歡迎行為主義、精神分析和人本心理學深度探索心靈的貢獻，了解這些學派分別談到人類經驗的不同層面，並將之整合，形成豐富的結合，以了解自我在所有層面的發展。

結論

超個人觀點若要成為心理健康的完整概念，就必須涵蓋心理和靈性的層面，既要有表層自我的心理整合或結合，也要讓表層自我與深層不受制約的靈性來源有某種程度的連結。與靈性意識基礎連結的程度越大，就能得到越大的靈性實現。可是，必須注意的是，完全與靈性連結並不保證完美的心理健康。靈性的典籍包括許多實例，說明神經質、心理非常不穩定的人也可能擁有高度的靈性成就。我們的理想是讓意識受制約的部分（自我）能自由不受阻礙地連結到表層自我之下、不受制約的靈性存有，讓兩者達到極好的整合。

一神關係論和非二元傳統的差異，使我們無法確定表層自我的最終命運是什麼。我們不知道自我會完全消逝，還是成為自願完全臣服於神性的「新娘」或「僕人」，變成整個意識的一小部分。但在兩種情形中，「心理健康」的觀念都被納入更大的靈性健康，除非表層自我的功能整合非常不良，才會無法成為深層靈
49 性實相的工具。

在這個整合的架構中，脈絡得以擴大的超個人理論將改變人類經驗的相對意義，不再只是舊有模式的基本意義。例如，精神分析最熟悉的心理衝突面並不是在治療後就消失了，而是不再成為心理生活的主軸。超個人心理學的核心是意識的運動和成長，包括意識的發展、變化，以及在神聖展現中的各種表現。

於是，意識成為超個人心理學的重要主題。傳統心理學從自我發展的各個層面和階段研究意識，也就是自我結構制約、表現、修飾過的意識。靈性體系則從涵蓋並超越自我的層面研究意識，也就是意識不受制約的絕對層面。超個人心理學則研究意識的所有表現，從嬰兒的意識起源，到成長為成熟、整合自我的過程中，各種發展的障礙和病態的表現，乃至靈性體悟的各種發展。

【第三章】

意識

意識是存在的基礎，意識的能量、運行和活動創造了宇宙及萬物，大宇宙和人內在的小宇宙都是出於意識的安排。超個人心理學可以定義為意識的研究，超個人心理治療則是運用這種研究，以探討意識成長、療癒、展現、擴展的助力和阻力。

靈性和心理學交會的地方，就是意識的範疇。靈修和心理治 51
療都是探索、擴大、深化、增加意識的方法。超個人心理治療的主題和方法都在於意識，可是，意識究竟是什麼，仍然令人非常困惑。

意識是最難理解和討論的事，因為在一般的用字遣詞中，意識並不是一個「東西」。由於它非常深奧，所以很難有系統地說明。我們對意識的觀念總是有所疏漏，不論我們試圖將意識定義得多麼清楚，它仍是語言難以涵蓋的。

先記住這一點，再來看它的定義。《韋氏大辭典》對「意識」（名詞）的定義為：「覺察；意識到某件東西的狀態或事實。」「意識到」（動詞）的定義是：「察覺或感知一種內在狀態或外在事實。」

心理學探討意識的本質。其實從某個角度來看，心理學史就是我們認識意識的演進。心理學的每一個新學派或勢力，都在意識的認識上增加重要的面向。行為學派處理意識最外在的表現：
行為如何表達意識。心理學的第二勢力精神分析闡述思想、感受 52
的內在經驗，以及深入的潛意識面向。最初認為「意識」和「潛意識」屬於心智的概念，精神分析透過「洞識」來治療，基本上是認知的覺察，後來成為「情緒的洞識」，增加了情緒的面向。精神分析後來做了進一步的修正，強調和治療師之間的情感連結，認為洞識還不足以產生改變。精神分析界到現在仍一直辯論改變的產生主要在於認知還是情感因素。心理學的第三勢力人本心理學受到芮克、塞爾維（Selver）、波爾斯的影響，增加了認識意識的身體面向，於是意識不只是認知和情緒的歷程，還包括有機體的歷程，也就是心智—情緒—身體的功能。

可是，從超個人心理學來看，上述所有心理學都不足以掌握意識的本質，因為都局限於表面。行為主義強調外在行為，精神分析注重心智和感受，人本心理學增加有機體層面，但超個人觀點認為意識的真正基礎和起源是靈性，必須包括這個面向，才能完全認識意識。

研究意識的方法學

靈性傳統中，說得最清楚的是印度教和佛教思想，它們的觀點遠超過有機體的觀點，認為意識是實相的基本性質。印度教的神性被界定為「自有的極樂意識」，包括存在、意識、至樂（Sat, Chit, Ananda）。神性、神或大梵呈現出這整個宇宙，所有各式各樣的類型和人都是這個至高神聖意識的反映，與之一同擴展。

奧羅賓多如是說：

> Sat Chit Ananda 是「一」的三個面，就神而言，三者其實是一：存在就是意識，意識就是至樂，所以是不可分割的；不但不可分割，而且三者是完全相同的……
>
> 53 意識通常被等同於心智，可是心智的意識只是人類的範圍，不能代表意識範圍的所有可能性，就好像人的視覺和聽覺不能涵蓋所有顏色和聲音的範圍，因為許多色彩或音域處於人類知覺範圍之上或之下。許多意識的範圍在心智範圍之上或之下，是正常人接觸不到的，而

> 成為潛意識的部分……
>
> 意識是存在的基礎，意識的能量、運行和活動創造了宇宙及萬物，大宇宙和人內在的小宇宙都是出於意識的安排。（Sri Aurobindo, 1971a, pp.234, 236, 239）

史密斯（1976）認為永恆哲學或「原初的傳統」都把意識的基礎描述成靈性，然後分化成不同的頻率：心智、情感、身體，其中密度最高的是物質的部分。雖然可以將之說成認知、情感或身體的意識層次，可是必須牢記它們都只是整個靈性知覺範圍的一個面向。

傳統心理學的領域是受制約的表層意識：身體、情感、心智的經驗層面，以及自我狀態。靈性傳統的領域則是更基本的靈性意識，也就是身體、情感和心智的基礎。超個人心理學認為這兩種領域是密不可分的整體，但為了實用起見，才把意識描述成許多不同的層面。

「意識」這個名詞的濫用其來有自。許多人會說：「我意識到自己的問題，但無法改變它。」進一步探討這個例子，就會發現這句話其實是指「我在理智、認知的層面知道這個問題」，這是一種隔著一段距離的知道，知者和被知者是分離的，然後做出有問題的結論。在一般的說法中，「我意識到某件事」其實是指「我知道某件事」，但這種用法完全不同於我們所說的完整意識。在完整的意識中，每一個層面都有全然的參與。兩者的差別就好像手電筒照亮一塊煤炭（認知的知道）不同於煤炭燃燒產生自己的光（意識）。意識包括認知的層面，但不只是認知的洞識，而是認知—情感—身體—靈性的整體認識，只是我們很少體 54

驗到這種豐富的完美經驗。

靈性教導（特別是印度教和佛教傳統）認為意識是每一件事物的基礎，我們的根本身分就是意識，卻只認同和執著於意識的一部分內容，也就是說，我們平常相信「我是感官、感受、思想的經驗」，我們如此認同意識的表層內容，以至於只有靈修才能穿透帷幕，發現支持表層內容和外在自我的靈性本體、靈魂、神性意識。

超個人心理治療就是探索意識及其內容。現象學發現意識是「有意向的」，在現象學的語言中，意識「指向」世界，也就是只有意識才能意識到某些事物，意識是有內容的。雖然意識的高層神祕狀態包括梅瑞爾—吳爾夫（Franklin Merrill-Wolff）所說的「沒有對象的意識」，可是有對象的意識才是主體—客體、自我意識的定義。除了最高等的神祕主義尋求者，對大多數人來說，意識都是有內容的，心理治療就是探索意識及其內容。

大部分案主接受治療的理由是因為停滯而沒有完滿發展自己的能力，停滯則是因為沒有以完滿的意識運作。許多盲點或恐懼感造成的逃避（「防衛」）會使人無法覺察自己的重要感受或面向，好像戴著眼罩生活，以至於原本可以透過練習、回饋、琢磨的經驗而正常發展的自我部分，竟被視為「禁區」而無法發展。

精神分析中的一項主要衝突，就是關於認知或情感因素，這兩者中究竟哪一個是改變的關鍵，這種衝突可以用意識的統合觀點來解決。弗瑞德曼（Lawrence Friedman）在 1978 年檢視精神分析的「戰場」：案主的結構性改變到底是出於詮釋產生的認知洞識，還是情感因素（移情作用）在治療中的重要性。從超個人觀點來看，認知和情感的分裂根本是人為的錯誤，是以二元的身

心分裂方式看待意識所產生的理論偏差。超個人觀點解決這種衝 55
突的方式是把認知和情感視為意識內兩種必要而又片段的部分，只有同時涵蓋認知和情緒，還有身體和靈性的層面，才能解開治療產生改變的奧祕。意識越大或越完整，就越可能發生改變。

但我們必須承認精神分析為意識發展提供了關係的要素，因為心理治療常常透過關係產生心理的改變。自我結構不是在人際真空的情形下形成的，而是在人際脈絡中形成的。所以，自我的發展和成長都需要考慮到關係。治療關係是一種空間，可以在其中探索受傷、分裂、停滯的自我如何使意識成長，特別是精神分析強調如何在移情作用中激發意識的成長。

所以，在支持發展的關係母體中，就可以啟動意識的發展（至少是自我結構制約、修改而成的意識）。治療師提供接納和強化意識的環境或媒介，達到促進情感整合的傳統功能，精神分析對移情作用的洞識整合到案主意識中舊的自我與他人形態，在關係的脈絡中，產生意識擴展的更大圖像，而建立新的自我結構。

可是，並非所有超個人心理治療都是依據治療關係。超常意識狀態的治療工作就不是以治療關係做為強化意識主因的心理治療實例，運用超常意識狀態的治療是處理意識的傑出方法，直接修正意識本身的內容，凸顯意識的各個面向，使人在治療時和事後得以進入、處理、修正這些部分。超常意識狀態的治療工作提醒我們，並不是所有意識的工作都必須發生在關係的基質中。在內心的範疇中，意識可以在自己的空間運行，並得到重要的發展。比如靜坐傳統就堅信最大的靈性體悟發生在靜默和徹底的孤獨之中。

存有本然的治療力量

晚近的神祕主義哲學家克里希那穆提（J. Krishnamurti,
56 1973）常說轉化的關鍵就在**看見本來面目**，存在取向的心理治療師布金妥（James Bugental, 1978）也有類似的觀點，他說內在的洞識才有效力，內在的洞識是指全然的知道、感受、感覺和存在。超個人治療師也有同樣的看法，認為看見和活出本來面目是改變的必要因素。心理治療的所有不同技巧都只是活出本來面目的方法，讓意識從不同的面向探索特殊的議題、在每一個角落舞蹈；意識從各種角度照亮自身。在環繞每一處的舞蹈中，存有會盡可能解放自我停滯及僵化的部分。意識會引發活動，釋放心靈與生俱來的活動。

就治療的目標而言，意識等於成長，等於自由，等於行動，等於健康。意識使我們脫離潛意識的制約。

超個人心理學可以定義為意識的研究，超個人心理治療則是運用這種研究，來探討意識成長、療癒、展現、擴展的助力和阻力。從超個人的觀點來看，意識能使人得到療癒。

治療師的意識

案主的意識當然是治療過程的核心，可是，治療師的意識也同樣重要。超個人心理治療並不只是由理論架構來定義，還需要治療師本身深厚的靈性經驗為這個架構賦予意義和生命。治療師本身的真實經驗才能開啟通往神性的道路（不論是哪一種形式的道路），為案主多重面向的成長提供支持的氛圍。所謂深厚並不是指治療師已經完全得到療癒、處理了所有問題，而是指治療師積極投入自身的療癒。同樣地，所謂的超個人治療師並不表示已經開悟或是成為聖人，而是在投入內在、深度的工作之外，也親自積極投入意識發展的靈性道路。

靈性傳統談到有意識地追求靈性的重要性。神性的追尋最初 57
是無意識的，但在某個時刻會成為有意識的追求，因為個人的意向會被吸引。當靈性道路成為有意識的決定與追尋時，每一件事都會開始改變，內在的靈性勝過外在環境，於是開啟了神聖之路，意識開始投入自身的轉化。

治療師的意識狀態對治療過程有非常深遠的影響，意識被視為影響力和互相激盪的場域，為案主內在的展現提供催化的媒介。這是幾世紀以來，宗教傳統所支持的重點。上師、靈性導師的傳統相信靈性老師的在場，有助於他人接觸靈性範疇，因為意識會感染他人。

但治療師並不是站在上師的立場，超個人治療師只是積極追尋靈性覺醒的道路，因而對別人產生有力的影響，並能同理和確認他人所面臨的情形。當心理氛圍支持和強化案主的自我探索時，就能促進治療工作。強調相互主體性的取向雖然指向這個真理，可是沒有體認到存有與交互影響時的靈性或細微能量層面，以至於當前的相互主體性理論只是較局部、表面的意識觀點，尚未呈現意識相互交織的寬廣範疇。

超個人心理治療的實現要靠治療師的意識，**治療師自己對意識的內在工作能為超個人工作提供靈性的支持**，而不只是靠理智的認知和理論的取向（雖然這兩者也很重要）。在任何取向中，都需要吸收許多知識、原則和理論，但這種架構不只是一種需要相信的理論，也是需要在生活和治療中感受的面向。**最重要的是治療師的意向和靈性渴望，願意積極向內尋求，以接觸深層的存有，而不只是在人格的層面打轉。**

付出上述努力之後，治療師是不是就能經常成功呢？不！我們大部分時間都只是在種種內心影像、感受洪流和身體感覺的雜音中，盡可能使自己集中注意力。可是，邁向深層存有的內在活
58 動、對更大靈性實相的尋求、對靈性道路的投入，都會對案主和治療過程提供生動有力的影響，這就是超個人取向的特徵。

如果只是嘴巴說一套僵化的信念，即使這種信念曾在生命的某個階段具有極大的意義，仍然無法傳達超個人心理治療的鮮活精神。超個人心理治療不只是一套信念體系，更是活生生的經驗。治療師要不斷處理自身的意識，才有真正的超個人工作方式的生命，灌注在工作中的靈性意向才能產生超越世俗的影響。重點在於投入，而不是治療師接受過什麼樣的意識訓練，不論是靜坐、太極拳、薩滿之旅或其他方法，都沒有關係。在這種氛圍中，治療師才能積極展現超個人的方向，並促進案主的各種內在工作。

這也許是最清楚的方式，可以表達出超個人心理治療的臨床意義。許多超個人文獻雖然非常抽象、哲學性，好像離治療室有一段距離，但治療師的意識狀態卻對治療過程有非常深遠的影響。對臨床最重要的，莫過於具備各種方法以強化自己與神聖存有的接觸、更徹底地集中於神聖的存有、減少針對個人感受與思想而有的反應、更連結到內在的靜默同在、更廣闊地看見展現出來的完整劇本。

治療師的活在當下是超個人心理治療的關鍵因素

治療師最主要的工具就是自己的意識，可惜英文的辭彙非常貧乏，難以描述微細的內在狀態，其他語言（如梵文）就能豐富地表現內在的意識狀態。史畢斯（Speeth, 1982）和艾普斯坦（Epstein, 1984）具有細膩廣泛的精神分析洞見，能從超個人層面了解心理治療關注的本質，不論從聚焦或全景的角度來看，他們認為關注的兩極（或兩種內容）就是自我和案主。治療師的關注在自我與案主間來回穿梭，並發展出目睹的意識或觀察的自我，能觀察或監看這種專注的流動。但這種觀點把意識視為兩種 59
層面，也就是自我或他人的覺察，此外，還需要再加上意識的**深度**層面。

深度層面會使人更活在當下，當治療師能深入地覺察身體、與情緒連結、開放敏銳地認知，以及有某種程度的靈性覺醒，就更能徹底地活在當下。當我們更連結到深層的自我，同理的潛力就會擴展。只靠一般的自我覺察，可能只有局限的同理心。深入廣泛地覺察自身存有的各個層面，會使我們更能活在當下。治療師的活在當下是超個人心理治療的關鍵要素。

進行專注的靜坐練習，能使治療師開啟深度的層面。當我發現自己有這種經驗時，才會更徹底地與自己連結、更專注於自身存有的深層，於是內在世界擴大，內心開啟更平靜、鎮定、充滿愛的當下感，同時也增加對外界的知覺深度，於是能更深入地看見案主的全貌、更完整地以同理心了解案主的經驗。我並不是有透視眼或讀心術，也不是不再犯錯，完全不是這麼回事。當我忙碌異常、過度活動，沒有為自己留下時間時，就容易被限制在較表層的意識，神聖存有的深度層面會逐漸遠去，而只能覺察到自己的表面感受和反應，使我對案主的觀點也失去深度，變成平面的知覺。我對案主的治療顯然會因為我意識狀態的改變而有所不同。

治療師的工作有許多部分是處理和調整這個意識工具，當意識深入而開放時，治療師不論用什麼方法、理論和技巧，都會自動變得更有效。擴大的意識能更清楚看見浮現的臨床素材，使治療師以更有創意、直覺、同理的方式運用所學的技巧或方法。**臨床上最重要的就是強化當下的意識技術和發展**。

這個部分的訓練需要時間，幾年的靜坐只是初步的練習，就好像一、兩年的心理治療只是深度工作的起點。想要經由良好的
60 心理治療產生充分的改變，就需要投入多年的時間和努力，靈修也是如此。我們都希望自己是少數在短時間之內就能開悟的人，但事實上大多數人都需要經年累月的靈修，才能得到意識工作的益處，極少有人能避免辛苦的內在旅程。心理治療師如果想在生活和實務中展現超個人的方向，就需要長時間持續努力的耐心。即使是強調頓悟的傳統，追隨者還是需要耗費多年才能開始瞥見真理，達到這種程度的少數人又需要許多年才能穩固這種經驗。使治療師把心理治療視為熱切努力目標的關鍵，就是讓自身的意識工作成為專業發展的最佳投資。

超個人心理治療所能提供的豐富之處就是神聖存有的層面，這對實務的層面當然也有貢獻，包括處理某些臨床議題，比如靈性危機、死亡與瀕死經驗，以及技巧層面，這些部分都不應被低估，也不應該忽略或輕看學習理論和技巧的重要性，因為只有強化靈性的神聖存有，還不足以構成治療，必須以理論知識和技巧

搭配神聖存有和當下，以及治療師的意識，才能產生超個人心理治療。理論架構和治療師深入發展意識的活動都是必要的。

神聖存有就像理論對超個人心理治療的貢獻一樣重要，甚至是治療師與案主的最大收穫來源。超個人取向的心理治療意味著深入體驗神聖存有，如此才具有最大的療癒潛力。靈性的存有不論是冠上「自性」、本體、無我、超越個人的自我、靈魂、存有的基礎或任何其他名稱，都沒有關係，因為超個人心理治療從一開始就抱持下述的革新立場：只要我們接近神聖存有，創傷和痛苦就能得到完滿的解決（這是心理治療從一開始就有的承諾）。

第二部

治療取向

【第四章】

當前主要的超個人心理治療取向

本章介紹的各種臨床取向分別代表不同心理治療學派通往神聖存有的策略。榮格學派和心理綜合學從想像的範疇進入神聖存有，以身體為中心的學派運用身體進入內心深處而接觸神聖存有，鑽石途徑經由客體關係和深入的當下經驗進入，精神分析透過自我與他者的舊有型態進入，存在學派經過有機的經驗進入，葛羅夫則運用超常意識狀態接觸神聖存有，所有這些學派都適用於某些人，但不適用於其他人。

本章檢視當代心理治療各種主要的超個人取向。前三章介紹 63
的理論和方法學架構非常巨大、全面，並沒有說明治療師在實際臨床工作中的「超個人方向」。要做出更詳盡的定義，就需要具體介紹本章討論的各種特定取向或數種取向的結合。有些取向的演變較有系統，比如榮格學派和鑽石途徑，有些取向則是實務工作者非正式地把既有的方法融入超個人的脈絡，比如存在超個人治療、超個人取向的精神分析。許多理論和模式非常精細，已經發展數十年。本章試圖粹取這些理論的基本要點，但摘錄重點的方式，必然會對任何精細模式的複雜和細微造成不公平的濃縮，為此我必須先向大家致歉。

本章一開始先概述肯恩·威爾伯對這個領域的貢獻，他雖然 64
沒有提出具體的治療方式，但他的著作對心理治療非常重要，他的理論也影響了許多實務工作者。接下來介紹三個非常特別的超個人模式，一般認為這三者都是獨特、與眾不同的模式，但它們其實有許多相似性，分別是榮格學派的治療（以及瓦許本的改革）、鑽石途徑、心理綜合學。本章最後會檢視葛羅夫的全方位模式，以及被實務工作者超個人化的三種較通用的取向：存在治療、精神分析、以身體為中心的取向。每一種取向的討論都會評估其優點和缺點。

肯恩·威爾伯的光譜模式

肯恩·威爾伯是當代超個人心理學領域最具知名度和影響力的作家，過去二十年來，他從超個人觀點寫出大量著作，主題從心理學、精神病理學、人類發展，到人類學、物理學、哲學，以及他自己的生活。

雖然在威爾伯開始寫作之前，超個人心理學已存在十年之久，可是一直欠缺統合的核心理論。在一九六〇年代末和一九七〇年代初，有許多人對這個新興領域如何結合心理和靈性成長的觀念感到興奮，但不知道如何進行。直到1977年，肯恩·威爾伯寫出第一本書《意識光譜》（*The Spectrum of Consciousness*），才首度嘗試以有條理的方式結合神祕狀態的意識和精神官能症、精神病的意識。它以光譜來比喻意識，光譜由一些不同頻率的可見光組成，同樣地，意識也是由許多不同的區帶或層次組合而成；而不同的心理療法和各種靈性傳統分別談到整個意識光譜中的某些特定層次。

值得注意的是，這個模式把所有心理學和靈性傳統都視為正確，威爾伯沒有說某些理論是錯誤的，而是提供一種整合的架構，認為所有互相競爭的學派和哲學都是人類意識的部分真理，而且彼此互補。西方心理學關注的是這個光譜裡的下層和中層，精神病代表最破碎、有限的意識，往上則是精神官能症和存在的
65 層面，包括中層的意識，也是西方心理學的極限。靈性體系組成上層的意識，開悟代表最合一、最寬廣的意識。心理學和靈性結合成整個意識光譜。光譜的比喻是威爾伯思想的基礎，也是他關於發展、精神病理學和治療的理論基礎。

《意識光譜》初次出版時，超個人社群有許多人從中找到渴望已久的心理學和靈性的整合。它是第一本看似合理的地圖，顯示心理治療是靈性發展的基礎。威爾伯接下來又寫了一系列重要的書籍，適時為超個人心理學提出條理清楚的前景。雖然當代超

個人心理學已發展出許多嚴謹的理論和方法，遠比當年更為強健有力，但仍不應低估威爾伯的理論在歷史上的地位。

「前／超謬誤」理論

介紹威爾伯的模式之前，要特別強調他有一個非常重要、具有重大臨床意含的觀念，就是他所謂的「前／超謬誤」（pre/trans fallacy）。威爾伯發現傳統西方心理學有一個主要的缺陷：一直傾向於把超個人狀態等同於前個人狀態。由於精神分裂或其他精神病狀態的自我喪失，在表面上很類似開悟的最高神祕經驗所發生的自我喪失，所以心理學從佛洛伊德以降，就一直假定這兩種狀態完全相同。一些早期的超個人心理學家也曾犯下這種錯誤，把童年期浪漫化，將嬰兒的意識比做神祕主義者的意識。威爾伯對前個人狀態和超個人狀態做出非常重要的區分：嬰兒的前個人狀態還沒有自我意識，超個人狀態則是經過自我意識的發展，然後加以超越，所以仍有自省的能力，但不受自我的限制。這個區分在超個人心理治療中一直非常重要。

威爾伯多年前對自己的模式做了一項修正，他發現自己的第 66
一本書主張嬰兒是靈性實現的潛意識狀態，正掉入了前／超謬誤的陷阱，於是在《梵我計劃》（*Atman Project*）中修正這個錯誤，他認為這本書非常重要，代表進入「威爾伯第二版」的新立場。威爾伯後來又加入更多不同的發展路線，如道德、倫理、客體關係、意圖、創造力、親密、自我認同等等，他稱之為「威爾伯第三版」。最後，他把這個光譜模式連結到文化、科學和社會層面，稱為「威爾伯第四版」。本書回顧的焦點放在與心理治療相關的部分，對其餘部分有興趣的讀者可以閱讀其他更詳細的概論（見附錄的參考資料）。

威爾伯的整個地圖其實非常簡單，但細節非常複雜。在《意識的轉化》（*Transformation of Consciousness*, Wilber, Engler, & Brown, 1986）中，威爾伯把基本的意識光譜連結到精神病理發展學和心理治療的範疇，他運用的發展模式是心理學前所未有的模式（過去有佛洛伊德的自我發展模式和皮亞傑的認知發展模式）。

威爾伯的發展模式主張在各個發展階段都有其發展任務，可以使人取得新的能力和適應力。這些發展任務使人的心靈結構得以發展到更複雜的層次，每個層次都涵蓋並超出先前的階段，如果某個階段沒有完成應有的發展任務，此人的發展就會停止（停滯或固著），或是阻礙下一個階段的發展。

三階段論

威爾伯假定有三個基本層次：前個人、個人、超個人，這三個階段各有三個次級階段。威爾伯劃分的階段基本上是結合皮亞傑的認知發展模式與他對永恆哲學的非二元詮釋，在「威爾伯第三版」中，他又加入其他理論家的觀點。以下是這九個階段的名稱：

前個人階段

一、感官生理期（sensoriphysical，皮亞傑的感覺運動期）

67 二、遐想—情緒期（phantasmic-emotional，情緒—性慾期）

三、象徵心智期（rep-mind，皮亞傑的前運思期）

個人階段

四、規條／角色心智期（rule/role mind，皮亞傑的具體運思期）

五、形式一反省期（form-reflexive，皮亞傑的形式運思期）

六、統觀一邏輯期（vision-logic，布魯諾〔Bruner〕和阿瑞亞提〔Arieti〕假設在皮亞傑認知發展期之後的階段）

超個人階段

七、通靈層面（psychic，永恆哲學中的心或中介層面）

八、微細層面（subtle，永恆哲學中的魂或屬天層面）

九、本因層面（causal，永恆哲學中的靈或永恆層面）

以上各種意識層次都有相對應的發展和病態層次：前個人階段包括威爾伯所謂的支點一、二、三，這些層面的發展失敗會表現在心理結構的層面，如精神病、邊緣性人格、精神官能症。個人階段包括支點四、五、六，此處的發展失敗被威爾伯稱為認知一腳本病理學（cognitive-script pathology）、認同性精神官能症（identity neurosis）、存在病理學（existential pathology）。超個人階段包括支點七、八、九，發展失敗會導致所謂通靈疾病、微細疾病和本因疾病。

以上的內容是基本的地圖，接下來要更仔細地認識各個階段：

前個人階段

前三個支點的發展失敗就是當代深度心理學研究最多的部分：精神病、自戀一邊緣性人格疾患、精神官能症。威爾伯的討論大部分局限在古典的自我心理學（ego psychology）和一部分客體關係理論，主要是瑪勒、馬斯特生（Masterson）、克恩伯格（Kernberg）的理論。他全神貫注於這些人的理論，完全忽略
68 自體心理學（self psychology）、人際學派和當代精神分析的其他學派。

威爾伯在《意識的轉化》中的文章，大多只是舖陳精神分析的發展理論，現在已有許多研究證據支持這些理論。就算我們還有許多不了解的部分或可以用不同方式解釋的部分，也無關緊要，因為當代已相當接受基本的精神分析地圖，也就是童年的創傷和傷害發生得越早、越嚴重，精神病理的問題也越大。沒有人知道基因素質、過去的業力、人的靈或魂在這個過程扮演什麼角色。

治療這三種發展問題時，威爾伯接受標準的心理治療做法，也就是以藥物治療精神病，用建立結構的方法治療自戀和邊緣性人格問題，揭露、深度的治療則是精神官能症的治療方法。

個人階段

上述三層心理結構可說是直接採納常見的治療分類，可是，談到個人層次時，威爾伯提出的是純屬推測的發展觀點，他相信自己發現精神病理學有三種額外的層面，在個人階段的發展如果失敗，會導致威爾伯所說的認知—腳本病理學、認同性精神官能症，以及存在病理學。

威爾伯說他的認知—腳本病理學是衍生自認知治療和艾瑞克·伯恩（Eric Berne）的溝通分析（transactional analysis），他將之續分為兩類：角色病理學和規條病理學。在角色病理學中，人會送出多重訊息、有隱藏的議題、有許多欺騙的溝通和混淆的

角色。在規條病理學中，人對於如何生活的方式，有許多扭曲或自我設限的想法和規條，造成臨床症狀。腳本病理學的治療要靠溝通分析或認知治療。

威爾伯認為認同性精神官能症是個人的自我面臨許多身分認同的問題，人應該遵循自己的良知，還是遵守社會規條？人能為自己思考嗎？人會「在半夜醒來為眼前的各種可能性感到擔心或 69
興奮」（Wilber, 1986）嗎？他發現許多客體關係的作者「遺憾地」看見分離一個體化問題的各種衝突。威爾伯相信艾瑞克森（Erik Erikson）所說的認同與角色的混淆，就是探討這種病理學的重要心理學文獻。認同性精神官能症的治療是內省和哲理的思考，治療師的任務是和案主進行蘇格拉底式對話，幫助對方釐清自己的人生哲學。

威爾伯認為存在病理學是個人病理學第三個也是最高的層次，共通的症狀有存在性的憂鬱、不真誠、存在性的孤獨、夭折的自我實現，以及存在性的焦慮。存在學家說出個體對生命的關懷：質疑生命的意義、面對死亡和人生有限的事實、在寂寞孤獨中找到生活的勇氣、負起責任選擇真實表達自我的生活。存在治療就是針對這種病理學，治療師的治療方向是幫助案主獲得更大的真誠感、自由選擇自己的人生道路，不再因逃避而進入不真誠的生命模式。

超個人階段

靈性病理學也有三種層面。自我在此發展到巔峰，不但具有完整的自我意識，也已超越心理創傷和保護創傷的防衛機轉，而且正在實現本身有限的潛能，簡而言之，自我已經發展到極限，這時便進入靈性的世界。這個層次的病理學就是靈性傳統所說的「道路上的危險」。

支點七談到通靈的問題，威爾伯在這個層次的發展列出九種特殊的病理形式，分別是：

一、自發的靈性經驗（spontaneous）：就是所謂的靈性危機（spiritual emergencies），治療方法有兩種，一種是「安全度過」這個過程，常常需要對靈性危機有良好訓練的人來陪伴；另一種是進行某種靈修，有意識地參與這個過程。

二、類似精神病的發作（psychotic-like）：雖然文獻上認為這種情形是一種靈性危機，但威爾伯將之分開來看，他提議的治療是建立自我結構的療法。

70 三、心靈膨脹（psychic inflation）：自我膨脹原本是榮格用來指靈性能量灌注一個人時可能強化自我而導致自誇和自戀的情形，威爾伯建議用建立自我結構的方法來治療。

四、結構的不平衡（structural imbalance）：由於不當使用靈修技巧而產生沒有具體對象的焦慮或各種身體症狀，治療方法是由靈性導師提供更好的指導。

五、靈魂的暗夜（dark night of the soul）：指靈性道路初期的乾枯期，聖十字若望（St. John of the Cross）將這種情形說明得最清楚。治療方式包括閱讀別人如何度過這個階段的著作，以及祈禱。

六、分裂的生活目標（split life-goals）：因為不知道該繼續俗世生活，或是脫離俗世生活去追求靈修的生活而感到困惑。威爾伯沒有建議特定的療法，但他認為透過內省的靈魂追尋，可以把靈修整合到日常生活之中。

七、假苦（pseudo-duhkha）：在某些佛教宗派中，探索的宗旨是「人生即苦」，結果造成更大的痛苦而難以承受。威爾伯認為建立結構或揭露的療法可以處理這種情形。

八、氣脈不調（pranic disorders）：這是初期的拙火覺醒（也是一種靈性危機）。威爾伯建議的療法是由靜坐老師指導，在必要時加上醫師的幫助。

九、瑜伽病（yogic illness）：發展高層意識而對身體造成壓力，治療方法是透過運動和飲食來強化和淨化身體。

支點八指微細病理學，這種疾病見於一神關係論學派的範疇，威爾伯提出三種微細病理學。「整合—認同的失敗」是魂與神性持續的分裂而造成的，也就是無法了解神聖的同在只是「內在本質的圖像」（威爾伯從佛教的觀點詮釋永恆哲學）。「假涅盤」是誤把微細或原型的類型誤以為是「最終的解脫」，威爾伯認為只有在追求本因或終極的意識層次時，才能稱這種情形為一種病理。「假體悟」是執著於存在本然之苦的體悟，卻不加以超越。這三種病理形式的治療方法都是以更多的靜坐來超越這些情 71
形的限制。

支點九是本因疾病。威爾伯在後來的著作裡（1995, 1996），進一步把這個階段分為本因和不二兩種層次，討論其中的兩種病理學。「分化的失敗」是無法接納原型自我的死亡。「整合的失敗」則是所謂的「終極病理學」，意指無法整合有相和無相的範疇。治療方法都是以更多的靜坐來洞察事物的真實本質，然後加以超越。

綜論光譜模式

威爾伯的模式來自奧羅賓多的觀念。奧羅賓多最早在 1915 年談到宇宙的演化最初始於「神性」回歸成物質的創造，然後逐漸在演化之路示現。他認為第一個生命（關鍵的原則）是從物質演化出來的，然後從生命演化出心，最後從心演化出靈和最終的超級心靈（supermind）。威爾伯採取他的基本觀念，結合其他演化理論家多年來的觀點，然後在這個架構上加入自己對心理成長的看法。

威爾伯的生涯中，多半堅持真正的靈性演化開始前，必須先做好心理方面的工作。在八〇和九〇年代的超個人社群中，許多人被他的觀點所吸引。有一段時間，這是廣被接受的觀點。事實上，超個人心理學剛萌芽的年代中，靈性成長緊接在心理成長之後的兩階段模式，不但使威爾伯聲名鵲起，更是超個人學術圈普受接納的基本假設。時至今日，還有許多超個人社群採納這個觀點。

可是，就像任何有缺點的典範一樣，這個模式無法解釋許多異常的情形。這些異常現象最初被低估和忽視了，但一段時間後，就越來越受到注意。臨床經驗和靈性記載都呈現出不同於典範的風貌。

歷史上有許多非常混亂、瘋狂、邊緣性人格或極度神經質的聖徒、靈性高度發展及開悟的人。印度教和基督教都有「聖潔的
72 愚人」或癲慧的傳統，這些聖徒有真正的靈性體悟，但自我結構卻非常脆弱。有些關於偉大聖徒和開悟者的描述顯示出非常病態的形貌。

那洛巴學院的創立者邱揚創巴（Chogyam Trungpa）就是一個實例，他在某個層次是非常清明的人，提供高層次的教導，同時也是無可救藥的酒鬼，因為酗酒而致死。拉瑪克里希那（Ramakrishna）雖然是卓越的靈性人物，但絕不是心理健康的典範，他幼年喪父，強烈地認同母親，而產生了混亂的性別認同，他極力壓抑性慾，有憂鬱症和精神病。這顯示了任何一種人格結構的人都可以有靈性的體悟。就如卡卡爾（Kakar, 1991）的看法，心理創傷甚至很可能是拉瑪克里希那打通靈性能量而得到偉大靈性成就的助力：心理失常往往造就了靈性的發展。靈性歷史記錄中不乏此類實例，聖徒和聖人有各種大小、形貌、疾病，先有心理發展才有靈性發展的兩階段模式是無法解釋這種情形的。威爾伯在大力捍衛這個模式一段時間之後，終於改變堅持已久的兩階段模式，提出人類的發展有好幾種不同路線的說法。他調整自己的模式，認為靈性的發展是獨立的發展路線，其他還有認知的發展、情緒的發展、道德的發展等等。

由於有許多發展理論家研究和陳述各種發展路線，所以威爾伯的貢獻第一是試圖整合許多發展理論家的觀念，第二是不但把這個架構應用到個人，更應用到科學、文化、政治，他稱之為四個象限。威爾伯的著作逐漸脫離心理學和心理治療，進入哲學的範圍，包括心理哲學、政治哲學和科學哲學。

幾乎所有發展理論都會逐漸從初期、中期，進入成熟期，這是發展取向的本質：從初期成長到後期，複雜性會逐漸增加。威爾伯也一直試圖把許多發展理論家的理論結合到他的早期、中期 73
和成熟期的理論中。他在某些著作使用前個人、個人和超個人的術語來描述這種成長的特徵，在其他著作又直接使用永恆哲學的身、心、靈術語來描述這些發展階段的特徵。

這個模式的優點

威爾伯對超個人心理學有極大的影響，他的著作擄獲了一整個世代的超個人治療師和學生的想像力，激起大家在最初幾十年對這個迅速崛起的領域產生興趣。威爾伯身為超個人心理學的傑出理論家，他的著作有助於推動超個人的革命，走向心理和靈性論述的尖端。

這個領域的大部分作家在一開始都很推崇威爾伯的成就，直到最近才出現針對威爾伯的批判性分析。超個人文獻對威爾伯模式的優點已提出許多評論，所以本書的討論只簡單說明其優點，把重點放在這個模式的缺點，以茲平衡。

一、威爾伯提出細緻的描述，說明如何把心理學和靈性放在一起。他提出的模式（前個人、個人、超個人三個階段，以及每個階段中的三個次階段）是合理、勻稱、充滿美感的。

二、威爾伯討論到意識的演化，為心理發展提供更大的歷史和靈性脈絡，幫助西方人更容易接受非二元的靈性傳統，使我們重新認識柏羅丁（Plotinus，編按：也稱「普羅提諾」）、艾克哈（Eckhart）等非二元傳統的西方人物，這些人在歷史上因為西方一神論的偏見而受到忽視。

三、威爾伯恢復階級的概念。威爾伯的模式是有階級性的，由於階級在近代被等同於父權對女性、大地和原住民的壓迫，而被視為不合時宜的冒犯，所以有些人認為威爾伯鑄下大錯。

可是，威爾伯最近的著作（1995、1996）則是根據艾斯勒的觀點（1987），把階級分為好的（「實現」）階級和壞的 74（「支配」）階級，他承認，階級在過去造成相關的問題，並且說明歷史上的這種問題是出於對階級的誤用，並不是階級本身必然的結果，而證明階級的益處。

四、前／超謬誤是非常重要的理論建構，在臨床上也非常有用。這可能是威爾伯對臨床實務最深遠的貢獻之一。

五、在威爾伯的模式中，所有心理學都是有效的。這是整合的觀點，把不同學派放在不同的發展層次。這個模式企圖把所有心理學派和靈性傳統整合成一個整體。

這個模式的缺點

一、詮釋有其偏見

威爾伯的模式顯示出佛教的偏見，這是可以理解的，因為他是佛教靜坐和靈修的追隨者。在光譜模式中，所有其他靈性體系都被放在次要的地位，只被視為踏腳石，終點則是強調非人格化神性的佛教和佛教近親吠檀多哲學。永恆哲學可以用許多方式來詮釋，光譜模式只是一種用佛教和吠檀多哲學詮釋永恆哲學的方式，這種詮釋有其固有的偏見，包括輕視人格化神性的傳統（包括了世界上大部分的宗教）的態度。

假使最高的靈性哲學真的匯聚到不二傳統，這個最崇高的不二實相到底是什麼呢？對此仍有許多不同的觀點。以不二傳統和一神論做對比，會造成誤導，因為這種角度暗示一神論是二元論，可是在許多體系中並非如此。非二元的一神論體系可見於印度教、基督教、猶太教和回教，這些體系對終極實相有完全不同於佛教的觀點，認為個人的靈魂是人格化神聖生命的一部分或其示現，或是與這種至高實相合而為一。宣稱佛教是最高的真理，只不過是眾多觀點中的一種，而且是較少數人的觀點。一神論對永恆哲學的詮釋完全不同，詳見瓦許本對這個問題的進一步討論（1990）。

二、錯誤的假設

75 威爾伯關於超個人階段的三或四個階段（通靈、微細、本因和不二），錯誤地假設靈性發展有三種固定的階段，他漠視靈性歷史的記載，堅持靈性發展必然遵循他所描述的次序。雖然有些神祕主義者確實體驗到通靈的現象（支點七），但其他則否。一神論或非人格化的不二傳統都認為追求靈性的人不一定有通靈經驗，這並不是所有人必經的階段。這個階段也可能出現在魂或靈得到實現之後，不必然發生在實現之前。

同樣地，魂（支點八）的實現不必然在靈（佛性或梵我，支點九和／或支點十）的實現之前。靈或魂的實現可以自行發生，不必然需要彼此。佛教經典有許多實例顯示未經魂或人格化神性的範疇就進入靈的非人格化範疇。在印度教中，奧羅賓多直接得到涅盤的靈性實現，直接實現不二境界（支點九和／或十），兩年後則有魂的人格化神性的實現（支點八），接下來則是開啟了通靈的中介層面（支點七）。他是被詳細記載的實例，和威爾伯模式的次序相反，如果光譜模式正確的話，不可能有這種情形。有一個詮釋《薄伽梵歌》的學派認為這條道路的順序是先實現梵我，然後才實現魂的層面。在一個特殊的修行道路上雖然會有明確的發展順序，但威爾伯認為所有道路的目標都是佛教非二元論的詮釋，等於扭曲了其他靈性道路。

靈性上的實現可以始於任何一個範疇，並以任意的次序進行。在靈性領域中並沒有單一不變的發展順序，所以這三個靈性範疇不應該稱之為「階段」。

三、完全建立在理論的層次

就如葛羅夫夫婦（Grof and Grof, 1986）指出的，威爾伯不是臨床工作者，而是心理學理論家。他的模式幾乎完全建立在理念的層次，並不是根據臨床的事實。威爾伯關於個人層面病理學的三階段理論，以及超個人層面病理學的三個階段，在理論上雖 76
然很討喜，但不符合臨床經驗，在臨床文獻中找不到支持個人和超個人層面病理學的證據。

更具體地說，容我們看看支點四的角色自我和「認知—腳本病理學」。威爾伯所說的「角色病理學」（隱藏的議題、多重訊息、混淆的角色、虛假的交流），在大部分老練的臨床工作者看來，只是扭曲的溝通形式。威爾伯雖然說這個概念來自伯恩的溝通分析，但回顧起來，溝通分析只是在溝通模式的層面上，描述精神官能症的一種方法，這個學派只在一九七〇年代中期對心理學有一點小小的影響，現在已經日漸衰微。所謂「規條病理學」也是類似的情形，這種病理學處理的是精神官能症的認知表現，並不是深層的動力。認知治療處理精神官能症的方法雖然不同於深度心理治療，但兩者並非處理不同的問題。

接下來看看支點五的「認同性精神官能症」。艾瑞克森的「認同危機」最初雖然是用在青少年，但後來則指任何發展層面的問題，並不是特別指稱某個發展層面。威爾伯在此的描述或可視為典型的自我疾病，也就是寇哈特理論詳細描述的「碎裂自我」。但這也是精神官能症（或自我疾病）範疇中廣泛的概念，並不是新的病理學。

最後，我們來看看支點六的「存在病理學」，這也是建立在存在層面不同於（或高於）精神官能層面的迷思。存在議題是**任何**層面都有的生命議題，只是大部分存在學家處理的主要是精神官能的層面。例如威爾伯引用存在學家羅洛·梅的觀點來支持自己的看法，但羅洛·梅在治療時的存在觀點大多用在「正常的精神官能症」。

威爾伯描述的「存在病理學」是一個議題，並不是發展層次，存在理論家本身也不認為它是一種發展層次。精神分析和人本一存在學派對此都有詳盡的研究和探討，通常都是發生在精神官能症的範疇，並不是「新的」病理學。

所以，支點三、四、五、六都只是精神官能症的不同描述。
支點三從深度心理學和精神分析的觀點來描述精神官能症，支點
77 四從溝通型態和認知結構來描述，支點五以艾瑞克森的語言來描
述，支點六則用存在主義的語彙來描述。他們描述的都是相同的
「大象」，並非四種不同的動物。

超個人層面的各種病理學基本上是幾種不同靈性危機的集合，可以發生在人類發展的任何層次（詳見第六章），佛教對人類發展的觀點不見得適用於其他靈性道路。一神論傳統和非人格化的不二傳統都有許多關於靈性陷阱和迷途方式的資料。收集這些資料時，需要用真正包容的精神全心尊重各個傳統，以探索這些豐富傳統的發現。光譜模式缺乏這種精神，所以其中的個人層面病理學其實並不存在，而超個人層面的病理學也有所不足。

四、忽略重要的差異

如果生活和努力的目標，真的是追求神性（就如世界各種宗教一致同意的說法），那麼就可以合理地假設人類發展的成熟終點是靈性領域。威爾伯把自己的信念描繪成這條道路上的確切階段，整合許多發展理論，然後宣稱這些階段的固定順序不但存在於所有個體，也見於科學、政治和文化（四個象限）。

所有發展模式都假定有初期、中期和後期的成長階段。發展是從較簡單的組織層次進入更複雜層次的過程，從較小的分化進入較大的分化。問題在於威爾伯的描述是否符合發展的實際現象呢？所有不同的理論家都能精確地併入他的分類嗎？個體、政治、文化、科學的發展是否都會依照他所說的階段進行呢？

威爾伯把自己對佛教如何詮釋永恆哲學的看法應用到發展的高等或成熟階段，正如前述，這種特殊的詮釋並不是建立在事實的基礎，也不符合大多數靈性傳統的觀點。由於他的模式悍然不 78
顧靈性經驗和歷史，所以這個模式的價值也大打折扣。發展的實際現象已經否定了威爾伯假設靈性發展的路線有任何普世皆然的次序。

第二個問題在於他試圖把許多不同的理論家併入一個巨大的架構，堅持每一小組有相同的本質、每一組中的理論家談的都是相同的事。意圖整合的雄心壯志使他忽視了個別差異和各種取向的差別，而一律加以同質化。理論的同質化在表面上可能很討喜，但不符合事實。各種理論和傳統之間非常不同，絕不是在談同一件事；試圖將之混為一談，不但忽略了彼此的重要差異，甚至可能完全曲解其意。

舉例來說，威爾伯把奧羅賓多整合哲學的體系等同於他的光譜發展模式，可是，事實並非如此。威爾伯認為他的感官生理期

（階段一）等於奧羅賓多的身體次良知（physical subconscient）層面，他的遐想—情緒期（階段二）等於奧羅賓多的能量—情緒層面，他的象徵心智期（階段三）等於奧羅賓多的下層心靈（lower mind），他的規條／角色心智期（階段四）等於奧羅賓多的具體心靈（concrete mind），他的形式—反省期（階段五）等於奧羅賓多的理智心靈（reasoning mind），他的統觀—邏輯期（階段六）等於奧羅賓多的高等心靈（higher mind），他的通靈層面（階段七）等於奧羅賓多的啟明心靈（illuminated mind），他的微細層面（階段八）等於奧羅賓多的直觀心靈（intuitive mind），他的本因層面（階段九）等於奧羅賓多的上位心靈（overmind），他的終極不二層面（階段十）則等於奧羅賓多的超級心靈（supermind）。

表面上，兩者看起來配合得很好，可是奧羅賓多的用語和威爾伯的架構完全無關，甚至在一些關鍵部分根本和威爾伯的意思相反，整個結果是嚴重誤解奧羅賓多的觀念和模式。例如，前兩個階段雖然有些關聯（但也相當不同），但威爾伯接下來的四個階段並不符合奧羅賓多的心靈層次，奧羅賓多只提到一次「下層心靈」，這個詞並不是他用來描述生命層級的標準用語，至於具體心靈更不曾在這種背景下使用過。威爾伯把統觀—邏輯期（階段六）等同於奧羅賓多的高等心靈，其實兩者毫不相關，奧羅賓多的高等心靈指的是「靈性意識的層級，人在此會持續密切地覺
79 察到自性，也就是無處不在的合一性，並習慣以這種覺察來認識和觀看事物」（p.342, Vol.9, Centenary Library, 1971）。奧羅賓多認為高等心靈是靈性心靈的層面，最佳代表就是佛陀。但在光譜模式中的統觀—邏輯層面仍然在心智和自我的範疇。

此外，以通靈階段（階段七）和奧羅賓多的啟明心靈做比較，有點像以蘋果和冰箱做比較一樣離譜。威爾伯的通靈階段是開啟了永恆哲學的中介層面，而奧羅賓多的啟明心靈所進入的意識比威爾伯的不二境界更高，是更細緻的靈性意識層面。同樣地，威爾伯所說的微細階段或魂的層面也和奧羅賓多的直觀心靈無關，後者是指內在生命完全不同的部分。

企圖整合各家，誇大相似之處

詳細解釋奧羅賓多的用語會超出本書討論的範圍，但必須了解他的意識演化模式遠超出威爾伯所謂的終極不二體悟。奧羅賓多常說他的體系始於別人止步之處，因為他把意識擴展到創造的來源。上位心靈的層次遠超出威爾伯的終極層面，在這裡開始展現分化，同時是諸神的範疇。而超級心靈則是純粹的真理意識，是神聖源頭所展現的力量。威爾伯所說的本因和不二層面（階段九和十）的經驗完全不同於奧羅賓多所說的上位心靈和超級心靈。威爾伯使用奧羅賓多的用語，卻沒有奧羅賓多對演化的見識（Aurobindo, 1971a, 1973b）。

威爾伯也試圖把奧羅賓多的模式壓縮成非人格化神性的佛教觀點，再次歪曲了奧羅賓多的立場。奧羅賓多常常煞費苦心地批評威爾伯之類的哲學家對靈性的曲解，奧羅賓多的整合哲學是以平衡的角度來看待人格化神性和非人格化神性。此外，威爾伯還企圖把奧羅賓多的模式硬套入自己的模式，想建立從魂到梵我或佛性的發展，這是對奧羅賓多觀點的另一個重大扭曲。奧羅賓多的看法其實剛好相反，他非常明確地指出靈性的實現可以始於任何一端，然後向另一端進行（Aurobindo, 1973b），並不是威爾伯所堅持的單行道。

威爾伯以奧羅賓多來支持自己的立場，結果嚴重誤解了奧羅
80 賓多的觀點，完全曲解了他已經清楚說明的某些立場。雖然威爾伯採取奧羅賓多的意識演化觀念，在自己的模式中引用某些整合哲學和瑜伽的語言，但他呈現的是錯誤的整合瑜伽。威爾伯雖然自稱相當贊同奧羅賓多，但他的模式卻與奧羅賓多對靈性實相的識見不一致。從奧羅賓多的整合哲學立場來看，威爾伯的模式仍與整合相去甚遠。

光譜模式企圖整合不同的體系和理論家，代價是犧牲了這些體系，造成忽略差異、誇大相似之處，曲解各種體系以符合自己的模式，有時甚至扭曲到面目全非的程度。即使佛教本身也不是單一的龐大結構，其中有許多學派和相互矛盾的立場，光譜模式將整個佛教同質化，消除其差異和複雜性，以符合這個模式。例如，費洛（Jorge Ferrer, 1998）談到威爾伯對佛教哲學家龍樹（Nagarjuna）立場的詮釋就完全不同於幾世紀以來佛教學者的詮釋。

古代的普羅克拉史提茲（Procrustes）做了一張適合每一個人的床，如果某人太高，就鋸掉他的腳以配合床的大小，如果某人太矮，就拉長這個人以符合床的長度。光譜模式就是這張床。

哲學理論需要臨床治療經驗的檢視

針對威爾伯理論體系的批評越來越多，於是逐漸看出威爾伯所謂支持其理論的「大量證據」不但不支持他的理論，有時甚至

是反證。發展的大餅可以用許多不同方式來切割，而且所有不同的方式都不會整齊劃一地產生相同的觀點。發展的概念可以用許多不同的方式表現，就好像有許多不同的靈性體系強調不同層面的神聖。當這些理論和靈性體系被迫放入單一的光譜發展模式，就會破壞其原有的完整性。

文化、政治和科學的發展是否會重現個人的發展方式，仍然只是個有趣的主張。這些範疇之間當然有一些顯著的相似性，但
更大系統的發展階段是否完全複製個體發展階段，仍然需要進一 81
步的研究，而且合理的前置工作是先證明個體的發展確實遵循光譜模式建議的階段和次序，但目前尚無法證明這一點。

令人驚訝的是，威爾伯的寫作時間雖然已歷經二十多年，但他的模式還是沒有受到多少嚴格的檢視。他使用的心理治療體系仍然根據一九六〇年代的心理學觀點，使這個模式的心理學部分欠缺說服力。威爾伯以佛教和吠檀多哲學解釋靈性的方式，迫使所有其他靈性體系必須削足適履，而違背其他靈修傳統的觀點，也降低了這個模式靈性部分的說服力。模式的其他三個象限都是根據第一個象限的理論推測，如果連心理靈性模式中的心理學和靈性部分都會受到質疑，甚至不切實際，那麼其他三個象限的效用也會受到嚴重的質疑。

威爾伯在超個人心理學成形的數十年中，具有非常重要的影響。但隨著超個人心理學臨床經驗的成長，臨床工作者和治療師佔有越來越重要的角色，心理學和心理治療理論的落實越來越需要依據臨床經驗。哲學取向一向有其價值，但仍必須經過實際臨床治療經驗的檢視。

榮格的分析心理學和米契爾・瓦許本近年的革新

所有西方心理治療都是在探索自我痛苦的成因，想了解心理苦惱的來源是什麼。自從佛洛伊德以降，西方深度心理學都通過自我向潛意識尋找答案。表層受限的自我會切斷自身深層來源的連結，導致心靈的痛苦、不真誠的存在、防衛機制、狹隘的意識、虛假的自我（不同理論體系會以不同的語言來描述）。

療癒、完整、整合、凝聚或健康都有賴於自我重新連結到深
層的來源。不論用什麼方式來表達，所有體系都把自我放在更大
82 的潛意識基礎之中，自我由於創傷、壓抑、有缺陷的自我結構、
學會逃避痛苦和焦慮的防衛，而一直與自身分裂。這些觀點是所
有深度心理治療取向的共通主題。

各種西方心理治療的取向一直停留在個人層面的有限自我。心理學長久以來一直希望「符合科學」、受到尊重，所以小心翼翼地避開靈性的世界和語言，但榮格卻是例外，他把心理學和靈性結合在一起。

榮格的模式是最早的超個人心理學，他在解釋人類處境的問題時，也認為自我的痛苦和苦惱來自與潛意識的分裂，可是榮格的潛意識包括了超個人和靈性的部分，他所說的潛意識除了佛洛伊德所說「慾望翻騰」的本我之外，還包括神話、原型和靈性能量。

信奉佛洛伊德學派的人譴責榮格把潛意識浪漫化，因為他認為潛意識是智能、創意和靈性超越的救贖力量。他相信每一個人都有個人潛意識和集體潛意識，後者是所有人類所共有的。集體

潛意識中有各種原型，或說是形塑心靈和組織心理經驗的共相。原型的實例包括神聖孩童、大母、處女、巫婆、戰士、魔法師、愚人、受過傷的療癒者、國王、皇后、智慧老人或老婦等。心理健康就是讓這些原型在我們裡面運作，重組思想、感受、行動，以形塑心理經驗的能力。心理的痛苦和苦惱起於我們只能認同少數原型，於是造成狹隘的認同感和受限制的感受。

舉例來說，如果一個人的認同感緊連於扮演工作中的嚴格老闆，即使回到家中也無法經驗其他原型（比如天真的孩童、情人、愚人），如果他在陪孩子玩或和妻子做愛時，仍只能扮演嚴格的老闆，他的生活就會受到極大的限制，完整豐富的生活感受、創意和自發性都無法在他身上流動。

榮格的觀點是要向其他原型或宇宙能量敞開，讓這些能量注 83
入我們的經驗。這個過程類似其他心理學體系所說的「重新擁有自我被否認的部分、不要分裂或壓抑自我」，只是榮格的模式以不同的語言和隱喻來描述。

心靈的核心原型是「自性」（Self），可以用同心圓形或方形的圖像代表。榮格相信我們不能直接經驗自性，但可以間接知道，透過象徵、夢和圖像得到它的引導和指示，當我們走向新的方向時，代表自性的圖像也會隨之改變。自性不會改變，但代表自性的圖像會改變，而且需要常常更新。個體化的心靈變動時，「自我」會浮現新的象徵或神話圖像，以表達這種變動。所以意識「自我」需要在自性顯示的路上不斷重組，重組的過程發生在兩個層面：意識「自我」和深層原型。

榮格認為「自我」的發展在前半生，著重於世界和行動：做事、成就、磨練出獨立的「自我」、在世上得到某種支配力。但在三十五到四十五歲的中年，或是更老的時候，成人「自我」開始出現疏離感和缺乏意義感，於是開始轉向內在。後半生的特徵著重於內在生命，出現前半生所沒有的發展。例如，如果前半生是由心靈積極面「做事」的男性特質來支配，後半生就比較會由女性特質的「存有」面來支配。如果不傾聽內在的變遷，就會經歷越來越強烈的心靈痛苦、空虛感和疏離感。

榮格認為「自我」在心靈生活中很重要，但重要性低於其來源或基礎。由於「自我」不知道自身的來源，於是抱持錯誤的獨立態度。「自我」的任務就是學習體認自己正確的位置，和比較重要的存有支持基礎建立適當的關係。榮格認為中年危機代表自性的浮現，當「自我」覺得越來越沮喪、不真誠時，潛意識能量會從自性浮現出來，就會經歷假我的死亡，然後重生成更崇高的靈性形式的自我。

84 榮格和榮格學派比較強調潛意識的超越面，但也承認本我或前個人的內容。相反地，精神分析只看見本我或前個人的潛意識。

榮格心理學當然還有許多其他面向。榮格根據人在世上的定位，把人分成內傾型和外傾型；他認為人在經驗世界時會發展出四種較次等的支配模式：思考型、情感型[1【編註】]、感官型、直覺型。他以自己的語彙討論潛意識被壓抑的部分，他稱之為陰影。他相信每一個人都有心靈的男性特質面和女性特質面，所謂阿尼瑪（anima）是男性心靈的女性部分，阿尼姆斯（animus）則是

1　編註：思考型（thinking）本書舊版譯為「理智型」，情感型（feeling）則原譯為「感受型」，本版參考《榮格心理學指南》（2022）統一為「思考型」、「情感型」。

女性心靈的男性成分。他的主要治療技巧包括夢、藝術和想像，因為他相信要透過圖像和進入想像世界，才能接觸自性的智慧。本書的目的只是介紹榮格超個人模式的基本特徵，所以這段簡短的概述已經足夠。

榮格心理學是非常精巧複雜的體系，有自己的文獻，世界各地有許多訓練中心。但在六〇年代之前，它還是規模較小的孤立思想，對主流心理學沒有什麼影響力，其他科學、專業心理學視之為遠離核心、自生自滅的學派。但隨著六〇和七〇年代的文化變遷，以及超個人心理學開始形成氣候，榮格心理學突然在更大的專業範圍中受到重視，心理治療師「發現」了榮格。心理學領域越來越注意靈性和心理學的議題（這是榮格學派一直在處理的議題），使榮格在今天廣受歡迎。

米契爾・瓦許本最近的革新

榮格學派的思想進入主流文化的對話時，有一位理論家試圖把榮格思想明確地連結到更廣的超個人領域，他的名字就是米契爾・瓦許本（Michael Washburn），他有兩本重要的著作：《「自我」與動力之源》（*The Ego and the Dynamic Ground*, 1988）和《精神分析觀點中的超個人心理學》（*Transpersonal Psychology in Psychoanalytic Perspective*, 1994），以榮格思想和威爾伯的模式（超個人領域的主流模式）做比較。瓦許本採用榮 85
格的模式，做了一些修訂，然後以超個人心理學的語言提出榮格模式。

瓦許本是受過訓練的哲學家，他闡述榮格思想背後的哲學假設，把這個模式放入西方一神論對永恆哲學的詮釋，而不是威爾伯的東方非二元傳統的詮釋。這是決定性的差異，因為他提出超個人心理學的關鍵問話：什麼是超越？不同答案衍生出的心理學會有非常不同的形貌。

瓦許本雖然認為他的模式在許多議題上和威爾伯的模式形成強烈的對比（比如「動態對話」相對於「階級結構」，「回歸到起源」相對於「直接提升到超越的境界」，「螺旋型」相對於「階梯型」模式），但許多意象或隱喻在兩個架構中都屬次要，各自的意象其實都可以應用到對方的內容裡。兩個模式的主要差異在於不同的超越方式、超越的境界，以及對永恆哲學的不同詮釋。

超越是沒有自我，還是自我結合到超越的基礎，好像兩個自我合而為一了呢？威爾伯根據東方佛教和吠檀多哲學的非二元傳統，把超越的終極目標放在個別自我消融於大梵或對佛性的認同；相反地，瓦許本根據非常西方的一神論傳統，認為超越不是消除自我，而是轉化到更崇高的合一之中，自我仍然是心靈結構的一部分，但因為與超越的來源（動力之源）結合，所以不再是獨立存在的，而是二元整合體中較次要的部分，把瑪勒的名言套到新的脈絡來說，就是成為「二元合一體」的一部分。達到這種「自我」和自性整合的超越狀態的途徑，包括了瓦許本所說的「以回歸來成就超越」，也就是說，「自我」回歸潛意識的前自我起源（動力之源），並和起源整合成超越的自我。

瓦許本辯駁威爾伯的前／超謬誤觀點。威爾伯譴責榮格犯了
86 典型的前／超謬誤，批評榮格混淆了嬰兒式自戀（前個人）和利

他的無私（超個人），也混淆了原始思考歷程（前個人）和具有遠見的認知（超個人）。但瓦許本相信這個問題不是單純的二分法，前個人和超個人狀態有非常密切的複雜關係。他承認榮格的思維沒有區分前個人和超個人，但他細膩地解釋榮格理論，顯示前個人和超個人如何反映出完全相同的潛力，只是表現在不同的層面。瓦許本認為非自我（nonegoic）的潛力（動力之源）透過不成熟或軟弱的「自我」表現時，看起來像前個人狀態，但同樣的非自我潛力透過成熟、強壯的「自我」表現時，就是超個人狀態。例如，衝動是動力之源的前個人表現，但在「自我」發展後就成為自發的創意，這是相同能量的超個人形式。動力之源沒有不同，不同的是經驗和表達這些潛力的「自我」。所以非自我的來源（動力之源）在「自我」發展之前的表現像前個人狀態，在「自我」發展之後的表現則像超個人狀態。

中年危機，也是轉機

瓦許本以中年危機為例，說明「自我」回歸起源以邁向超越的變動。在前半生，「自我」從集體潛意識（或瓦許本所說的動力之源）浮現出來，投入外在世界，受到向外流動的慾力（libido）驅使，想得到外在成就，「自我」逐漸脫離自己內在的原型、情結和主體性；可是，到中年時，向外流動的慾力逐漸退去，從外在的焦點流回動力之源，「自我」跟隨慾力的流向，也轉向內在。向外在世界傾洩的慾力撤離時，「自我」對外在世界也失去興趣，開始退回自己的主體性和潛意識。中年的轉折就是回歸起源，把「自我」帶回動力之源的最初源頭。「自我」被帶回原型自性，與之重新結合時，就開始了個體化歷程。原初的合一雖然是未經發展的前個人狀態，但新的結合卻是充分發展的超個人狀態。

為了說明中年危機為什麼是一種「促成超越的回歸」，瓦許本以十六世紀神祕主義者聖十字若望的靈性名作《暗夜》（*The Dark Night*，編按：中譯本「為《聖十字若望心靈的黑夜》，星火文化，2018）為例，聖十字若望所謂暗夜的初期階段會經歷了
87 無生氣、乾枯無力、有如沙漠的經驗，這是在淨化中退離世界的第一階段。瓦許本認為這個階段就是慾力從外在抽離、不再向世界宣洩的過程，這時會喪失生活和關係的意義和樂趣，過去的樂事不再令人滿足。聖十字若望提到獲得自我認識、面對自己的卑劣和黑暗的衝動。瓦許本認為這是人在回歸潛意識陰暗世界時，面臨自身的陰影，而開始接觸被禁止的想法和感受。

隨著乾枯期的發展，「自我」的防衛機制被剝奪，從世界抽離出來到達某個程度時，會出現喜悅或狂喜的突破，進入正向的靈性經驗。這種突破是因為面臨動力之源的靈性能量，以更直接的方式對「自我」產生作用。起初，這個人可能相信自己已經達到目標，好像開始覺醒了，佛教稱之為假涅盤。但這只是沙漠中的綠洲，預示第二個階段，是靈魂更深的暗夜，會有非自我之源的直接靈性作用，使心靈淨化、純潔。

回歸以促成超越

陷落的經驗一直持續時，會覺得自己好像掉入黑洞，似乎被怪獸吞入黑暗的腹中（聖十字若望說就像被吞入鯨腹的先知約拿），被拉進更深的黑暗之中。這個人會覺得失落、孤獨、被上帝和朋友遺棄。這時會誘發負面的早年客體關係，對他人的經驗

會沾染「生氣、暴怒、批評、責備的伊底帕斯期父親」色彩，以及「令人窒息或遺棄小孩的前伊底帕斯期母親」色彩（所謂壞母親），自我覺得赤裸裸地暴露在世界上，每一個人都會看見他很壞、邪惡、沒有價值。「自我」的脆弱感，以及相信別人能看穿他，是缺乏防衛和解除壓抑的自然結果。在上帝面前，人會覺得自己赤身裸體，這種經驗有內在和人際（或客體關係）兩種層面。瓦許本細心地指出靈魂的暗夜不能被歸因於童年創傷和神經質的執著，而是透過早年的制約來經歷靈性淨化的過程，這就是「回歸以促成超越」的意思：「自我」回到心靈和童年的舊有基礎，以得到未來的療癒和新生。

這個過程持續的時間端視當事人如何看待這個過程，以及激 88
發的崇高靈性力量有多強，但聖十字若望說這種淨化過程會持續許多年。這個過程不只要忍受外在的折磨，也是一種內在的歷程，這時當事人會更有意識地面對所發生的事，向這個過程臣服。當人轉向內在，而不是嘗試逃避時，就是決定性的時刻，靈性重生於焉開始。

當「自我」開始接納內在的深度，願意臣服時，就開始整合「自我」與非自我（心靈的動力之源），正向的感受和靈性經驗會越來越多，當重新喚起正向的童年客體關係時，童年創傷就會得到療癒，這個人會透過好母親和好父親的鏡頭來經驗世界，並感受到自我內在的良善。負面經驗逐漸消失、正面的靈性經驗漸漸增加而穩定。回歸是為了促成進展。

「自我」並沒有消融，而是與非自我來源和諧地結合，「自我」開始經歷自己的崇高生命。這是「自我」和自性的整合狀態，是包含二元性的統一體，不是純粹的單一體。這是二合一的狀態，並不是只有一體。在瓦許本的語言中，「自我」和動力之源融合在一起；在榮格的語言中，「自我」向潛意識的原型、靈性能量敞開。

對榮格和瓦許本而言，這就是人生的目標。榮格本人相信只能趨近這種整合，但永遠無法完全得到。瓦許本的看法不同，但承認這種整合的生活非常罕見，比如聖十字若望或亞維拉的聖女大德蘭這種卓越的靈性人格。瓦許本相信東方和西方對自我和超越本質的看法有基本的差異，這是合理的差異，並不是程度的差異或強調不同之處，所以不太可能把超個人心理學的東方和西方取向結合成一個典範。

這個模式的優點

89 一、這個模式清楚說明一種眾所周知的超個人成長與超越模式：中年危機。中年主題的探索在臨床上非常實用，描寫中年暗夜的語言和隱喻令許多人覺得非常貼切。

二、這個模式為超個人的超越議題提出一種西方一神論的途徑，直接挑戰從一開始主導超個人領域的東方非二元論的成見。

三、這個模式使心理學和靈性結合成一體，相對於威爾伯認為先有心理學的第一步，然後是靈性超越的另一步的階梯模式。

四、這個模式為潛意識提供非常寬廣的超個人觀點，認為潛意識同時是本能慾望和靈性啟示的來源，由此對夢產生更崇高的看法，認為夢除了有潛意識中較為低下、本能的範疇，也包括崇高、神話、靈性的範疇。

五、原型和集體潛意識（動力之源）是重要的心理概念，目前已散播到整個心理治療領域。

六、榮格的工作率先在心理治療中運用想像力、幻想、藝術，這些技巧對某些人非常有用。

七、「回歸以促成超越」的觀念是重要的自我認同過程，不只見於榮格式治療，也是所有深度心理治療取向的常見過程。就超越的心理治療部分而言，以回歸促成超越的過程，在某種程度上是指揭露舊有的創傷和自我結構，加以處理，達到更高層次的嶄新整合。相反地，不涉及心理部分的純粹靈性成長過程，有可能把這種觀念視為直接的提升。

這個模式的缺點

一、由於把焦點放在中年之後，所以忽視前半生。難道在三十五到四十五歲之前，就沒有靈性或心理覺醒的希望嗎？其實許多人在很早期就經歷了靈性覺醒，然後投入自身深層的內在 90
工作。這個發展模式不符合大多數人的情形，也不是根據臨床觀察而來的，因為許多二十五歲的年輕人比大部分六十歲的老人具有更深的自我覺察。

二、這是一神論和西方對永恆哲學的詮釋，沒有提及如何處理非二元論。

三、榮格的工作在技巧層面著重於想像世界的處理，主要是透過幻想、夢和創造性想像，這些技巧雖然對某些人很有力，但還有許多人覺得這些方式雖然「令人陶醉」，但沒有落實於身體和感受。

四、沒有清楚說明心靈和靈的關係。自性和魂或靈有什麼關係呢？動力之源或原型世界如何真正作用在自我呢？需要什麼條件才能產生作用？

五、這個模式建立在案主的臨床治療，並不是威爾伯假設的兩階段模式（第一步是心理工作，第二步是靈性工作）。榮格率先認為一開始就可以評估深層的靈性和原型，甚至以此引導整個治療過程。這是非常重要的臨床發現。

可是，這個模式容易變成類似威爾伯理論的版本，認為必須透過心理工作才能產生靈性工作，甚至要完成心理工作才能使靈性工作達到最高點。如果抱持這種立場，前述針對威爾伯模式忽視心理和靈性發展歷史的批評，就也適用於這個模式。

雖然心理學導向的理論家特別傾向於把兩個領域視為一體，但超個人取向的工作也需要承認非心理取向的靈性發展與經驗。靈性發展不必然在心理發展之後，兩者也不是相同的工作。

哈彌·阿里的鑽石途徑

哈彌·阿里（Hameed Ali）的筆名是阿瑪斯（A. H. Almaas），
91 阿瑪斯是阿拉伯文的鑽石，他創立的學派可能是當今成長最快速的超個人途徑。阿里的鑽石途徑非常特別，結合了客體關係、身體感官和蘇菲教派。雖然他認為鑽石途徑是靈性工作，不是心理治療，但越來越多治療師以他的方法進行超個人心理治療。

有趣的是，哈彌·阿里雖然說自己不曾接觸榮格學派，卻創立了一個與榮格學派非常相似的體系，只是使用非常不同的語言。榮格的自性相當於阿里的**本體**（essence），原型能量相當於**本體的性質**（essential qualities），兩個體系都透過探索心理衝突、潛意識創傷和防衛，來得到深層的靈性認同。兩個體系之間當然也有重大的差異：阿里強調身體，榮格則否；阿里不重視圖像，榮格卻非常重視；阿里相信可以直接經驗本體，榮格卻認為無法直接體驗自性。但兩者的相似處使差異相形見絀。

鑽石途徑就像任何靈性體系一樣，想把個人的認同感從自我轉向靈性，或是以鑽石途徑的話來說，把個人的認同從自我形像轉到當下的存有或本體。這種過程需要更細膩地體驗自我，對自我有更精緻的覺知，因為本體原就存在內心。阿里所說的「靈魂」（soul）是指古時的字意，就是能經驗、聽見、學習、了解等等的「自我」。本體則是內在的本質，是一種當下的存有、一種敏銳度、是重生的靈性身分。本體的經驗並非一成不變，可以透過細小到僅僅一種香味，乃至可以觸摸的實物，而體驗到本體。本體不只是抽象的觀念，也可以透過五官來感知。我們經驗到的本體可能具有人格，也可能不具人格。本體具有某些性質或特徵，比如意志、力量、引領、真理、覺醒、慈悲和價值。阿里的路徑就像蘇菲教派一樣，並不是禁慾苦行的途徑，而是非常入世的方式，可以用各種不同的方式經驗本體。

阿里認為「自我」（ego）是一種防衛，是否認本體的。嬰
兒出生時能接觸本體，但由於父母沒有接觸本體，所以早年的創 92
傷就是因為缺少了本體經驗的回映作用和支持力量，以及無法認同本體就是我們的本來面目。本體因為缺乏回映而凋萎，並產生一種空虛感或坑洞，也就是欠缺本體的感覺。為了彌補本體的失

落，而產生了自我和客體關係的綜合體。不斷重複這個過程之後，就會逐漸產生心理的「自我」感，而越來越脫離根本的本體，不消多久，就完全失去與本體的接觸而生活在形像世界，精神分析（特別是客體關係理論）對這個世界有非常清楚的描寫。所以，「自我」是失去本體後的代償產物，反轉的過程需要處理早期的客體關係，才能再次經驗到本體。

坑洞理論

阿里最有獨創性的貢獻就是坑洞理論，他認為我們的人格若要「本體化」（能夠運用真正的能力、力量、智慧、愛等等），就必須深入探索早年的創傷，加以疏通，才能用原本被遺漏的本體填滿這些坑洞。阿里所謂的坑洞就是指人覺得自己缺少了某種東西，而有匱乏、不足、好像少了什麼似的感覺。坑洞就是缺少屬於本體性質的經驗，當人有匱乏的經驗時，就會發現因本體缺損而引起的坑洞或缺口。處理坑洞、進入坑洞的經驗時，就會開始探索坑洞的本質和構造，這時經常會發現困難和不愉快的議題。當事人需要從早年的客體關係和創傷來發現這種缺口的心理意義，經過一段時間的處理後，覆蓋坑洞的結構會逐漸消融而與本體的性質產生緊密的接觸，然後就能以適當的方式面對人生的境遇，而不再因匱乏而產生防衛、逃避、掩蓋坑洞的反應。例如，一旦感到恐懼或無力時，就能產生力量感。

阿里以獨特的方式結合客體關係和身體工作。雖然鑽石途徑的大部分治療師很少進行「以手接觸」的身體工作，但經常運用芮克的傳統方法衍生而來的呼吸工作，包括以深呼吸增加身體的能量、促使人體驗各種感受（可是，隨著阿里學說的演變，已經越來越少使用呼吸工作），他們的焦點一直放在感受的意義、感受與早年客體關係的關聯、感受如何補償本體的失落，並得到超 93
越這些感受的能量脈絡。

鑽石途徑的實務方法有三個主要部分：

一、一對一的個別工作，很像是在客體關係的架構中做澄心聚焦和身體感官取向的心理治療，試圖把學生的認同感從客體關係轉移到當下，類似強調當下和經驗的存在心理治療。引導的問話是：「你現在對自己有什麼體驗？」
二、在重視個人歷程的小團體中進行個人靈修，如打坐和吟唱。
三、在大團體中教導鑽石途徑的理論，然後在兩人或三人小組的練習中說明，使學生在經驗中了解理論。

這個模式的優點

一、這是結合當代客體關係理論與身體工作、靈性發展的最細緻方式，涵蓋了精神分析和榮格學派最忽視的身體面向。
二、雖然哈彌．阿里並未宣稱自己是完全開悟的人，但堅持自己擁有某種真實的靈性成就，這使他具有特殊的威信來談論超個人的存在狀態。
三、這是當代的靈性道路。雖然所有靈性道路都隱含某種程度的心理學，可是大部分宗教傳統已有千百年的歷史，它們的心理學已非常過時而不切合實際。阿里充分運用現代的精神分析理論和身體工作，但仍不能宣稱是唯一的靈性成長之路。

這個模式的缺點

94 一、沒有清楚說明本體和其他靈性體系的關係。阿里雖然說本體是人類對靈性神聖存有的經驗，但他在不同時候所說的本體卻是指不同的事物。他把自已放在非二元傳統的立場，連帶也有這種傳統的成見，接受佛教的無我觀念，卻又說本體是個體和絕對存在之間的媒介。他有時似乎把本體等同於梵我或佛性，有時卻又說本體具有梵我或佛性所沒有的一些性質和感受。本體不是靈魂，因為阿里對靈魂的定義不同於永恆哲學傳統的定義，也不是指具有人格的神性。

二、他貶低圖像的重要。如果阿里的目的是不要讓人落入認同概念的陷阱，那麼我們可以了解他的目的。可是，忽略圖像和象徵在深入內心和治療上的力量，就等於關閉了一道通往內在經驗的重要之門。

三、阿里強調內在狀態的重要性，卻忽略了現實中的人際關係，因為這個體系是從早年客體關係會制約人際關係的角度來看現在的人際關係。如果一直著重內心世界，就會忽略相互主體性場域的重要性。

四、就像任何運用呼吸工作或其他超常意識的體系一樣，都會受到這種工作法的限制。不論在超常意識處理了什麼問題，都必須回到正常意識中再次探索，才能徹底的處理。

五、如果在深度治療中，一直留在深層、早年創傷與衝突的探索中，就可以在某些時刻進入更整合一致的生命狀態（這是各種取向的治療師在臨床經驗中常常體認的事實），那麼，阿里所描述的現象有什麼不同呢？波爾斯談到，透過覺察可以使人從枯燥死寂的虛空進入充滿創意的虛空。目前我們還不清楚波爾斯或完形治療師所努力得到的這種經驗，以及存在學家所強調的存有經驗，與本體有什麼不同，也不知道本體如何比有機論更具有靈性上的意義。

阿里的著作有一種味道，認為深入的治療是靈性開悟的
必要淨化過程。可是傳統靈修的目標不止於此。在阿里的模 95
式中，靈性開悟的障礙是心理創傷及伴隨的早期客體關係，要經歷這種客體關係的綜合體才能克服障礙。他的觀點和瓦許本的模式有一個細微但重要的差異，瓦許本認為超越障礙而達到靈性轉化，需要透過早年客體關係基質的透鏡來經驗，但不能將靈性轉化的過程簡化為只有這些內化的表現，也就是說，靈性的開悟不只是心理治療，而且可能遠遠超過心理治療。

六、就一個新的靈性道路而言，這個模式是大膽但未經證實的實驗。大部分靈性道路的建立者都已達到目標，得到解脫或與神聖合一，阿里公開承認自己還沒有達到這個境界。阿里可能有能力體驗某些內在狀態，並相信他的道路最終能達到這個目標，但沒有人知道這條道路會把人帶到何方，目前也不知道他憑自身獨特的能力和靈性的力量所建立的體系，對他自己的影響可以到什麼程度，也不確定是否能有效地廣泛運用到其他人身上。

羅貝托．阿沙鳩里的心理綜合學

此處必須花一點時間討論另一個在歷史上非常重要的超個人心理治療學派，就是羅貝托．阿沙鳩里（Roberto Assagioli）的心理綜合學（psychosynthesis），這個學派的形成時間與榮格同期。阿沙鳩里和榮格一樣，原本是佛洛伊德的追隨者，後來對佛洛伊德的唯物論偏見感到失望，於是在二十世紀初期義大利的佛羅倫斯獨立工作，他創立的超個人途徑與榮格模式有許多相似之處。心理綜合學在超個人心理學興起的七〇年代大受歡迎，但快速崛起後又逐漸沒落，目前美國只剩下少數幾間訓練中心。

這個學派的基本理論非常簡單，阿沙鳩里認為除了深度心理學，必然還有「高度」心理學，並試圖設計各種技巧以接觸超意
96 識或超越個人的自我，使「我」與之密切配合。這個過程的第一步是先辨識下層潛意識的內容及各種「次人格」（這個術語非常有用，現在已被其他治療學派使用，相當於其他體系所說的情結或自我被否認的部分），然後是去除對這些下層內容的認同，接觸高層潛意識或超越個人的自我。心理綜合學是這個領域使用引導想像法的先驅（這是其主要技巧），所使用的「內在小孩」意象已成為主流文化的一部分。現在的心理綜合學治療師也會使用其他技巧，比如完形學派的空椅法、詮釋等等。

這個模式的優點

一、它把靈性脈絡放入心理治療，具有歷史上的地位。榮格和阿沙鳩里都使用想像技巧，榮格率先運用積極想像法，阿沙鳩

里則是引導想像法的先驅。

二、這個學派的地圖非常類似榮格學派，但兩者的起源各不相干。心理綜合學認為「我」或「自我」要臣服於「超越個人的自我」，相當於榮格的「自性」；高層潛意識和超個人意志相當於榮格的集體潛意識和原型能量；這兩個體系的超越途徑都要經過個人的創傷、情結和潛意識的次人格。

這個模式的缺點

一、心理綜合學就像榮格學派一樣，在想像和心像中忽略身體的部分。有些人的心像非常強而有力，但許多人在運用這種技巧時會局限於心智的層面。同樣地，從認同到去除認同的過程中，許多人都只是心智的練習。雖然心理綜合學只把這個過程視為治療的一個步驟，但去除「下層自我」的認同、活出超個人的自我是終身的功課。

二、這個學派就像許多運動一樣，起源於才華洋溢、具有個人魅力的人，比如芮克的治療、阿德勒學派、完形治療和溝通分析，一旦創立者過世，整個體系也跟著停滯。 97

　　心理綜合學就像其他體系一樣停留在阿沙鳩里過世時的狀況，雖然仍有一些追隨者，但已經缺乏早期的活力，其文獻也非常有限，只要一個星期就可以讀完；這麼貧乏的文獻對如此巨大的人類處境留下許多斷層和未解的疑問，對更廣大的心理學領域只能產生有限的影響力。

史坦尼斯拉夫·葛羅夫的全方位模式

史坦尼斯拉夫·葛羅夫（Stanislav Grof）是一位研究迷幻藥LSD的精神科醫師，他運用超常意識狀態來達到治療目標，形成一種獨特的超個人心理治療。他後來運用所謂全方位呼吸工作為許多人治療，吸引了許多追隨者和實務工作者，但許多人對這種方法沒有反應。

葛羅夫花了數十年研究LSD的作用，先是在祖國捷克，後來在美國，他根據這些研究發展出一套超越西方心理學的意識地圖，走入超個人的靈性領域。基本上，葛羅夫先是採用LSD的研究而得到意識地圖，後來利用快而深的呼吸和大聲的音樂引發超常意識狀態，試圖模擬LSD的作用。

葛羅夫的工作始於一九五〇年代，當時在捷克的精神病院，他把LSD給各種診斷類型的精神病人服用，接下來又研究問題較輕的病人，包括酗酒和藥癮、創傷的存活者、一般的精神官能症病患等等。他發現這些人在LSD的心理治療中，會經歷相似的意識層面，他所發展的意識地圖就以這些觀察為基礎。

意識地圖的三個領域

基本地圖包括三種廣泛的領域：感官障礙和個人潛意識的領域、出生過程或與出生有關的領域、超個人領域。以LSD破除感官障礙時，會展現非常遼闊的感官意識（詳見第七章〈超常意識狀態〉），也會把人帶入個人潛意識，葛羅夫相信這個領域就是佛洛伊德和古典精神分析詳細描述的範圍。

葛羅夫把第二個領域稱為「基本出生母型」（Basic Perinatal Matrices）或與出生相關的經驗，這是主要的心靈組織原則。葛羅夫分辨出四種基本出生母型，相應於出生的四個階段：不受干擾的子宮內狀態、出生過程的開始、經過產道，以及脫離產道的誕生。葛羅夫發現這四種組織母型各有相關的心理素材或情結，他稱之為「濃縮經驗系統」（systems of condensed experience，簡稱為 COEX 系統）。

基本出生母型的第一階段相當於出生前在子宮內的時期，胎兒在子宮開始收縮前飄浮於子宮之內，可能聯想到正向、合一的經驗，但也可能有各種物理、化學或心理的干擾，包括墮胎的企圖和父母不要小孩的想法。相關的正向心理主題（或 COEX 系統）包括幸福、安全、溫暖、極樂、合一的感覺；負面的影像、感受和 COEX 系統則包括水中的危險、受污染的水流、精神分裂（特別是妄想的症狀）、精神病態的喪失界限、擔心罹患各種疾病、噁心感。

基本出生母型的第二階段相應於出生過程的開始，子宮開始收縮，但嬰兒尚未進入產道，可能感受到難以抵擋的宇宙力量的推擠、無所逃於天地間。相關的心理素材包括被宇宙吞噬的感覺、無助受害者或陷入無法逃避的處境的記憶、被怪獸吞噬、巨大的寂寞感、存在性焦慮和絕望。沙特所說的「沒有出路」生動地描述出這種心理狀態。

基本出生母型的第三階段是在產道前進的過程，雖然有一種運動感，但在產道收縮的推擠下，嬰兒仍會感受到巨大的壓力。這個階段的 COEX 系統包括的主題有求生存的掙扎、巨大的身體或情緒壓力、虐待狂與受虐狂、強暴、性或身體的虐待、死亡與重生的掙扎。

基本出生母型的第四階段是誕生的過程，脫離產道，進入自
99 由的外在世界，有一種進入新生命的解脫感、舊有問題的超越，以及重新開始的喜悅感。這個階段的 COEX 系統包括的心理主題有，從嚴重的疾病復原、在危險的處境或意外中存活、與光融合，以及救贖、自由、重生的感覺。

葛羅夫強調不一定會以直線的方式經歷心理和出生的素材，四種出生母型的各種不同面貌可能在任何時候浮現，但經過心理治療後，這些素材比較不會再出現，所以經過一段時間後，大部分人會逐漸解決這些主題，然後邁向出生母型的第四階段。

第三個領域就是進入超個人境界，個體會經歷各種靈性狀態或主題。葛羅夫記錄的經驗符合世界各種主要靈性傳統的主題，包括宇宙心靈或大心、宇宙性空無、拙火經驗，以及各種通靈經驗，比如脫離身體的經驗、前世生活的回憶、認為自己是各種動物或是器官和身體的一部分，以及心電感應。

葛羅夫認為這是一個整合的體系，涵蓋數種不同的心理學派。他特別相信案主會從佛洛伊德學派的階段進入蘭克—芮克—存在學派的階段，最後到達榮格學派的階段。

全方位呼吸工作

葛羅夫相信一個人處理完前兩個領域，進入第三個領域時，個人的精神病理會在過程中得到處理。葛羅夫雖然比較喜歡使用 LSD，但 LSD 目前已被列為禁藥，只好選擇代替的方法：深而快的呼吸加上大聲的音樂。全方位呼吸工作可以在一到數百人的

房間中進行，通常以團體方式進行，把成員分成兩人一組，其中一人先平躺，在指導下進行單純的深度呼吸，另一人坐在旁邊，在必要時提供幫助。這種工作的理念是氧氣能提高一個人的能量（類似 LSD 的作用），提高的能量能激發心靈需要療癒的部分。

在接下來的兩個多小時中，會播放非常大聲的音樂，一開始是刺激性音樂，然後是非常感人的選曲，最後是非常平和、安靜的音樂。在過程中，如果需要幫助，坐著陪伴的人會加以協助， 100
或是要求受過訓練的助手幫忙。下一次團體進行時，由呼吸者和陪伴者交換位置。整個團體結束後，葛羅夫會鼓勵大家把經驗畫成曼陀羅，做為整合經驗的方式，並在團體中分享各人的經驗。

這個模式的優點

葛羅夫是發展超個人心理學的重要推手，他既是從事研究的科學家，又是臨床醫師，也是超個人運動的行動派和國際超個人學會的理事長。葛羅夫的影響主要在四個方面：

一、葛羅夫是第一流的優秀科學家，發展出這個領域影響最深遠的 LSD 狀態地圖及其臨床意義。他率先以科學方法研究 LSD 對心理治療的輔助，他的研究有充分證據，代表最佳的超個人科學和研究，可說是以迷幻藥進行心理治療的領域中，全世界最具影響力的作者。

二、葛羅夫的全方位呼吸工作是獨一無二的超個人方法，運用超常意識狀態進行心理治療。這是經驗性的療法，對某些人而言非常強大而有效，尤其是對某些進入創傷和出生相關素材的人。由於深度呼吸不是LSD，所以有些人在嘗試時覺得較安全、較不擔心。這個方法使某些人經歷各種不同的靈性開啟。

三、葛羅夫是傑出的開創者，從全新的眼光看待出生經驗對心靈的重要性，有助於我們重視重生和出生前後的心理學運動，使心理治療擴展到新的領域。他關於出生四階段的地圖已成為了解出生相關創傷的標準方法。

101 四、葛羅夫也是靈性危機領域的重要思想家和臨床工作者。

這個模式的缺點

一、葛羅夫對精神分析的看法相當過時，他所說的精神分析是一九四〇和五〇年代東歐的精神分析，是半世紀前驅力釋放理論的遺跡。後來的精神分析已有大幅改變，葛羅夫並沒有跟上當代精神分析的腳步，而後者仍是今日最具影響力的心理動力取向，表示葛羅夫試圖提供完整意識地圖的理論與現代觀念有嚴重的落差。

二、葛羅夫的意識地圖有一個問題，他把LSD產生的結果完全套用到一般的現實。在第七章〈超常意識狀態〉會詳細探討不同狀態下會有不同學習的情形，從LSD研究而得的意識地圖只是不同意識狀態的特定意識地圖，無法套用到一般情形。

葛羅夫似乎同意六〇年代的普遍想法，認為迷幻藥之於心理學就好像生物學的顯微鏡或天文學的望遠鏡。這種觀點在今日已站不住腳，LSD 不像顯微鏡或望遠鏡，因為 LSD 會對所探討的意識造成實質的改變。由於 LSD 會改變意識，以及意識中各種內容的關係，所以如何把 LSD 的洞識應用到日常現實，實在令人懷疑。他的意識地圖也許完全吻合 LSD 的經驗，卻無法以此證明適用於正常的意識。

所有牽涉到超常意識狀態的技巧都有這種缺點。特定意識狀態下的治療會避開「自我」和「自我」的防衛，所以正常意識有許多部分沒有被處理。此外，缺少長期持續的治療關係也難以建立新的自我結構，這是當代精神分析理論視為長期效果的關鍵因素。全方位呼吸工作的意含就是可以單純透過呼吸達到心理健康，內在的抗拒、創傷和傷害會自動離 102
開。唉！要是有這麼簡單就好了。

三、這個模式的實用性有限。只有少數人對這種努力得到氧氣的經驗感興趣。有些嘗試的人只得到肌肉僵直攣縮的感覺，或某些沒有什麼內容的微弱感受，大部分人不會持續求取這種經驗。呼吸工作不需要 LSD，這既是優點，也是缺點。嘗試過這兩種方法的人通常會覺得深度呼吸的效果不能和 LSD 相比。

超個人存在心理治療

存在取向的超個人治療可能是靈修和心理治療最容易和最自然的結合，因為兩者使用的語言、價值觀、概念都非常類似。假設把全然支持唯物論的存在學家觀點和靈性的展望分別放在兩個極端，中間有非常巨大的鴻溝，可是一旦去除哲學觀點的差異，就會發現兩者其實是相通的。靈修和存在治療都非常懷疑理論，而強調真實的**體驗**、**以當下為中心**、重視**覺察**和**存有**，以及面對死亡、孤獨、人生意義之類的基本生命課題。

存在主義和有如姊妹的現象學運動都起源於歐洲哲學，對心理治療產生重大的影響。存在哲學的創立者齊克果開始探索存在的基礎，他認為這個基礎就是生命與死亡之間的對話。面對無可避免的死亡時，人類的反應通常是擔心、憂懼，齊克果認為對這種憂懼和擔心的反應可以是非常靈性（與超越個人）的，那就是：信心。齊克果是虔誠的基督徒，他對存在的探索使他進入極深的靈性世界，可是，日後知名的存在思想家，除了馬丁・布伯（Martin Buber）和田立克（Tillich）等少數例外，大部分都不接受靈性的觀點，譬如尼采、沙特、卡繆等人都不相信有任何靈性實相，並認為所有的意義都是出自於人的創造。從此以後，存
103 在主義便脫離了神學與理論架構，開始關注身為人類的真實「生活經驗」。

存在主義反對理論化以及使人頭痛的哲學論述，因而強調體驗。現象學是存在哲學的特殊應用，起源於二十世紀初期，提供了一種研究生活經驗的方法學。現象學試圖如實揭露本然的經驗，而運用了一種方法，稱為「存而不論」（bracketing），就是承認所有信念、理論和形上學概念，然後加以擱置，以直接探討人類經驗，這種方法使我們有可能關注事物本身，如實看見具體的全貌。

一九四〇到六〇年代，博斯（Medard Boss, 1958, 1979）、賓斯旺格（Ludwig Binswanger, 1956）、羅洛・梅（1958, 1969,

1977）、亞隆（Irvin Yalom, 1957）、布金妥（1976, 1978, 1987）等人，把探討人類經驗的存在主義和現象學帶入心理學，以存在的角度進行心理治療。存在治療師對理論抱持懷疑的態度，對佛洛伊德和精神分析提出廣泛的批評，認為這些理論過於知性，脫離了基本的生活議題和經驗，陷入普羅克拉史提茲的理論之床，強迫案主削足適履。早期存在治療試圖讓案主進入活生生的經驗，不只是「討論」問題或分析、了解問題。在當前的實務工作中，以存在為焦點的取向把案主帶回基本的存在議題，如死亡、焦慮、害怕責任和選擇、缺乏意義，以及建立虛假的生活以逃避上述問題。存在取向的目標是把案主帶入更深的生命經驗，面對這些基本人生議題，探索各種避開艱難人生問題的防衛和逃避方法，經過自由的選擇而浮現更真誠的存在，反映出人的內在價值和選擇。

有趣的是，靈性傳統和存在心理治療都非常強調存有（being）。存在心理治療相信真實的存在經驗具有療效，也是案主對自己的存有感到自在的必要經驗。可是，有一點必須注意，傳統的存在取向對存有的覺察是有限的存有，它所探討的人
類基本存在雖然比一般人生活中的存有狀態更為遼闊，但仍是有 104
限的。

超個人存在心理治療更往前跨出一步，從超個人的觀點來看，存有是靈性的邊緣，是通往超個人的大門。連結到存有時，就能瞥見神聖存有的轉化可能。從有限的存在狀態到無限的靈性神聖存有，只是在概念上往前跨出了一小步（但在經驗上，卻是向前躍進了一大步）。超個人存在心理治療試圖引導我們進入神聖存有的更大覺知。

完形治療與靈性傳統的相似處

雖然存在取向可以用於任何學派，但最佳的範例則是完形治療。雖然完形治療起源於嚴謹的存在、唯物架構，但若脫離其唯物論的出身，將之放入超個人脈絡，就可以看見五個非常類似靈性取向的關鍵要素：

一、以當下為中心
二、覺察
三、重視感官和身體
四、我與你
五、道德

以當下為中心

把當下視為唯一事實，是存在取向的常見特徵。存在取向的時間架構是縱向而不是橫向的，也就是說，所有力量都被視為當下此刻的行動。精神分析的時間架構是橫向的，所以當下只是從過去到未來整條時間線上的一點。存在的觀點把當下視為就是眼前這一秒的現在，在我們能掌握之前已經迅速消逝。過去以記憶、歷史、懊悔等存在於此時此地，可是回憶時，我們是在當下回憶；未來以期待、希望、預演、擔心等存在於此時此地，可是想像未來時，我們是在當下想像。完形學派認為與其挖掘過去，不如看見過去如何以未竟之事和潰爛傷口的形式存在當下。

105 靈性取向也把時間焦點放在此時此地，佛教經典有最多的敘述。其實完形治療有時被視為禪的治療，創立者波爾斯則被視為當代的禪學治療大師。對當下的敏銳注意是佛教靜坐傳統的特徵，可以徹底中止白日夢和幻想，全然活在此時此刻。波爾斯相信完形治療提供了一個活在當下的方法，因為使人無法活在當下的就是由舊日創傷及彌補創傷的防衛機制所引發的無窮幻想，當創傷得到療癒，就會向當下敞開。

覺察

所有存在取向的心理治療主要目標之一就是使人自由地進入經驗。完形治療達到這個目標的方法就是以覺察做為實際經驗的核心和關鍵，完形治療的連續性覺察就是說出自己對當下片刻的覺察，例如「此時此刻我覺察到⋯⋯」，強調覺察的內容，使之更為生動，可以視為一種說話的靜坐。

完形治療的核心就是把人視為當下的整體，不需要為此特別做什麼。健康來自直接體驗神聖存有，只要不將其掩蓋即可。阻止這種直接體驗的原因是活在幻想之中（創傷和防衛），但完形治療直接處理創傷和防衛，使人不再分裂而能完全進入當下的經驗。即使經驗到的是「什麼都沒有」，但完全地投入仍然有強大的轉化作用，如波爾斯所說的「脫離貧乏的空無，進入豐饒的空無」，這正是佛教的意象。

這一點很像佛教的「內在固有的健康」觀念，立刻接觸到本已存在的完整性。超個人的完形取向認為完整和療癒的內在能力就是有機體自我調節的智慧反映出靈性的神聖存有。

重視感官和身體

完形的有機取向非常重視全然活在身體的感官之中。波爾斯

106 夫婦受到芮克和塞爾維的感官覺察影響，非常注意感覺運動系統。在完形治療中，活在當下、向當下經驗敞開，意味著落實於身體，而不是陷入幻想的心理世界。所以波爾斯說出一句常被引用的話：「丟掉腦袋、喚醒感官。」

這和佛教與禪宗相似得令人驚訝。感官覺察領域的先驅塞爾維把自己的工作描述成「禪的要素」。禪宗經典敏銳地注意當下的感官盛宴，充滿豐富、細膩的知覺。完形治療和靈性傳統都非常重視感官的喚醒。

我與你

完形學派受到馬丁·布伯極大的影響，他是少數靈性導向的存在主義思想家之一。布伯對照我—它關係和我—你關係的不同，我—它關係是一般世俗的關係，把他人視為「它」，視為物體、可資利用的東西、達到目標的手段。相反地，我—你關係則使人進入神聖的關係，把他人視為面對面的「你」，視為目標本身，建立一種對等的關係。完形學派批評精神分析的醫生—病人傳統角色、治療師對案主的疏離態度、冷漠的我—它關係模式。精神分析在一九五〇年代受到各家存在學者如上的批評。完形治療試圖使過程人性化，建立更為對等、相互、人對人的關係，波爾斯認為這種關係具有我—你關係的特徵。有趣的是，在半世紀之後，現代的精神分析也改變成相同的立場，就是目前所謂的「相互主體性」取向。我—你取向被轉譯成要求治療師在治療當下更加同在，也希望案主在治療過程更加同在和投入。布金妥（1978, 1987）曾以特殊的洞見撰文討論這一點。

不論是耶穌基督教導的「愛人如己」、佛陀強調的慈悲，或是克里希那穆提的陳述，最主要的靈性議題都是「正確的關係」，世界各地的靈性傳統都強調必須有神聖化的關係。「相互主體性」和存在主義強調的真誠關係則是以俗世的方式表達關係的這種價值，而超個人觀點真正擁抱關係的神聖性，則使關係的價值達到極致。

道德 107

納蘭周（Naranjo, 1993）曾指出完形學派認為一般的道德是整套強加在人身上的義務，壓制人的衝動和感受，會造成精神官能症的問題；尋求自由的有機體的內在道德則具有更深層的義務。靈性傳統似乎抱持相反的觀點，在靈性的淨化過程裡，一開始就有各種道德規範，認為壓制衝動和感受是有益的，可以使心靈和熱情平息下來。可是一旦達到靈性上的自由，所有靈性傳統都認為這種聖徒或聖人是超越一般道德的人，可以自由行使神聖的意志，所以兩者都相信道德有更深層的來源，超越一般的行為規範。完形治療挑戰道德規範，盡快將之丟棄；靈修卻在達到目標後才將之免除。兩者的目標相似，只是方法不同。

這個模式的優點

一、關於人類經驗和關懷之事，存在主義和靈性的語彙是互相符合的。

二、存在主義和佛教非常貼近，是許多人從心理學進入靈性的起點。兩種取向都試圖揭露經驗的原貌，排除理論的類別和體系，所以重視經驗勝於理論；強調以當下為中心，而不落入過去或未來；深入探索心的本質，而不是陷入無盡的思索；強調神聖的關係重於功利的關係；並落實於全然生機的感官覺察，而不是沉浸在心智的幻想。

這個模式的缺點

一、存在心理治療不是一個有系統、完善周延、內容豐富的模式，比較是一種治療方式，通往人類經驗的一個層面。即使是較成熟的學派，如完形治療，也只有少數文獻，沒有談到許多心理議題。完形學派的全盛期是一九六〇到七〇年代，此後即快速沒落。就像心理綜合學一樣，它的理論在創立者過世後就沒有什麼變化了。

108 二、存在主義和佛教非常吻合，可是和其他靈性傳統的關係呢？所有靈性傳統的目標都是要加深一個人的真實經驗，但存在取向仍需做許多努力，才能連結到其他靈性傳統。

超個人精神分析

精神分析可說是距離靈性範疇最遠的心理治療取向。從佛洛伊德反宗教的成見開始（例如他寫的《一個幻覺的未來》〔*The Future of an Illusion*〕），精神分析就對宗教輕蔑以對，從此一直抱持懷疑的態度。存在心理治療和靈性傳統雖然在語彙和關懷上有許多重疊之處，但精神分析的語彙和這些事物的距離卻好像非常遙遠。可是，在超個人心理學興起之後，許多當代精神分析師試圖把他們的心理治療和靈性結合起來，結果發現靈性的觀點能大幅擴展精神分析的視野。事實上，將兩者結合起來時，發現各自有某些相似的趨勢，在整合中或許可以彼此互惠。

精神分析和佛教、道家的交會點

到目前為止，還沒有條理分明或全面廣泛的方法可以調合這兩種不同的探索潮流，大部分著作談到的是佛教、道家和精神分析之間的比較，但只是在理論的層次，尚未進入實務的層次。這些貢獻主要來自英格勒（Engler, 1986）、艾普斯坦（1984, 1986, 1988, 1989, 1990, 1995）和蘇勒（Suler, 1993）。

本文要討論的是精神分析和佛教、道家的六個主要的交會點：

一、發展意識的價值
二、自我與無我／高層我
三、敏銳的知覺
四、面對一切發生的事
五、時間取向
六、慈悲

發展意識的價值 109

佛洛伊德在早期說精神分析的目標是「意識到潛意識」，並針對這個目標發展出精神分析，雖然許多人對意識到的內容是什麼，引發了大量的辯論（且持續至今），但都同意這個目標。所有深度心理治療取向都以某種形式共有這個目標，率先說出這個方向的就是佛洛伊德。

這也是所有靈修的目標，要覺醒、要意識到我們真正的身分：靈性。精神分析和靈性傳統雖然有發展意識的共同目標，但使用的技巧和產生的結果卻非常不同。到目前為止，精神分析發展意識的範圍並沒有超出自我和潛意識的部分，而靈性傳統則朝向超越有限自我的靈魂或靈性實相。史托羅洛（1992, p.159）對佛洛伊德目標的當代解讀是「病人主觀世界的展現、啟發和轉化」，這句話完全符合靈性的追尋，只是對這種主體性的「終極」範疇有不同的看法。同樣地，蘇勒（1993）談到精神分析和靈性體系都相信認識自我可以產生轉化，只是兩種取向中的轉化非常不同。

所有心理學都致力於整合、凝聚的自我（只是精神分析是最早開始和最重要的心理學），這種自我既堅強、穩定，同時又較靈活、變通，可以在內在空間航行，就像靈修的自我一樣。整合不良、容易破碎的自我會糾結成僵化而沒有彈性的防衛和潛意識的逃避，這種自我在意識之外運作，會使靈修不易進行。

自我與無我／高層我

精神分析的焦點完全在自我，靈性體系則開啟了超越自我的遠景。從威爾伯和瓦許本的差異來看，自我的超越在不同靈性參考架構下具有不同的意義。然而，超越傳統自我的觀點受到精神
110 分析的極度輕視，在超個人運動興起之前，精神分析把一切無我經驗都視為病態或退化。超個人視野迫使精神分析重新評估這種立場，承認在自我之上的更高超越狀態確實超出傳統自我的發展。

從自我的觀點來看，精神分析和靈性體系有幾個非常相似之處，英格勒（1986）曾在文章中以深刻的見解論及此點。客體關係和佛教都把自我視為一連串的表現，是持續不斷的建構過程，是快速變動的一連串獨立影像。這些固定的影像在心智中移動的速度極快，所以好像有一個穩定、持續不變的自我，但兩個體系都相信這種自我感只是錯覺，是一種由許多影像快速閃過而建立的幻像。

一神關係論對自我的觀點較符合寇哈特的自體心理學，寇哈特把自我視為時空中的連續體，是一種主動行動的整合中心，當人的自我發展時，「核心程式」推動人走向自我實現的方向，而完成自己的命運。寇哈特從驅力理論進入自我理論，他認為邁向完整的動力比本能更為重要，所以可以把一個人的發展視為意識的演化行動，而且是由自我來加以安排的。把這些自我觀點放進一神論傳統靈性架構時，自我就不是需要消融的錯覺，而是靈魂和世界的連結；當自我與神聖重新連結，並向更高的力量臣服時，就能實現一個人的靈性命運。這兩種自我的觀點有極大的調合潛力，瓊斯（Jones, 1991）大膽提出這種假設，但仍然無法將兩者完全整合。

敏銳的知覺

精神分析和靈修都能使知覺逐漸敏銳，例如，處理移情作用時，會越來越注意案主和治療師之間關係的感受、心像、知覺的細微差異，特別是吉爾、寇哈特和相互主體性學派的描述。在這個過程中，會因為細膩地注意當下的關係而進入此時此刻，使知覺更為精細而說出案主對關係的經驗，並可因此重新經歷童年的致病感受和經驗，因而得到療癒。這種使知覺精細的過程正是靜坐企圖做的部分：敏銳地注意當下的思想、感受和知覺經驗，最終達到超越的境界。兩者的目標當然不同，一個是療癒，另一個是超越，可是對內在狀態的敏銳知覺是相似的。

進入內在經驗的豐富時，會展現心靈的全新風貌，這個風貌可能是病態的或靈性的，也可能同時包含這兩種成分。例如，艾普斯坦（1989）的文章曾談到精神分析和佛教觀點的內在虛空經驗，他認為精神分析探討的焦點是自我的匱乏狀態，而佛教文獻的虛空則強調以成熟自我為起點的超越狀態。知覺的強化、細膩的內心狀態的說明和分化，正是精神分析和靈修的共同特徵。探索的範疇或有不同，精神分析研究自我及其病理狀態，而靈修則強調超個人狀態，可是超個人的方向使我們能整合這兩個範疇，開始探討兩者間可能存在的關聯，了解內在匱乏和空虛的狀態有時怎麼會成為進入完滿、深入、美麗的超越狀態的門徑，而不是一味地堅守傳統精神分析的病理意義。

精神分析也跟上了存在學派不信任理論和知識地圖的態度，這一點和靈修相同。長久以來，精神分析被批評為執著於複雜的理論，試圖把臨床資料強行套入其理論架構。寇哈特強調臨床實務要貼近經驗，而不是停留在遠離經驗的理論，有助於相互主體性理論把存在主義和現象學的優點注入精神分析。在當下接觸真實的內在經驗，也是靈性傳統試圖提升的部分。

面對一切發生的事

許多靜坐方法都強調覺察意識升起的每一種內容的重要性，不要對這些想法、感受和心像進行譴責或辯護，這一點非常接近

精神分析的自由聯想（自由聯想要求案主不經檢查地說出所有感 112
受或想法）。精神分析能敏銳地研究各種妨礙自由流動的障礙和防衛，成為精神分析師的過程會進一步發揮這種態度，採納毫無防衛的分析態度、準備好探索一切發生的事。靜坐和精神分析其實都是開啟內在經驗的技術，不再壓抑或逃避，使內在經驗得以越來越充分地呈現出來。

精神分析文獻很少嘗試直接把靈修運用到臨床實務。艾普斯坦從佛教的觀點做這種嘗試，雖然他的言談聽起來比較像完形治療師，而不是精神分析師，但仍對這個領域的探索提供了迷人的原創貢獻。在疏通防衛、看見主要的童年創傷之後，艾普斯坦提議轉到靜坐模式，這時的治療焦點應該從感受轉移到「我」的感覺及無常。把注意力從情緒的痛苦（艾普斯坦相信這種痛苦永遠不會停止），轉移到追求佛陀教導的空無和無我，才是療癒痛苦的唯一方法。

艾普斯坦的貢獻與本章其他超個人取向的心理治療非常類似，都試圖以心理治療發展的路徑為第一步，然後躍入神聖存有的下一步，以佛教語言來看，就是先看見自我的無常性，然後走入無我或佛性之路。可是，艾普斯坦主張治療目標不應該留在早年的創傷和感受時，似乎不太相信自我的療癒力量，以及從童年創傷升起自發的嶄新活力和創意的能力。在治療末期教導佛教的靜坐，是一種創新的提議，可是如果過早教導靜坐，就有可能
在不知不覺中成為一種靈性上的逃避，而未能處理重要的心理議 113
題。然而這仍是結合心理治療和靈修的創新方法，雖然還不清楚什麼樣的案主可以使用這種方法，但此法非常符合超個人強調的重點：真正的轉化必然連結到神聖存有。

時間取向

長久以來，精神分析一直被批評過度重視過去。佛洛伊德是擅長解謎的人，他耗費一生試圖了解過去如何決定現在。把時間焦點放在過去，使他斷定過去對現在的影響有許多是不必要的，所以他相信現在受到過去的「過度決定」。其實佛洛伊德對現在的觀念也受到過去的影響，因為他所謂的現在是指過去幾天之內的時段。回顧起來，這一點顯得很有趣，因為今日的我們把現在視為當下的片刻，「就是現在這一刻」。所有深度治療的學派都同意現在的行為大部分受過去的經驗決定，但只有精神分析認為詳細檢視過去是必要的關鍵。

相反地，靜坐的方式則是把我們從過去的執著喚醒，進入當下的片刻。靜坐的主要內容就是詳細探索當下。這兩種傳統的觀點在此有相當大的差異，不過當代精神分析在時間上做了極大的改變。不論是自體心理學、當代客體關係、吉爾處理移情作用的影響，或是當前的相互主體性學派，都非常以現在為核心。從精神分析早期開始，移情作用其實就是探索此時此地，現在更認為移情作用在精神分析佔有核心的角色。處理移情作用的過程非常注意治療師和案主在此時此地溝通的細節，幾乎可視之為一種人際靜坐。超個人取向支持轉向當下片刻的做法，並強調治療師和案主很容易用各種方式回到過去，以逃避當下的力量和立即性。

慈悲

114 精神分析向來不是特別溫暖慈愛的團體，傳統上，走入精神分析師辦公室的人通常會預期溫度將下降十度。自從佛洛伊德告誡精神分析師「應該以外科醫師為榜樣」以來，精神分析師就一再被批評為冷漠、疏離的專業人士。但晚近在精神分析中出現一股溫暖的風潮，這股風潮由寇哈特帶領，他從精神分析體制內部批評精神分析師，認為冷漠的態度會為病人製造問題，所以提倡一種較為親切溫和的精神分析方式。吉爾和相互主體性學派也進一步促使精神分析師表現出人性的溫暖和自發性。

靈性會為我們的關係帶來慈悲和溫暖的氛圍，超個人方向為治療師和案主雙方都帶來更多遠景，兩人都是尋求者、是靈性道路的同伴。不把病人完全視為「他者」，就能自然產生更溫暖、慈悲的氣氛。

這個模式的優點

一、精神分析加入超個人方向之後，更貼近存在和人本治療取向。精神分析遺漏了身體，但超個人取向有許多融入身體的工作，所以具有更多此時此地、感官和生機的觀點。

二、精神分析和靈性的結合大幅擴展了各自的範圍。精神分析有自我和潛意識的詳細地圖，靈性則把自我放入無限廣大的脈絡，檢視自我創傷、療癒、成長和超越的架構因此得以擴大。

這個模式的缺點

一、精神分析是西方心理學最成熟、詳盡、細膩的自我模式，加入靈性和超個人觀點可以更加闡明人類的處境，可是目前還沒有條理井然的方法足以達到這個結果。在精神分析和靈

性間有一些迷人的交會點和相似處，它們對自我本質有許多
115 類似的概念，但兩者仍像平行宇宙中的兩個不同世界。系統化、周延地整合這兩種探討意識的取向，可說是未來數十年內最吸引人的發展領域。

二、本章探討精神分析和靈性的相似處，並不是精神分析獨有的性質。雖然精神分析為某些情況舖路，但所有的深度治療都共有上述的要點。

以身體為中心的超個人取向

超個人治療有許多以身體為中心的取向，它們共有一個主題：把身體視為進入超個人的途徑。目前還沒有正式、系統化的方法可以整合各種不同的身體取向，而是有許多不同的身體中心取向進行超個人心理治療。這些學派運用的策略類似本章討論的其他臨床方向，只是身體取向使用非常不同的技巧和方法。各種超個人心理治療的策略就是透過自我的心理工作來進入超個人層面，各個取向會使用不同的方法來達到這個目的。身體取向深入身體意識，做為進入更寬廣的靈性意識的途徑。

所有身體取向都與威罕．芮克有關，他建立基礎，把身體視為情感生活得到自由的核心要素。雖然芮克和許多原創的支派並沒有特別強調超個人，但現在有許多以身體為中心的學派把靈性整合到身體工作之中，例如：哈科米療法（Hakomi）、皮拉可斯（John Pierrakos）的核心能量學、身體動力學、羅米學派（Lomi）、伊娃．芮克（Eva Reich）的工作、傑克．羅森伯格

（Jack Rosenburg）的工作、重新誕生，還有必須一提的是塞爾維的感官覺察，這個學派雖然不是心理治療，但影響重大。

三種擴大意識範疇的方法

這些以身體為中心的學派各有不同的治療方式，但有許多共通點。它們都假定活在身體的當下是情感和靈性活在當下的關 116
鍵。由於感受來自身體，覺察身體可以喚醒人的感官和情感能量。越深刻的身體—情感覺察使人更能活在當下，因為身體和感受的覺察擴展時，整個自我的覺察也會擴展（包括心智和心像），所以喚醒身體就成為進入更大意識範疇的道路。這條道路有三種方式：

一、身體工作
二、呼吸的運用
三、感官覺察或觀照

身體工作

芮克對心理治療的貢獻在於如下的洞見：感受埋藏在身體裡，壓抑感受是一種身心現象，而不只是佛洛伊德以為的心理歷程。小孩最初藉著屏住呼吸和繃緊肌肉，以處理童年創傷的痛苦，並面對缺乏同理支持的氛圍，藉此暫時感受不到痛苦。經年累月之後，緊繃的肌肉模式成為長期的潛意識習慣，這些模式會決定身體的發展和經驗，結果就是根深柢固的感受麻木、令人窒息的呼吸模式，以及生命能量的降低。

從芮克以來，身體工作把治療目標放在處理肌肉緊張的長期模式，也就是芮克所說的身體盔甲，透過鬆開根深柢固的緊縮肌肉，恢復感受的能力和活力，而療癒人的分裂、擴大自我感。晚近的學派更試圖恢復停滯的發展路徑，引發更自然的經驗結構，各種學派的差異在於如何以最佳的方法達到這個目的。某些學派直接調整肌肉，有些透過壓力來練習，還有些則依靠呼吸或單純的專注，但都以身體的甦醒和感受為焦點。當身體的感受恢復時，就會產生更大的甦醒和活在當下的能力。自我的消融包括解除身體的緊縮。

呼吸工作

處理呼吸是身體學派的重點，呼吸被視為意識和潛意識的重要連結，所以需要注意主動和自動的呼吸。當人屏住呼吸時，感
117 受就會被壓抑；深呼吸一段時間是增加全身能量的方式。有趣的是，身體學派和許多靈性傳統都會運用呼吸，兩種傳統都使用以下兩種方法：**呼吸型態的調整和呼吸的覺察**。

雖然兩種傳統都會**調整呼吸的型態**，但兩者的方向相反。例如，大部分瑜伽調整呼吸的技巧是非常均勻而穩定地減慢呼吸，使腦和心得到平靜，強化寂靜感和深入的內在意識。相反地，身體治療則常常加快呼吸的速度，以喚起深埋的感受和衝動，使之浮出表面，並覺察潛意識的感受或是強化當前既有的感受，以輔助治療過程。在重新誕生或全方位呼吸工作中，強烈的情緒原料可能使人進入超個人和超常意識狀態。兩者的目標不同，一個是寂靜，為心和腦帶來平和，另一個則是激發心和腦；兩者的方法不同，一個是減慢呼吸，另一個是加速呼吸。可是，兩者都以呼

吸做為深入內在經驗的方法和通向超個人層面的道路。

呼吸的覺察只是單純地把注意力放在呼吸過程。身體學派越來越重視呼吸的基本覺察，而不修正呼吸，以強化案主的自我覺察。同樣地，佛教、印度教、蘇菲教派、基督教和猶太教傳統都有專注於呼吸的練習。佛教經典（如《念處經》）甚至闡述某些靜坐傳統把呼吸和身體覺察視為解脫之道。專注於呼吸的靜坐不會改變呼吸的型態，而是敏銳地知覺氣息的進出。呼吸和身體感官的本質就是短暫無常，覺察大量身體感官的生起滅去，能消除常住不變的錯覺，帶來智慧（Kahn, 1985）。這也是目標不同但方法類似的情況。

感官覺察或觀照

覺察和觀照是超個人層面最相似的兩個範疇。這種方法的先 118
驅是夏洛特．塞爾維，她在整個世紀中努力探索如何開啟感官，做為更大活力和靈性覺察的道路。她的工作對完形治療和人類潛能運動有莫大的影響，曾被艾倫．瓦茲（Alan Watts）稱為「禪的精髓」。哈科米療法是另一種運用觀照的身體治療，以觀照為宗旨之一，直接借用佛教的靜坐，提升案主對身體經驗的注意。

還有一個身體覺察的學派：澄心聚焦，是尤金．詹德林（Eugene Gendlin, 1981, 1996）創立的學派，能鮮明地覺察身體的感覺。澄心聚焦與芮克的傳統非常一致，也和存在學家一樣不信任腦袋與理性的談話方式，而以身體感覺的覺察進入身體的情感智慧。值得注意的是，一神論和非二元傳統的超個人治療師都將澄心聚焦加以改良運用，這兩種傳統都相信靈性發展的障礙之一就是頭腦，轉向身體就是跳出腦袋的方法。直接碰觸「銳利的」情感—身體經驗，使「澄心聚焦」成為運用感受的有效方式。

以身體為中心的學派都會問這個問題：我們怎麼能超越自己從未投入過的事呢？對身體經驗的覺察或觀照是活在當下的第一步，使人落實於身體的事實。身體是活在當下的入口，如果深入地活在當下、對知覺的敏感度更純淨，就開啟了通往超個人的途徑，進而超越自我而進入寬廣無限的奇妙感官和靈性妙境。

這個模式的優點

一、進入靈性的運動會很容易忽略身體，超越常常被視為超脫身體。以身體為中心的學派提醒我們，把靈性生活落實於形體
119 基礎的重要，它的目標是在身體中實現靈性，而不是脫離身體的超越。以身體為中心的學派運用身體經驗來療癒情緒，讓意識擴展到靈性範疇，而仍保留其與大地和物質生活的連結。

二、喚醒感官能使人更欣賞此時此地的經驗。當感官更充分地打開時，就會自發地覺察感受。

三、身體可以視為人格結構的有形表現，為案主的心理狀態提供可靠的檢驗方法。

四、洞識必須由身體「轉譯」，才能有完滿的治療。正如人本心理學指出「生機的過程越多（即更大的意識），療癒就越大」。

這個模式的缺點

一、各種身體學派的演變很類似精神分析思潮的演變。正如當代精神分析超越佛洛伊德釋放衝動的心靈模式，越來越強調自我或心靈如何組織自我和對象世界（人際世界），身體心理治療也從芮克在身體釋放衝動的宣洩取向，轉而注重身體如何組織經驗的過程，可是身體歷程或肌肉型態的語彙仍不足以捕捉當代精神分析強調的相互主體性的深度和複雜性。

二、以身體為基礎的模式被批評為簡化主義，把情感生活、自我及其防衛等同於肌肉型態和身體歷程。人類的自我無法簡化成動物性或生物性功能，也無法由此得到充分的解釋。靈性經驗指出的方向和身體學派恰恰相反。

結論

除了威爾伯的理論模式，本章介紹的其他臨床取向分別代表 120
不同心理治療學派**通往靈性神聖存有的策略**。超個人心理治療呈現療癒和成長上的大躍進，可以用這種背後的共通性來代表。心理問題使人類的存在變得複雜難解，得到徹底解決的關鍵就是取得神聖存有的轉化力量。

在純屬心理的自我脈絡中，當然有可能得到極大的療癒和成長。但只要我們緊連於自我的心理結構，只認同表面的身分，就會有永無止境的心理痛苦和療癒，以及以自我為主的有限存在。只有超越自我存在的結構，才能通往更大的神聖存有，使精神生活的本質和結構得到轉化，在更大的身分認同中覺醒。

在進入深層的神聖存有時，各人會有較適合自己的方法。這些治療模式各自運用特殊的路徑，對某些人也許有用，但可能不適用於其他人。榮格學派和心理綜合學從想像的範疇進入神聖存有，以身體為中心的學派運用身體進入內心深處而接觸神聖存有，鑽石途徑經由客體關係和深入的當下經驗而進入，精神分析透過自我與他者的舊有型態而進入，存在學派經過有機的經驗而進入，葛羅夫則運用超常意識狀態接觸神聖存有，所有這些學派都適用於某些人，但不適用於其他人（甚至大多數人）。

到目前為止，已經發展了這些拓荒的先驅學派，超個人心理治療可以運用任何較系統化的學派，或是兼容並蓄的混合方式。雖然已經有許多發現，顯然還有許多需要努力的地方，超個人心理治療還只是在起步階段。

第三部

臨床課題

【第五章】

靜坐與心理治療

靜坐與心理治療有什麼關係呢？靜坐會以什麼方式幫助或妨礙心理的成長呢？某些種類的靜坐是否特別適合或不適合某些人格結構呢？心理學如何解釋不同的靜坐有不同的作用呢？靜坐對意識的基本作用是什麼？靜坐和心理治療的結合是不是會更有效呢？

靜坐與心理治療有什麼關係？靜坐會以什麼方式幫助或妨礙心理的成長？某些種類的靜坐是否特別適合或不適合某些人格結構？心理學如何解釋不同的靜坐為何有不同的作用？靜坐對意識的基本作用是什麼？靜坐和心理治療的結合是不是更有效果？ 123

最初熱切渴望靜坐能成為有效的心理治療方式，甚至取代各種西方心理療法的願望雖然已經煙消雲散（Russell, 1986），但靜坐與心理治療的異同之處仍然是引人入勝的熱門領域。我們想了解心理和靈性這兩種探索人類意識的方向，到底是彼此相似、互補的，還是完全不同的兩回事，可是，任何關於這些主題的討論，都必須先承認我們所提出的問題還只是在起步階段，遑論提出答案了。

心理學對靜坐的兩種解讀

這個領域雖然有許多探索的途徑，但可以大致分為兩種主要的探討方式，兩者都對靜坐和心理的認識有極大的貢獻。第一種方式把靜坐視為自我調整的放鬆方法，第二種方式則從佛教的觀點解讀靜坐。從永恆哲學的觀點討論之前，最好先簡介這兩種方式。 124

把靜坐視為一種「放鬆」方法

一九七〇年代流行把靜坐的本質視為一種「放鬆反應」，就如同其他放鬆技巧的效果（比如自發訓練、催眠、漸進式放鬆法），當時有許多人從這個角度進行大量研究，班森（Benson）的書《放鬆反應》（*The Relaxation Response*, 1975）有最詳盡的說明。

西方科學對靜坐的初步研究只有針對最表層、顯而易見、容易測量的身體和行為層面。「光是靜坐」就能引發明顯的生理變化，使許多西方科學家大感驚訝，但這些研究只不過證實了幾千年來許多傳統靜坐老師所說的話。

總結這些研究所證明的身體變化包括：降低肌肉緊張度、減緩代謝和心跳速度、降低血壓（需要一段時間）、改變血液化學物質和荷爾蒙的濃度、腦電圖型態與放鬆反應一致。放鬆反應產生的治療效果包括心理和身體層面，心理變化包括降低壓力和焦慮，改善創傷後壓力症候群、輕度憂鬱、畏懼症和失眠；身體健康的改善包括有益於癌症治療，降低血壓和膽固醇濃度，減輕氣喘、偏頭痛和慢性疼痛的嚴重度（Walsh, in Walsh & Vanghn 1993; Murphy and Donovan, 1985）。

可是，這方面的研究大多只針對一種應用持咒的特殊靜坐方式，就是超覺靜坐（transcendental meditation）。由於這種研究是為了去除神祕的因素，使大眾更能接受這種靜坐方式，因此有許多問題，但本處只討論兩點。

125 第一個問題是把所有靜坐方式混為一談，但持咒禪修只是許多靜坐方式中的一種。雖然持咒和其他形式的靜坐常常伴隨身體的放鬆，可是有些靜坐方式會引發強烈的興奮反應，包括激動的生理狀態，有些靜坐方式引發的身體反應則是中性的。將所有靜坐方式混為一談，視為單一的同類現象，可說是過度泛化的看法：二十年前很容易犯這種錯誤，但這種觀點現在已站不住腳。

靜坐有許多形式，對意識和身體會產生各種不同的影響。

第二個問題是這方面的研究只強調身體的放鬆，忽略了當事人的主觀意識狀態有極大的差異。任何外在、生理的身體測量都無法深入認識內在的意識經驗。就如渥許（1993, p.66）幽默的諷刺：「大家注意的是心跳速率，而不是敞開心房。」關於這方面研究的詳細評論，可參考波加特（Bogart, 1991）的文章。

從佛教的觀點來解讀靜坐

探討靜坐的另一個主要方式是從佛教的觀點了解所有靜坐。高曼（Goleman, 1988）、康菲爾德（Kornfield, 1993a）和其他人都支持這種立場，在超個人領域也得到廣泛但未經批判的接納。總結這種立場就是所有靜坐都被視為下述兩種形式之一：專注（使覺察力的範圍縮小、集中）和洞察（或正念，即覺察力的擴展）。[1]【譯註一】

這是非常重要而有力的觀點，可以簡化非常複雜的領域（其中有數百種靜坐方式）。佛教認為心靈的基礎是覺察，把焦點放在「心」的時候，就將所有靜坐視為覺察的開啟或關閉。這種觀點也符合精神分析把心理治療方法分為「掩蓋」或「揭露」潛意識素材的浮現，所以是靜坐和心理治療間的美好橋樑。

然而，這個觀點雖然是整理這個領域的方法，卻也有其限制。最主要的兩種限制是：第一，企圖以「專注」這個詞來解釋比字面上更龐大的現象；第二，非二元的世界觀忽略了其他靈性 126

1　譯註一：佛教將靜坐分為修定的「止禪」和修慧的「觀禪」。

教導描述的所有其他的意識層面。這兩項限制都需要更深入的解決。

首先，我們無法清楚劃分何者是專注的練習，何者是覺察的練習。高曼（1988）將「虔誠」和禱告歸類為專注的練習，但康菲爾德（1993a）卻將「虔誠」歸類為覺察的練習；瓦許本（1988）認為有些禱告應該歸類為專注的練習，但有些則不該如此歸類。這種混淆起於用「專注」來描述它本身無法涵蓋的心理現象。

佛教認為專注於呼吸的內在作用、重複持咒產生的寧靜、虔誠體驗神聖之愛而陶醉在神性中的狂喜，或是進入靈魂深層嶄新的內在意識而有的力量、喜悅、平和，都只被視為專注的各種變型，完全忽視這些狀態在現象上的大幅差異，而被合併為單一的類別。可是，從永恆哲學的觀點來看，「專注」一詞完全不足以描述靜坐所產生的形形色色的意識變化，這是此種方式的第二個主要限制。

佛教對非人格化神性的不二世界有絕佳的闡述，但完全忽略人格化神性的一神關係論層面。雖然大部分宗教傳統都包含人格化和非人格化這兩個部分，但佛教是例外，佛教堅信沒有靈魂的存在，實相的本質是非人格化的不二境界。

從永恆哲學的觀點來看，佛教的靜坐觀點雖然有用，卻是局限的，它全神貫注於觀照，卻忽略了靈魂的各種面向和靈性意識的諸多面貌，以及大部分其他靈修傳統探索的生命。由於佛教的觀點只重視觀照，所以這個議題必須從佛教世界觀之外的立場來討論。

從永恆哲學的觀點探討各種靜坐方法

統合這個領域的方式必須能尊重各種世界智慧傳統發現的所 127
有靈性經驗，不試圖把這些經驗勉強套入某些狹窄的分類。就此而言，必須考慮靜坐的目的、各種靜坐技巧背後的共通因素，以及靜坐對意識造成的影響。就像現象學的方法一樣，最好能盡可能讓任何分類方式「接近經驗」，而不是「脫離經驗」和過度抽象的方式（有些分類模式有這個問題）。

靈的道路和魂的道路有五種主要的心理—靈性修行方法，如表二。

表二　各種修行方法

靈的道路——非人格化的神性

- 觀照法

魂的道路——人格化的神性

- 奉獻—虔誠—臣服—禱告

靈的道路和魂的道路共有的修行方法

- 誘發法
- 壓抑法
- 建立專注法

必須牢牢記住，任何分類架構中，在言語和概念上的差異雖然很明確，但在實際情形中的差異並沒有如此清楚。比如觀照和專注雖然有別，但兩者的作用是非常密切的。蘇勒（1993, p.122）發現「嘗試以二分法分類時，最後都會發現兩種類別是彼此交織在一起的，而使各種類別產生混淆」。意識的所有面向包含彼此，在互動、結合、融合中形成整體。所以，任何分類方式都必然只是建議，而不是定論。任何截然劃分的區別都無法真實地描述意識的全方位性質。

靈的道路——非人格化的神性

觀照法

128 「觀照」一辭雖然是佛教專用的術語，但我在此用來涵蓋非二元靈性傳統中一大類彼此非常類似的精細靜坐方法。佛教許多支派都有這種方法，如藏傳佛教（觀照）、小乘佛教（純然專注或內觀）、禪宗（打坐）。印度傳統雖然用不同的語彙描述這種過程，把靜坐方法錯誤地分類為專注的技巧，但和佛教的觀照在本質上仍是相似的。而薩迦學派（Samkya）的修煉就是從自然本性（prakriti）中區隔出觀察的最高精神（purusha）的過程。奧羅賓多的整合瑜伽稱之為目睹或超然的觀察者靜坐。吠檀多傳統則是強調辨別的覺察，將梵我（永恆的）和所有非梵我（非永恆的）區分開來。龍樹菩薩尋找探索的人，拉瑪納．馬哈希（Ramana Maharshi）在自我探索的靜坐中不斷去除認同、尋找本源，都可視為這種過程的變型。葛吉夫稱之為「記住自己」，克里希那穆提以無揀擇的覺察（「沒有方法」），使這種方式盛行於西方。這種方式也見於基督教的靈修，但在一神關係論傳統中並沒有得到充分的發展。

這些傳統都發展出一種類似的修行方法：專注於覺察本身，不論覺察的內容是什麼，都不執取或評斷我們的所見、所思、感受和感官，只是單純地看見它在意識中浮現，然後消失。就好像觀看一片雲在空中飄過，求道者以超然的方式觀察每一件升起的事，不加以認同或執著。整個過程的觀念是脫離平常對覺察內容的整個認同，而辨識或洞察覺察本身的過程。

這種方法的結果是極度以當下為中心，在意識開啟時進入「當下」。另一個結果則是極度的清明和平靜，開始安住於自己裡面，心變得較不吵雜、較為安靜、更加覺醒，於是開啟某種寬度和深度。留在這種狀態時，知覺會變得越來越敏銳、細膩及活在當下。最終，這種精細的覺察會知覺到自我本身是一系列非常快速變動的影像，是一瞬間接著一瞬間串連起來的產物，由於變 129
動的速度極快，所以有一種連續自我的經驗，就好像電影是靜止圖片的快速閃現，使我們經驗到連續的動作。這種修行的目標是穿透幻像看見每一個影像間的空隙，了解其實並沒有穩定恆久的自我。這種深入體驗的洞識能使人解脫。

● 觀照禪修與心理治療的異同

過去二十年來，超個人心理學對這種靜坐方法有極大的興趣，因為這種方法一開始能強化心理治療嘗試做到的覺察（以佛洛伊德的話來說，就是「意識到潛意識」）。有一陣子，許多人相信這種靜坐方法可以取代心理治療，因為它能更深入、更有效地完成心理治療試圖達到的目標。可是，近幾年來，越來越多人一致同意靜坐和心理治療雖然都處理覺察力，卻是以不同的方式來處理。雖然兩者並非完全不同，因為處理覺察的方式有互相重疊之處，但仍是不同的方式，所以越來越少人相信光靠靜坐就能使人免除心理治療的需要，反之亦然。

這種靜坐方式和心理治療之間的相似性非常明顯，兩者都能產生更深入自己內在核心的感覺，整體說來，都有更平靜、不易激動的感覺，更重要的是都對此時此地有更充分的覺醒。敞開心胸面對當下，是心理治療和靜坐交會的關鍵。以人本—存在心理學的語言來說，就是完成未竟之事、成長、嘗試新的行為、放棄來自過去的過時習性模式；以自體心理學和客體關係理論的語言來說，就是恢復受挫的發展努力，使自我和客體的舊有形態能發展成更成熟的形式。這些說的都是一件事：較不專注於過去（舊日創傷、發展缺陷），而在心智、情緒、身體感官的每一個層面都注入更大的活力、向當下開放。心理治療處理覺察的內容（自我）而達到這個結果；靜坐較不關心特殊的內容，而是注意覺察
130 本身，以達到相同的結果。

靜坐和心理治療對覺察的差異在於處理意識內容的性質，更具體地說，靜坐和心理治療各自牽涉到不同程度的心理內容的認同。例如，在觀照的修行中，當事人不執著於任何特殊的內容，觀察者學習不去認同任何升起的內容，只觀察它的升起和消失。越多的觀察，這些內容就會開始減慢速度，而能深入看到其過程。相反地，心理治療是積極認同、抓取、投入浮現素材的過程，試圖了解內容的意義。所有升起的內容都有助於心理的成長，只要在心靈的土壤中耕耘，一再地翻土，從內在處理，就會展現疏通的過程。藉著抓緊它（不論這個「它」是感受、影像或舊有的創傷），徹底辨認它，了解相關的感受和經驗，連結到我們的內在，就能在邁向完整的旅程中，處理和療癒自我被否認的部分。

這兩種取向顯然以非常不同的方式處理這些素材。在心理治療中，我們徹底辨識它、堅定抓住它、致力挖掘它。但在靜坐

中，我們試圖不要抓住它、去除對它的認同、讓它消散。

兩者還有一項差異，靜坐不認為感受有什麼特別，只是意識的一部分「材料」，就像思想、形像和感官資料一樣。可是，在心理治療中，感受是其中的精髓，心理學越來越公開承認情感和情感調節是心理生活的核心，所以是心理治療的重心。靜坐和心理治療對意識的特殊內容有不同的評價，特別是感受的價值。

這兩種取向還有三個重要的差異。一個是活動發生的人際場 131
景，靜坐雖然常在課堂中學習或是向老師學習，但本質上是獨自進行的活動，只有在進入個人單獨的深處旅程中，才能穿透獨立自我的錯覺。相反地，心理治療發生在人際場域或體系，也就是兩人或團體的背景，大部分當代治療取向都認為嘗試得到療癒和成長的自我必須在自我與他人的關係中才能達到目的，不論是家族系統、自體心理學、客體關係理論或完形治療，每一種深度治療都強調自我發展（或發展失敗）的早期關係基質的重要性，並重視治療關係本身的主體間場域對心理治療效度的特殊重要性（強調移情作用或這個關係的「新」面向）。靜坐發生在獨自的個人，而心理治療發生在關係中。

第二個差異和語言有關。即使靜坐有很長一段時間發生在語言、思維的心智，但基本上是非語言的經驗。不同的心理治療學派對非語言經驗的重要性有不同程度的強調，但都一致看重口語表達和說出真話。說出內在經驗被視為整合和建構逐漸展現的自我經驗的重要成分。靜坐是非語言的，而心理治療則是語言的。

第三項差異和兩者的目標有關。心理治療的目標是透過自我的成長、發展和療癒來提升生活，但靜坐卻是透過自我的消除來提升生活。乍看之下，兩者的方向完全相反，但大體上來看，超個人心理學可說是企圖重組這些看似互不相容的方向。超個人心理學有一個共通的信念：當自我得到整合、堅實、增強、更有彈性時，超個人的發展就更容易得到嶄新的遠景。無論如何，心理治療和靜坐根據不同的目標而對自我及其經驗有非常不同的評價。

132 根據上述討論，下列交集圖可以大致描述觀照禪修和心理治療處理覺察時的異同。

圖一　觀照禪修和心理治療處理覺察的異同交集圖

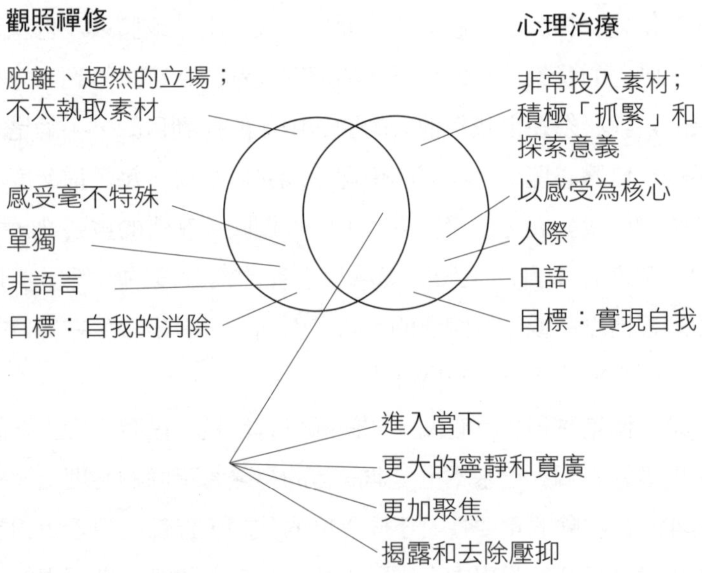

● 觀照禪修的優缺點

觀照禪修的心理治療作用包括非常明確的優點和潛在的缺點（但在實務中可能非常普遍）。優點有好幾項，首先，靜坐和心理治療最明顯的交集就是以覺察力的擴展為主要目標。布蘭克夫婦（Blank and Blank, 1974）曾寫道：「治療技巧可以分類為『掩蓋』（強化防衛）和『揭露』（降低防衛）的技巧。」觀照禪修可以視為一種「揭露」的技巧（Engler, 1986），這種揭露顯然非常有助於治療。

此外，當我們坐著注意觀察意識升起的每一件事時，與自己內在經驗同在的能力就會增加。參與內心世界、投入內在旅程的能力得到拓展，更能分辨思緒、感受、影像、感官、感覺（我們原本不會注意這些內容）。事實上，我發現許多長期修行的佛教徒案主有較佳的能力來觀察、辨認和說出內在經驗，他們有成熟的專注技巧可以使自己留在內心的素材上，這是一般案主不容易 133
見到的情形。這種能力對深度心理治療的重要性是再怎麼強調也不為過的。

可是，這種能力也會帶來某些危險，理論上可以避開這些危險，但實際上很少有人能不受影響。英格勒（1986）認為自我得到某種程度的發展和整合之前，觀照禪修之類的揭露技巧會使某些人的自我更不穩定，例如邊緣性人格的案主。基於這個理由，他相信這類案主不能練習這些靜坐。

可是，就絕大多數的正常精神官能的人而言，可能的負面後果比較不強烈。我治療過的人中，大多數會因為觀照禪修而激發一種心智上的超脫，但這並不是觀照原本的目的。觀照禪修雖然被設計來引發內心世界的覺察力，但矛盾的是，這也是一種逃避情緒和心理議題的隱微方法，結果是否認或分裂，並不是真正的超脫。部分原因可能是出於心理治療和靜坐的目標不同，靜坐試圖不要進入情緒／心理層面，以穿透自我的錯覺，心理治療則是針對情緒／心理的自我而採取行動。整體的結果就是靜坐者容易清明卻冷酷，有一點過於「理性」。

觀照禪修的第二個主要危險和上述情形有關，就是在實際修行中，純然的看見和超我的評斷只有一線之隔。靜坐雖然教導不要評斷或指責，但正常的精神官能靜坐者似乎無法抗拒在純然的覺察中不經意地混雜超我的批評，結果在多年沒有接受心理治療、只進行靜坐之後，許多靜坐者會製造一整套新的靈性或觀照上的「規條」，結果每當一開始靜坐就會產生潛抑、否認、壓抑和嚴厲的內在批判。每一個被我治療過的長期靜坐者都有這種情形，包括我自己。這種靜坐的負面作用需要更進一步的注意（甚至可能包括靜坐傳統中專門處理這種問題的人）。

134 第三個主要的限制就是即使達到非常高層的覺知（非常清明、平靜、覺察、以當下為中心的狀態，非常不同於平常有限而狹窄的覺知），卻還是很難活在這種微細的心靈層次。大部分靜坐者很快就恢復日常的人格和「自我瑣事」（ego stuff），發現自己和以前一樣容易生氣、挫折、沒有改變。從統計學來看，「超越」自我範疇和持續生活在純粹靈性氛圍的能力，並不是常見的結果，對大多數人而言，生活的心理問題仍必須在心理層面處理。

各種靈修並沒有處理心理層面的發展理論地圖或治療工具，而心理治療則有。我有許多案主抱怨即使參加了兩年的靜坐避靜，可以非常細膩地觀察童年傷口、早期創傷等等，但這些創傷完全沒有改變。他們一而再、再而三地持續觀看它，靜坐老師不知道如何處理這些素材，只能說觀察它或偶爾建議閱讀某本特殊的心理學書籍。這些人只有在心理治療中，才能處理和轉化這些早期創傷，最終也因此得到極大的幫助，不只有益於他們的生活和關係，對靜坐也有所助益。

這是一塊有待進一步探索的豐饒地帶。大部分著作都是強調靜坐如何有助於心理治療，但心理治療對靜坐的幫助可能在未來被證明是西方心理學對靈修最重要的貢獻之一。

魂的道路——人格化神性

奉獻—虔誠—臣服—禱告

在人格化神性傳統的魂的道路上，上帝不只是遍布所有存在的浩瀚非人格意識，更是至高的神性或神靈。這種傳統的目標是發展個人內在與這個神靈的關係。如第二章所述，這種神靈可以被經驗為沒有形體或是被想像成許多形體中的一種形像（如聖母、聖父、基督、克里希納、印度女神等等）。這種神靈或可視為存在於追求者的內在（個體靈魂是整體神聖的火花或一部 135
分），或被當成純屬外在的神聖他者（如猶太教），或是兩種觀點並存。

發展的目標是更深地連結到內在靈魂和神性。內心專注於禱告、召喚、臣服、渴望、信心、向神聖敞開、 奉獻、虔誠、愛，這些都是朝向神的行動，使追尋者與內在靈魂有更深的連結，祈求神性在靈魂中顯現。

魂的道路的現象學經驗涵蓋許多不同的表現，但特徵都是逐漸增加神性與個人靈魂的關係和連結，各種經驗包括陷入、深入、開啟或提升到愛、意識、權能或力量、純潔、平靜和喜樂之中。發生開啟或深入的經驗時，通常會覺得連結到自己的真實身分。上述任何或所有靈魂的性質都有可能展現，這些性質注入內在時，對外在、表面的生命具有轉化的作用，對認知、情緒和身體都有所影響，其特徵通常是重新轉向生活和神性。基督教、回教和猶太教的禱告，以及印度的虔誠修行法，都是用來使人連結到靈魂層面的神性，使這些靈魂的性質逐漸滲透外在、表層的生命。

有一點必須注意，虔誠或奉獻的靈修雖然是一神關係論傳統的主要靈修方法，但不二傳統也有這些方法，被視為初步或淨化的方法。藏傳佛教的大圓滿法包括了全心奉獻的做法，大乘佛教也有這種方法。吠檀多也把這類方法當成發展和淨化的步驟之一。就好像觀照的方法雖然在不二傳統得到最極致的表現，但也存在於一神關係論的道路裡，同樣地，虔誠的方法在一神關係論傳統得到最極致的表現，但也存在於不二道路中。

● 魂的道路對心理治療的貢獻

136 這些靈修方法和心理治療有什麼關聯呢？換句話說，魂的道路傳統的意識發展和心理學方向的意識發展如何產生交集呢？雖然「靈魂顯露」（soul emergence）的現象學作用常被體驗為一種整體的過程，但基本的心理學作用卻可以被分割成當下、愛、喜樂、平靜、同理心、消除恐懼的發展。各個部分都值得做進一步的闡述。

逐漸連結到自身靈魂的過程常常是一種加深或擴展身分認同的經驗，不是進入不具體的空無，而是進入強而有力、非常堅實的當下感。這種當下感是一種支持的力量，甚至是自我的核心，但同時也環繞、包含並遠遠超越外在表面的自我，相形之下，更顯示出外在自我的不夠穩固、脆弱淺薄、近乎空虛。不論是堅實感或當下感，都被視為源自這個深層的靈性來源。落實於這種堅實感就是心理健康和面對人生處境的力量來源。覺得更加活在當下、落實於深層生命，也是心理治療的目標，但兩者的意含不同，心理治療是透過處理和整合心理碎片而達到這個結果；而魂的道路的修行則是在內心深處連結到心理經驗的終極靈性來源（大多數人目前都未意識到這個來源）。

魂的道路修行的第二個重要結果就是開啟愛和慈悲的內在來源，某些傳統認為靈魂坐落在心裡（例如，許多基督的圖像會畫出他的心），進一步解讀這種空間的隱喻，就是在發現靈魂之前，要先開啟心輪（第四脈輪），使人敞開心門接受愛、慈悲、虔誠、奉獻的無限來源。愛和慈悲的內在來源顯然有助於個人發展和成長，如果認真看待佛洛伊德的名言：心理健康就是「工作和愛的能力」，就可以說增加內在體驗愛的能力非常有助於促進心理健康。

但是，內在的開啟能多麼充分、完整地表現於外在人格，卻會因人而異，有極大的差異。因為剛開始覺得自己被這種經驗轉化時，外在自我大多仍停留在原有的習慣模式，或只有一部分被這種開啟所觸動。這種只有部分、表面的混合形式可能會造成此類靈修的一種缺點，稍後會簡短地討論。 137

魂的修行之道的第三個作用就是連結到內在喜悅和快樂的來源。喜悅感是一種獨立存在、不受外在環境影響的性質。這種喜悅感也會帶來一種深層的平靜感（聖經有句話說：「平靜超越所有認識」）。除了喜悅和平靜的明顯心理治療作用之外，還會減輕恐懼和焦慮，在心理健康中，很少有別的性質比這些性質更令人嚮往的。能夠脫離恐懼和焦慮的束縛（即使只脫離一點點也好），對任何人都是極大的利益。從現象學來看，恐懼其實沒有消失，而是內在升起深刻的平靜感，開啟了內在的存有，使恐懼浮到表面而減少其力量和束縛。由於大部分心理抗拒和防衛手段的背後都是恐懼和焦慮，所以減輕恐懼可以開啟自我的潛力。在自由中才能有最佳的自我實現，而恐懼就是自由的對立面。

同理心的增強是這種靈修方式的另一個主要心理療效副產品。連結到自身存有的深處時，就能感覺到自己與所有其他生命和大自然的直觀式連結，對他人產生自發的同理心，更能深入掌握他人的經驗。當前有許多領域的焦點都放在同理心及其價值的重要性，這些領域廣及兒童發展、治療和環保運動，顯示同理心是治療當代分裂的文化和地球的必要性質。

這種傳統的靈修對意識有一種影響，我們可以將這種影響描寫成使意識更細膩精緻、連結到神聖本體、靈魂力量的浮現、淨化和靈性轉化。魂之道路的靈修也可以解除壓抑。把奉獻／臣服的靈修僅僅視為專注的方式或「掩蓋」的技巧，是不正確的，而且忽略了這種靈修對心靈的強大作用。

根據這段討論，可以得到另一個交集圖，用以描述奉獻／臣服的靈修和心理治療對意識影響的異同。

圖二　奉獻／臣服的靈修和心理治療對意識影響的異同交集圖

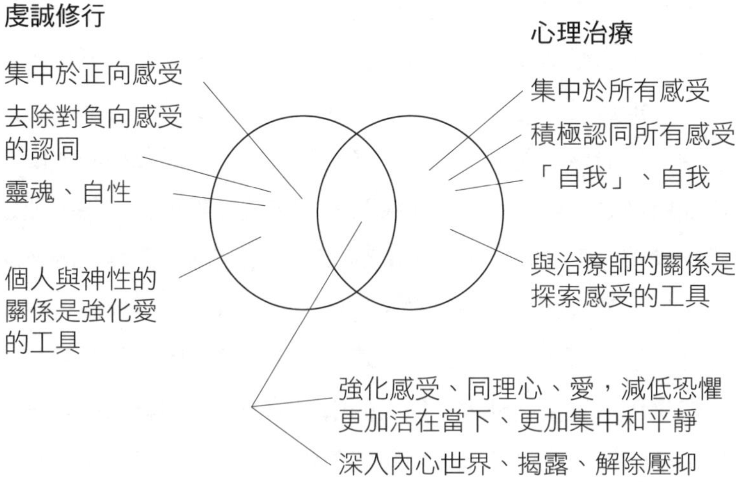

● 魂的道路所隱藏的危險

魂的道路的傳統也有心理治療方面的隱藏危險。第一項危險 138
就是渴望達到目標的行動會落入超我的控制，就像覺察很容易變成超我的評斷一樣，同時對神性、愛、平靜的渴望也很容易變成某種慾望、要求或靈性上的「應該如何」（而且是這條道路上幾乎無法避免的過程）。這是超我的壓抑方法，試圖活出完美的形像。例如，「渴望充滿愛」本身是靈魂的純潔渴望，卻很容易在不知不覺中變成在靈修中堅持強調的正向感受，要求自己成為全然良善、關愛的人，基督教牧師的刻板形像就有這種特徵：非常親切和藹的人，似乎完全沒有陰暗面，但也常常缺乏熱情。超我所創造的靈性「規條」會強化原有的心理壓抑面，一直不願面對「負面」的情感，只表達正面的情緒，結果會壓制情緒的活力和真誠。

假如在大部分西方文化中人（也可能是全世界的人）的心理結構，都是由「自我」和超我的內在衝突形成人與生活中每一件事的關係，那麼這種衝突就也會影響我們與靈修之路的關係。這種情形恐怕是最普遍、最有害的心理陷阱，很少有人能清明到完
139 全避開這種情形。現實上，似乎無法避免靈性的渴望被心理衝突和扭曲所纏繞，變成以新瓶包裝舊酒的模式。事實上，每一種靈修都會渴望「更崇高」、「更清明」，或是某種「更好」的意識狀態（每一種靈修不都是建立在這種渴望上嗎？），導致近乎自動化地創造完美典範，由此產生新的「規條」。除了極少數屬靈英才似乎可以避免之外，一般人的基本神經質人格結構都會直接表現這種情形，並因為靈修而將之強化。並不是靈修本身不好，問題在於當事人的個性如何解讀靈修。

如果沒有處理好這種內在的分裂，任何靜坐或靈修的效果都必然非常有限。純粹的靈性方法（比如靜坐），好像對這種神經質的扭曲人格會有一些影響，但通常不足以將之消除。心理治療提供一種方法來看見和處理這些扭曲的部分，可以釋放靈性成長的潛力，否則靈性成長就會進入歧途、掉入心理困境，有人稱之為「靈性的逃避」（spiritual by-passing）。

打開內心深處的經驗還有另一種常見的陷阱，就是內心開啟的能量可能被當事人解讀成甜蜜、多情、感傷的「愛」，或是成為一種融合、相互依賴的關係，而在其中失去適當的界限，迷失在愛的狂喜之中（「陶醉在愛中」）。在新時代（New Age）的聚會中常常看見這種危險，心理治療有絕佳的立場為這種危險提供補救之道。下述議題都是超個人心理治療的範疇，也是需要進一步研究的領域：處理心的能量，以及能量和心理素材互相影響

的方式；一個人如何成為「充滿愛的人」的形像和基於這種形像而有的行為；逃避自我整合會如何使人喪失或模糊界限，進而使靈性合一和人際融合產生混淆。

這種靈修的另一個潛在危險來自接觸能量、愛、喜悅或浩瀚的內在來源時，自我會被這些能量淹沒而造成洋洋自得與自我膨脹，導致分裂式的浮誇自滿。當事者容易把這些能量的獲得解釋成是因為自己優秀，或自己「被揀選」（甚至以救世主自居）的 140
明證。原本被壓抑的心理素材爆發時，就好像心靈的閘門大開，這是眾所周知的現象，也是靈性浮現時出現諸多問題的原因。若要整合這些能量，而不是被表層自我所攫取和扭曲，就需要相當程度的心理和諧度和辨別力。就此而言，心理治療有助於達到這種整合。

另一個可能的問題牽涉到內在意識的來源可以提供逃避外在生活的機會，躲入內在層面的自我專注。也就是說，這種靈修的作用有兩種：一、能使人向內在意識開啟，因為更加脆弱而更注意心理議題、心靈的鑑別力、與內在經驗共處的能力等等；二、使人躲入內在意識，以逃避心理層面，並強化防衛、產生內在的幻想生活，使自己活在半真實半想像的內心世界而脫離了心理層面。這是教牧諮商和靈性指導試圖處理和預防的問題之一（May, 1982）。

靈的道路和魂的道路共有的修行方法

靈的道路和魂的道路共有的靈修主要有下列三種：誘發法、壓抑法、建立專注法。

誘發法（Evocative Practices）

這種修行方法是透過意識對特定方向的單點專注而引發或喚起新的狀態。從廣義的角度來看，所有靈修都是誘發法，用來引發我們的靈性本質，例如，內觀透過覺察引發靈性，虔誠瑜伽透過奉獻和愛喚醒靈魂。但從此處的狹義角度來看，誘發法有更具體的目標，也就是激發意識的某些部分或是淨化意識，進而更容易接受靈魂或靈性。這些做法會刻意專注在具有屬靈意義的物體
141 （如大自然）、意識的核心（如某個脈輪），或是某種象徵（如花朵），使意識轉到這個對象。專注於大自然可能開啟意識，得到屬靈的平靜和美感；專注在特殊的脈輪會激發脈輪產生相關的通靈作用，比如集中在第六脈輪可以喚醒超自然的心靈和通靈能力；專注於花朵可以開啟淨化的意識或花朵所象徵的其他性質。

誘發法類似心理學的引導想像（以想像的影像激發身心的狀態），例如，運用想像力幫助癌症病人激發免疫反應。可是在誘發的修行中，投入的範疇遠超過自我的正常極限。例如，專注於第四脈輪時，可能激發愛和慈悲的感受；專注於壯麗自然背景中的沉靜喜悅可能引發內在深層的美和清明，周遭的浩瀚空間可能浮現內在的浩瀚無垠。自我因外在而擴大，可說是自我的鏡像反映，甚至等同於自我的真實本質，這種真實本質會隨著專注的加深而展現出來。

● 默觀（contemplation）

默觀是誘發修行的一種變型。默觀是心靈專注於單一的主題、意念或抽象概念，例如某種靈性的概念（如純粹時空的本質）。透過默觀，專注的對象逐漸在默觀者的心靈呈現其內在意

義。奧羅賓多（1973b, p.304）寫道：「透過專注於任何一件事物，就能認識此事物，使之傳送出隱藏的祕密。」

默觀類似心理學的自由聯想技巧。心理治療以自我為焦點，自由聯想使人越來越深入內在，逐漸呈現出更大的內涵和意義，也就是使自我得以展現。默觀能擴展這種專注和聯想的運用，學習去認識一般未定義為「自我」的事物。如果失去焦點，默觀和自由聯想都很容易變成幻想和缺乏根據的理智解釋，而成為「自由亂想」。

還有許多問題是目前的知識無法解決的。心智能認識的極限
在哪裡？如果能進入更大的宇宙知識庫，對心智有什麼意含呢？ 142
這種直觀能力從何而來？就像大多數的靈性經驗一樣，這些疑問會把我們帶入傳統心理學尚未研究的範疇。

壓抑法（Suppressive Practices）

這種修行試圖壓抑不純淨或不受歡迎的意識狀態，方法是專注於一個象徵或一句話，在求道者心中建立一種特殊的性質，並壓抑相反的狀態。

其理念是以更純淨、完善、健康的心智狀態取代平常不健康、不純淨的心智狀態。壓抑的作用可以用交互抑制（reciprocal-inhibition）模式來解釋。[2]【譯註二】其實高曼（1976, 1988）已經發現佛教靜坐的效力主要就是來自交互抑制的原理，

2　譯註二：同一刺激情境下，可能引發兩種反應時，如果其中一種反應的出現會抑制另一種反應出現的可能，就稱為交互抑制，運用此原理使案主在某種刺激情境下學習新的適當反應，就會抑制原本學到的不適當反應，稱為交互抑制療法或反制約療法。

「阿毘達摩課程獲得心理健康的祕訣，就是以健康因素交互抑制不健康因素。」（Bogart, 1991, p.389）[3]【譯註三】雖然有些靈修強調正面心理狀態的培養，有些則強調壓抑負面心理狀態，但兩者都包括要求和壓抑。

● 壓抑情感和壓抑思考

這一套靈修方式可以分成兩類：壓抑情感和壓抑思考。舉例來說，西藏和基督教有一種著名的修行，透過壓抑性慾來排除淨化的障礙，對貪戀人、物及感受的求道者可以專注於屍體逐漸腐爛的影像，注意其惡臭和可怕的外觀，想像死去的肉身遍布蠕動的蛆蟲，全神貫注於美麗的身體是多麼短暫，終將歸於塵土的想法。這種修行基本上是運用反制約法的技巧來壓抑慾望。

這種壓抑技巧產生的心理問題可能很明顯。任何相信觀想腐爛屍體就能消除情慾感受和思想的人，結果都免不了大吃一驚，因為佛洛伊德在很久以前就發現壓抑不是解決之道，習慣性壓抑只會造成一時的潛藏，被壓抑的內容會一再冒出來。真實的感受不會因為我們不想要就消失，而是不斷騷動，要求被覺察和表現（所謂「壓抑後的反彈」）。任何壓抑技巧最多只有暫時的作
143 用，而且一定會產生某種程度的心理張力。壓抑的修行是一種「掩蓋」的技巧（Blanck and Blanck, 1974），在心理治療中固然有適用的時候，但作用有限，大多局限於需要支持性心理治療的案主或邊緣性人格及精神病的情形。可是，即使我們擁有情緒壓抑過程的心理學知識，也不應草率地認為這種技巧一律是不健

3　譯註三：阿毘達摩即佛教三藏中的論藏。

康的，在有些情況下，審慎地短期使用壓抑的技巧，不但有助於案主的靈性，甚至可能有助於心理成長。無論如何，必須了解這種技巧的危險，才能使用它。

壓抑思考或認知的修行實例就是公案的運用。在禪宗傳統中，公案透過一境的專注（如「無」），來壓抑散漫的心。透過這種全然的專注或心智的「超載」，會使習慣四處遊盪的思緒止息，而可能喚起比日常心智更寬廣的存有知覺（頓悟）。這種情形非常類似認知治療的「停止思緒」，但兩者的目標和專注的強度非常不同。如果靈性發展的研究開始探討各種靈修最為有效的領域（哪一種修行對什麼人最有效、最容易達到何種靈性的實現），公案效果的探討將是非常吸引人的研究計劃。

● 誘發和壓抑技巧間的灰色地帶

有時無法區分某種技巧是誘發或壓抑的作用，或是同時產生兩種作用。例如，佛教的慈悲觀或自我肯定技巧，從心理學的觀點來看，這類做法呈現出一種有趣的兩難，一方面它能連結到內在深層的平靜或慈悲來源，或是在自我肯定中感到愛自己或堅信自己身為人的價值，對心理當然是有益的；另一方面，同樣的做法也可能是為了防衛，掩飾表面的感受，勉強用另一種感受取代原有的感受。例如，一個人自覺像壞人，但在自我肯定中可能刻 144
意說出「我愛自己、我是好人、我每天都越來越好」，而不是單純地喚起自愛和接納的內在感受，這種自我肯定容易使靜坐者脫離自己真正的感受。內心深處的自戀創傷導致「我不好」的感受，顯然無法以這種膚淺的方法改變自我對話的內容，進而得到療癒或將之消除。大部分的心理動力治療師都同意更深入的治療是必要的。

另一個疑問是，這種修行的效果只有短期的作用，還是有持久的心理或靈性上的轉變。我收集的大部分證據都顯示只有暫時的效果，道理很簡單。舉例來說，如果一個容易生氣的人勤奮地練習愛的觀想，可能真的從內心引發愛的感受，甚至在練習此技巧時感到愛和慈悲如潮水湧來，但這個人一旦再度面對生活中常見的自戀式輕蔑和失望時，就容易恢復原有的憤怒和敵意。以自體心理學的語言來說，暴怒傾向是特定的發展失敗所造成的自我結構上的缺陷，因此試圖愛人或專注於愛的感受都無法改變這種缺陷，只有處理早期的痛苦和創傷、修復相關的自我結構缺陷，這個人才能以更和諧、成熟的方式認識和回應世界。潛意識舊有的自誇和理所當然的感覺都必須經過整合、修正，在自我中重組，才能不再被輕微的侮辱和挫折激怒。

西方心理學的技巧在靈性上的淨化效果，有時遠比純粹觀想或壓抑的技巧更為有效。壓抑技巧的淨化作用受到幾百年來靈修的證明，並不是全然沒有作用，對某些人而言，自我肯定可以是一種認知一行為療法，在不需要或不想要深入處理的情形下確實有其用處；當內在狀況健全時，也可以透過外在的方法釋放強烈的精神力量。可是，這種方式對大多數人的作用非常緩慢，很難
145 看出成效，甚至要花數十年才有明顯的效果，甚至對某些人毫無作用。若非如此，自我肯定或觀想愛的技巧早就改善所有心理問題，取代長期心理治療的需求了。

建立專注法（Concentration-Building Practices）

雖然專注力是所有靈修的必要條件，不論什麼方法都有專注

的部分，但值得注意的是，許多修行方法完全是針對專注力的加強而設計的。這些修行一再練習、強化專注力，把它當成肌肉來訓練。方法是選擇特定的目標（如呼吸），求道者數算呼吸次數或單純地觀察吸氣和呼氣的作用。心原本就會遊移不定，但只要單純地一再回到專注的對象即可。這種技巧的原理是增加專注力，使意識不再分散於許多方向，如此，任何修行所追求的其他目標都會變得更容易、也更有力。佛教特別運用這種方法，但基督教傳統也有類似的做法。

有一個重要的疑問：個人的心理動力會對專注力造成何種程度的幫助或妨礙？一方面，專注可以被視為一種能透過練習而增強的技巧或能力，就像肌肉透過運動而更強壯。但從另一方面來看，專注力也是個人心理整合的副產品。也就是說，過多「未得解決的情緒問題」會使人無法專注於當前的任務，而轉向內心喧囂吵嚷的情緒問題。心理治療可以減少這些未解決的問題，使人更活在當下。所以西方心理治療可以提供另一種強化專注的方法，而不只是透過專注練習來試圖克服重要情緒需求所造成的「分心」。

另一個問題是如何用一般的方式解釋專注力。已故的約翰．李黎（John Lilly）認為這種專注練習相當於西方的研究所課程，由於研究所的課程能訓練專心的能力，所以許多西方人可以 146
免除這種練習。可是，許多研究生嘗試靜坐時，卻發現專心於外在物體的能力非常不同於內在的專注力。微細的內在狀態和感受所需要的敏感度，並不等於一般的專心能力（如專心於學術課程的研究、足球比賽、外科手術）。專注到底如何發展，專注於內在或外在焦點究竟如何改變整體注意力，都是有待廣泛研究的領域。

持咒靜坐的問題

還有一種修行是重複一種咒語、一句話或某個神祇的名字。西方最著名的持咒靜坐就是超覺靜坐，但幾乎每一種靈性傳統都有這種修行方式。在持咒靜坐中，求道者會重複某個神祇的名字（如克里希納、夏揚、唵）、一個字或一句話（如「Aing」是聖母的聲音；「Ma」是聖母的名字；「唵嘛呢唄美吽」是西藏持咒；「上帝的兒子耶穌基督憐憫我」是基督徒的祈禱；「萬福瑪莉亞，上帝的母親」是《玫瑰經》的禱詞）。依據各種靈性傳統的解釋，這些整天在心中重複默唸的話有許多作用，可以引發平靜或奉獻的意識狀態、祈求神性以各種外形顯現、激發拙火，以及活化內在各種不同的靈性能量。

關於持咒的作用，至少有三種不同的看法。在靈的道路傳統中，重複誦念咒語可以使心得到靜默，脫離心的平常活動，轉向較微細的層面，最終接觸心的本源：梵我、自性或佛性。

在魂的道路傳統中，持咒可以引發靈性的能量、素質或特定的狀態，或是喚起神靈的同在，當靈性能量（如基督或聖母）流入追求者內心，就會逐漸產生淨化作用。持咒的字或聲音本身就
147 具有力量或權能，被一再複誦時，能喚醒意識中的這種權能或力量。

第三種較批判的觀點是克里希那穆提的看法（1973），他認為一再重複一個字或一句話會使大腦鈍化，進入靜止狀態確實能產生某種程度的靜默，但他認為這是一種麻木遲鈍的靜默，並不

是活躍、覺醒、機敏的靜默。克里希那穆提堅持字句本身是無意義的，複誦「可口可樂」的效果和任何持咒一樣好。

持咒修行的心理治療作用有兩層，首先，文獻已大量談到持咒產生的平靜和放鬆狀態，在當今世界充滿壓力的環境下，放鬆而平靜的身心對健康的效果是再怎麼強調也不為過的。其次，許多人會出現更集中的感覺，使內心深處和日常生活產生連結，這種效果對心理健康的好處是不言而喻的。

這種修行的危險在於可能造成心理麻木和情感淡漠。正如克里希那穆提所言，心理進入習慣常規的危險就是失去彈性和流動性，產生一種死寂的沉靜，而不是真正的平和。持咒靜坐可能被當成心靈的安眠藥，使難以整合的不愉快情感狀態得以減輕或麻痺。

持咒靜坐可以視為壓抑法、誘發法或是一種禱告—奉獻的形式。克里希那穆提的觀點顯然認為持咒是壓抑法，他的立場認為把字句敲打到意識之中，會勉強形成一種平靜感，卻是遲鈍、麻木的平靜感，但也能有效地壓抑正常的心智功能。超覺靜坐圈子裡的人則認為持咒靜坐是一種誘發法，修行者完全專注於重複的字句時，意識就能脫離平常的活動，而誘發自性的深層平靜。魂的道路的傳統則把持咒視為一種禱告或奉獻的形式，外在技巧雖然是持咒，但內心卻逐漸向神性開啟，或是專注於越來越深的奉獻、虔誠及愛的感覺。

雖然這種修行有最多的研究，但仍只是剛開始研究的領域。148
基本的作用過程到底是誘發、壓抑、奉獻／禱告，還是各種原因的混合呢？看來持咒靜坐的作用並不是只有一種方式，而是根據當事人的意識，以不同的方式運作。

從現代物理學的觀點來看，每一件事物都可視為某種形式的振動。持咒的聲音包含某種力量或振動，當持咒對當事人具有重大意義時，這種意義感也會成為某種頻率的振動；同樣地，虔誠或奉獻也是以某種頻率振動的能量波形。持咒的力量可能就在於這些振動波形的共振和互動。機械地重複持咒雖然有其效果，但具有意義和情感的持咒所組成的共振則可能有非常不同的效果。心理治療扮演的角色是讓自我更加整合、凝聚，於是創造出更為協調而集中的能量振動模式，以利修行。未經整合的自我可能產生較混亂、破碎的能量模式，因此較難展現持咒的力量。

結語和討論

靜坐對心理治療有益嗎？心理治療有助於靜坐嗎？整體的證據指出答案為「絕對是」。靈的覺醒道路產生與心理治療相關的意識功能，就在於覺察力和專注技巧的發展，而魂的覺醒道路則在於推動愛、喜悅、平靜的發展，以及減輕恐懼。

意識的這些發展對心理治療具有深刻的意含。覺察力的擴展，愛、喜悅及平靜，都是心理治療的崇高目標，甚至是心理健康的必要條件。反過來看，靜坐的危險性也同樣值得注意，如果
149 人格特徵的扭曲未經處理（如嚴厲的超我譴責或退縮的人際關係），自我的防衛結構就會常常影響到靜坐。

靜坐不只對案主可能有極大的貢獻，對治療師也可能有更大的助益。靜坐幫助治療師在治療案主時，更能集中於內心深處、較不受外界影響、更為專注、更加活在當下。同理心的強化是靜

坐的明確效果，靜坐增加同理心，同理心使治療內容更加豐富。

靈修與心理治療如何相互配合

超個人文獻中比較忽略的是心理治療如何有助於靈修。只有在心理治療達到嶄新的熟練層次時，才能看出為什麼許多靈修方法未能發揮應有的效果。這個領域的研究發現了新的可能性，使得靈修能配合個別差異，例如，虔誠（奉獻）的靈修最適合哪些性格結構？如果用在歇斯底里或邊緣性人格結構，由於這些人很難控制感受，是不是就很不適合呢？是否最好先在這些人身上建立內在的力量呢？虔誠的靈修是否比較適用於感受有困難的類精神分裂人格呢？還是反而違反其本性？類精神分裂的人格是否有些適合虔誠靈修，而有些又不適合呢？如果這種情況屬實，那麼如何區別這些差異呢？是否要衡量「靈魂的成熟度」，而不是只考慮一個人表層的性格結構呢？

同樣地，英格勒雖然時常警告不要對邊緣性人格運用觀照技巧，因為可能產生反效果，但觀照技巧確實會使某些邊緣性人格的人增強觀察自我的力量，而能較佳地控制與調合情感。靜坐老師的表現有如理想化的自我客體（idealized selfobject），其他共修者則好像另我的自我客體（alter ego selfobject），而整個靜坐背景則會成為某些邊緣性人格的人建立結構和揭露自我的空間。[4]【譯註四】由於從中受益的邊緣性人格不像失控的邊緣性人格

4　譯註四：上述術語出於自體心理學所主張的三種正向移情作用產生的自我客體，分別是理想化、另我和鏡像移情關係。

受到臨床的注意，所以臨床較忽略有益的效果。於是問題變成如何區分邊緣性人格的人之中，何者會獲益而適合觀照技巧，何者會失控而不能運用觀照技巧。

150 超個人心理學開始提出靈修與個人心理動力如何互相配合的問題，但還有很長的路要走，才可能對這些問題提出確定的答案。超個人心理學提醒我們，除了個人的心理動力，還有許多影響因素。靈性層面如何支持個人的心理動力，彼此交互影響？這只不過是剛開始認真探討的領域。

靜坐在心理治療中到底扮演什麼角色？同樣地，我們仍只站在試圖回答這個問題的起點。我個人目前的感覺是，靜坐的強烈作用對長期心理治療最大的幫助就是將靜坐結合到心理治療，當成一種輔助的工具，但不要把靜坐本身當成治療的技巧。可是，症狀導向的治療就可以把特殊靜坐或心像技巧當成治療的核心（例如，以心像減輕壓力或治療）。對某些非常焦慮或很難控制強烈感受的案主，我曾成功地運用觀呼吸靜坐（閉眼，專注於吸氣和呼氣對身體的影響）來幫助這些人。有些案主每天靜坐觀呼吸而度過非常強烈的情緒困擾，持續達數個月之久，產生非常放鬆的感覺，並因為自己能控制和忍受強烈的焦慮和其他令人不知所措的感受，而更有自信。

靜坐和心理治療是被設計來做兩種不同的事，因此誰也不能取代對方，可是各自都能幫助對方。我相信靜坐和心理治療的結合，是超個人心理治療對心理靈性成長最具遠景的貢獻。

認識靜坐

靜坐到底是什麼？由於靜坐不是單一性質的活動，更準確的問法應該是，不同的靜坐分別是如何產生作用的呢？以下是五種認識靜坐的方法：

一、靜坐是放鬆和自我調節的方式
二、靜坐能揭露被壓抑的潛意識內容
三、靜坐呈現更高層的狀態
四、靜坐是交互抑制
五、靜坐是能更新意識，促進轉化和成長

首先，靜坐是一種自我調節和放鬆反應的方法。到目前為 151
止，這是擁有最多研究證據支持的觀點，特別是運用持咒的靜坐或運用專注技巧的靜坐，比如專注於呼吸。雖然不是每一種靜坐都有這種作用，但大部分都有此效果。長久以來的研究證據顯示，大部分靜坐都有放鬆身體的效果，能帶來更大的祥和及寧靜。如果一個人的靜坐連這一點效果都沒有，就可能出了差錯，而需要更多的指導。但這仍只是對靜坐活動最外在、表淺的觀點。

第二個觀點認為靜坐是試圖深入了解自我的一種揭露方法。觀照和虔誠的修行顯然都會使人進入更深的覺醒意識。觀照禪修會注意心中升起的每一件事，虔誠的修行則會注意經驗的情感層面，兩者都有助於解除防衛結構和壓抑傾向。英格勒（1986）曾經非常中肯地談到這個觀點，他發現這個方法對邊緣性人格特別有危險性。這個觀點雖然非常吸引人（特別會吸引治療師），但效用非常有限，而且無法解釋一些重要的現象，例如，許多邊緣性人格並沒有因此而經歷精神崩潰，其次，大部分精神官能症患者在多年密集靜坐後，防衛的障礙並沒有產生任何重大的解除。事實上，在持續靜坐後，大部分人的防衛性和精神官能症仍然文風不動。雖然大部分人的壓抑傾向會得到輕微的解除，極少數人甚至會經歷重大的解除，但一般說來，觀照和虔誠的修行對自我的心理防衛並沒有明顯的影響。

這種觀察導致第三種對靜坐行為的觀點：拉塞爾（1986, p.69）宣稱靜坐能開啟高層潛意識狀態，但是對壓抑和其他防衛所引發的低層潛意識狀態，卻沒有什麼作用。他推斷說：「高層狀態和潛意識內容沒有什麼關聯。」根據這種觀點，靜坐可能有助於人對內在狀態的敏感度，但沒有什麼治療效果。雖然拉塞爾
152 可能言過其實，但他的說法在邏輯上可以解釋靜坐為什麼不能取代心理治療而成為心理成長的方法。

第四種觀點認為靜坐是交互抑制的過程，這個觀點來自行為心理學，由高曼提倡（1976, 1988）。交互抑制最初是由渥爾皮（Wolpe, 1958）提出的，他假設發生害怕、恐懼的反應時，如果同時產生矛盾的反應，比如放鬆，就可以消除害怕和恐懼。如果不斷以刻意的放鬆反應面對引發害怕的刺激，會使身體很快學會使用嶄新而不恐懼的反應來面對刺激。高曼以這項簡單的行為療法應用到意識狀態，據此解釋靜坐的作用：更令人嚮往的健康意識狀態，確實能消除不想要的不健康意識狀態。

從第五個看待靜坐活動的觀點，便可清楚看見第四個觀點的問題所在。第五個觀點認為，靜坐是從一個人的內心引發或喚醒

內在意識狀態的方法，也就是說，某些蟄伏在內心深處的意識狀態會被靜坐激發（到目前為止，它很像第三個觀點），當這些狀態被喚醒時，其作用方式會重組和淨化表層意識（與第三個觀點不同）。許多傳統認為內在意識被喚醒時，會提煉、轉化及提升舊有的意識，這個過程最初發生在幕後，如果沒有持續修行的話，表層意識所受到的影響通常並不明顯。靜坐的淨化、敏銳作用，並不全然以心理治療或解除壓抑的方式作用，所以靜坐不是心理治療的代替品，也不能全然視之為自我的揭露。

當高層或更寬廣的意識狀態被激發時，正常意識的問題和議題會發生什麼事呢？這時，問題可能不再被視為問題，或是其意義可能被改變。舊有的正常意識被更寬廣的意識所吸納和轉化，舊有意識的功能並沒有被「廢除」，而是歸入新的意識裡。

交互抑制的典範不足以解釋這種意識的成長，因為交互抑制的運作是單純、數位式的開關過程，非此即彼，可是在意識的演化中，舊有的形式並不是單純地關閉，而是被新興的型態所轉化。

交互抑制可以解釋一種情感對另一種情感的支配、或是一種 153
情感如何消除另一種不相容的情感。數位式、非此即彼或邏輯式的工作在這個部分可以有良好的運作，可是舊有、「不想要」的心靈狀態並沒有被消除，而是被更大的意識所吸納、重組及充滿。

這兩種模式並不是完全矛盾，但確實指出靜坐活動的不同方向。靜坐是一種使人覺醒的壓抑活動，還是能轉化人的覺醒活動呢？或者是兩者的結合？即使是其中一種，比如壓抑的做法（交互抑制），也可能藉由持咒的力量對意識產生誘發或覺醒的作用。

討論壓抑的靜坐方法時，交互抑制模式確實具有特定而有限的用處，但是對其他方法而言，比如觀照或虔誠修行，交互抑制模式就完全不足以解釋了。同樣地，第五種觀點也可以結合第二和第三種觀點（揭露和展現高層狀態的觀點），以及第一種觀點的放鬆反應，因為靜坐體驗到的平和寧靜狀態會流出而影響、穿透表層意識（包括身體）。我認為誘發、覺醒、展現的意識發展模式是初期階段最適合了解靜坐過程的模式。

從各種觀點來看，靜坐顯然對意識有非常微細的作用，是語言難以捕捉的，或者說，以我們目前的程度，還難以完全了解靜坐。喚醒新的意識狀態到底是什麼意思呢？令人嚮往的意識狀態到底如何轉化我們較不喜歡的意識狀態呢？靜坐時，表面看起來沒有改變，但在意識的深層發生了什麼事？什麼是淨化的過程？什麼意識使人淨化，而什麼意識被淨化呢？這些嘗試性的疑問固然能鼓勵我們往某些方向探索，但更重要的是能引導我們深入心靈與靈性的奧祕。

【第六章】

靈性危機

靈性危機雖然看似混亂、失控，但透過這種看似脫序的情形，卻有可能產生更深層的次序，許多靈性傳統也證實這種看法。靈性危機預示意識的嶄新發展，打破舊有的結構，產生全新的成長和更以靈性為導向的生活。舊結構的「瓦解」對尚未做好準備的人，可能是非常可怕的經驗，然而在靈性危機中的人，如果可以放手進入這個過程，就可能在心理和靈性得到更高層次的整合。

155 一般說來，大家多半認為靈性道路是安全的，雖然可能不好走，但至少是生命中不安全感的避風港，是面對生活中無可避免的焦慮、恐懼和痛苦時的慰藉，可是，就像所有偉大的志業一樣，靈性之旅也有其危險。全世界的靈性傳統都談到這些危險，而千百年來的靈修傳統也產生許多處理的方法。

各種靈性傳統都談到許多危險的情形，從偏離正路追求內在幻影與感官的微細現象世界，到沉迷於各種力量或神通，形形色色，不一而足。大部分傳統所警告的「墮落而離開正道」，常常是因為突然出現令人興奮的經驗引發自大驕傲而造成的結果。

除了自我膨脹的危險之外，還有自我被無法控制的靈性能量攻擊或傷害的危險。拙火覺醒或其他形式的靈性能量，有可能快速流遍人的身體和意識，使人迷失，並破壞正常的自我結構。除了身體會有無法控制的抖動（kriya）或搖晃，也可能突然引發
156 或激起早年的創傷和其他神經質的積習，而成為淨化過程的一部分。如果缺乏適當的支持，人可能被吞沒（不只是被靈性能量吞沒，也會被心靈在此過程釋放出的潛意識力量吞沒），使人在能量之海載沉載浮，卻沒有處理的裝備。

幾乎每一種文化都熟悉「惡靈」，甚至連小孩都知道。向內在世界開啟的人，有被靈界生命攻擊或試圖附身的危險。基督徒稱之為魔鬼，印度教把這種生命稱為阿修羅、夜魔、鬼魅（名稱根據他們來自什麼層面而定），薩滿傳統也熟知這種生命，佛教寺廟在門口常有保護的雕像，就是為了避免這類生命的攻擊。受魔鬼或對抗神聖的力量影響或攻擊的危險，是普遍存在、眾所周知的靈性危險。我們先把「魔鬼力量」這類用語引發的哲學和認識論問題擺在一邊，只把重點放在現象學的經驗，看看自我的心

理結構如何對這種攻擊或強大的能量洪流做反應，這是超個人領域最迷人的探索範疇。

超個人心理治療提醒我們，排除靈性傳統、純以心理學方法探索內在狀態的限制和危險。因為靈性傳統提出警告，當人向內在開啟時發生的每一件事，都不只是純粹的心理事件，除了內在的靈性意識狀態、光明、知識之外，還有許多居間的範疇或經驗的層次，尋求者可能會迷失其中。

直到晚近，西方心理學一直把所有這類經驗都歸類為一般的精神病理學，並沒有仔細評估，進入這些經驗範疇的人受到一視同仁的對待，被心理衛生機構當成典型的精神分裂症，給予大量抗精神病藥物，通常會住院治療。可是，超個人心理學揭示這些經驗，創造一個新的名詞「靈性危機」來描述這些經驗。靈性危機是最佳的實例，說明超個人心理治療如何結合心理學和靈性，並討論靈性能量的灌注或是尚未整合的新奇經驗如何使自我混亂、淹沒。

超個人研究已經發現靈性危機雖然看似混亂、失控，但透過 157
這種看似脫序的情形，卻有可能產生更深層的次序，許多靈性傳統也證實這種看法。靈性危機預示意識的嶄新發展，打破舊有的結構，產生全新的成長和更以靈性為導向的生活。舊結構的「瓦解」對尚未做好準備的人，可能是非常可怕、不穩定的經驗，試圖抓緊已知的東西或是嘗試控制過程，都可能迫使人超過自己的極限。然而，在靈性危機中的人，如果可以放手進入這個過程，就能得到幫助、獲得重生，結果可能在心理和靈性得到更高層次的整合。

有一點必須加以聲明，超個人取向並不是「接受」任何特殊的信仰或哲學世界觀。有各式各樣的超個人治療師，舉例來說，有的人可能堅信禪宗或基督教世界觀，有的人相信玄祕的世界和無形界的生命，有人相信外星人綁架。目前的超個人領域還沒有試圖對「實相」建立一個大家都同意的觀點。

靈性危機的概念非常重要，有三個理由。第一，它注意傳統心理學原本沒有看見或誤解的人類經驗。第二，有臨床實用性，它為一整套心理症狀提出一種診斷和治療。第三，雖然很少談到，但可能是最重要的一點，它向建立在生物學基礎上的主流精神醫學提出重大的挑戰。以下依次討論。

靈性經驗的新觀點

除了少數例外，心理學還無法好好處理宗教或靈性的經驗。自從佛洛伊德開始，西方心理學就對宗教和靈性經驗抱持負面的觀點。佛洛伊德（1966）認為宗教是「普遍的強迫性精神官能症」，在《文明及其不滿》（*Civilization and It's Discontents*,
158 1959）中，把神祕主義者天人合一的「海洋經驗」等同於「嬰兒式的無助」與「退化到原始的自戀」。心理學文獻遵循他的偏見，把靈性經驗描述成自我退化的症狀（Leuba, 1929）、邊緣性精神病（Group for the Advancement of Psychiatry, 1976）、精神病發作（Horton, 1974）和顳葉功能異常（Mandel, 1980）。在《精神疾病診斷與統計手冊第三版修訂版》（DSM-IIIR）的「學術名稱字彙表」中，有關宗教的部分有十二則，都是用來描述精神病理（引自 Lukoff, Lu, Turner, 1992）。

傳統心理學把靈性經驗病態化的情形，在許多地方都有記載（Grof & Grof, 1989; Walsh & Vaughn, 1993; and especially Lukoff, et. Al., 1992）。這種情形對治療的影響就是試圖盡快終止這些「病態」的症狀，於是要病人住院、服用抗精神病藥物，被一群心態視此經驗為「有病」的工作人員圍繞。這種治療的結果就是破壞原本有潛力使意識成長的過程，使當事人淹沒在眾多藥物和羞恥之中，反而無法整合經驗。

靈性提升與靈性危機

靈性的教導把靈性經驗在日常意識中浮現的情形，視為發展的轉捩點。宗教和所有靈性探索的作用就是能越來越接觸神性（不論是哪一種形式的神性）。超個人心理學肯定這種靈性追求的方向，認為靈性本質的實現具有最崇高的價值，靈性經驗被視為值得嚮往的，靈性探索是自然、健康的，也是面臨存在的挑戰時，唯一真正令人滿意的答案。

大部分靈性經驗都是逐漸發展的，慢慢揭開平常意識和靈性覺知之間的帷幕。當這種發展非常快速，而當事人也有內在資源可以吸收時，會很歡迎這種過程，並能接受經驗對意識的轉化力量。突然的啟明、極樂的降臨、進入愛或合一感、內心世界知覺 159
的開啟，不論是哪一種經驗，順利整合靈性成果的基礎都是穩定的靈修、指導和淨化。

可是，靈性經驗有時出現得過於強大，如果平常的整合能力不足，就會導致心理功能混亂。當新的能量、生命、經驗不斷擊打當事人，就會產生混亂、恐懼，於是試圖控制所發生的事，這時，靈性的提升就成為靈性危機。

二種常見的狀況

有兩種主要的情形會產生靈性危機，第一種情形較不複雜，但也較少見：

一、當事人或環境缺少可以處理這種經驗的觀念架構，於是常常被這個人的支持系統、父母、醫師等等視為病態。這種情形比較容易處理，只要提供一套認知架構，給予支持的環境，讓人能在其中全然經歷其過程，常常就足以吸收這種經驗。
二、在自我中缺少足夠的身體或情緒彈性，而無法整合這些經驗。心理結構會因為自我碎裂而變得混亂。

第二種情形較難矯正，需要治療、經驗性工作和身體工作，有時還需要藥物或住院，以減緩其過程。雖然這種情形可能也會缺少處理經驗所需的觀念架構，但光是提供觀念的地圖，仍不足以解決危機，因為自我的結構已經受到破壞，需要修復或轉化。

三種主要的反應

對靈性危機有三種主要的反應：

一、整合經驗，繼續向前走。
二、被淹沒一段時間，然後加以整合。
三、固著而無法整合，經驗可能逐漸消失，可是當事人仍固著在某個層面，導致適應不良。

中文的危機意味著「危險的機會」，當大量能量快速進入系統時，會使人混亂、碎裂，心靈會因為「錯誤的發展路線」（創 160
傷、防衛結構，以及成長的發展路線不夠穩固）而搖晃。雖然靈性危機能提供療癒和成長的新契機，卻也有加重精神病理或未來容易產生精神病理的危險，端賴當事人如何面對其經驗。

新時代這個圈子常有一種看法，認為宇宙不會給你任何你尚未準備好接受的事。從更大的宇宙觀點來看，這個看法**或許**是真的，可是從**今生今世**的觀點來看，並不盡然如此。有些人會被淹沒、迷失，而且再也沒有復原。雖然也許在來世會有所收穫，但在此生可能只是損失。

雖然任何靈性經驗都可能成為危機，但值得注意的是，當一個人的防衛和內在資源不足，比較脆弱時，某些種類的壓力常常較容易引發靈性危機。這一點很容易了解，因為正是此人自我結構的脆弱或「淺薄」，使靈性經驗得以穿越心靈慣用的過濾機制。

有些壓力是**身體**方面的，比如瀕死經驗、懷孕和生產、藥物（特別是迷幻藥）、飢餓、受傷或身體的崩潰（如靈境追尋）。有些壓力是**情緒**的，比如情緒過於強烈的經驗（如周末的自我成長工作坊）、情緒的剝奪或失落、強烈的性經驗。其他壓力來源則是**靈性**的，特別是密集的靈修。專注的靈修期不論持續一個周末或數個月，都有機會深入某種特殊的靈修方法，在隱修會後期或剛結束時出現靈性危機的情形，並不少見（Bragdon, 1988）。

靈性危機的種類

雖然宗教傳統描述了各種形式的靈性危險，但超個人心理學以臨床上較有用的方式詳細描述。葛羅夫夫婦（1989）描寫了十
161 種主要的靈性危機，必須注意的是，這些描述是根據現象，也就是說，這些類別是根據發生靈性危機的人的描述，並不是「客觀的事實」。

本書根據經驗的主要特徵，把這些重要的形式分成兩大類：一類牽涉到意識的改變，另一類則是向靈界開啟（不過兩種成份都能在大部分靈性危機中找到）。隨著我們越來越了解這些狀態之後，也許可以產生更簡單的分類架構。

一、意識的改變

（一）拙火覺醒：拙火覺醒可能是靈性危機中最常經歷、廣為人知的一種。在印度傳統中，拙火是靈性能量，潛藏在脊椎底部，覺醒時會像蛇一樣沿著脊椎向上升，開啟脈輪（特殊意識層次相關的能量中心），達到頭頂的脈輪。每一個脈輪開啟時，就會展現新的意識層次。由於大部分人的意識受到相當的限制，脈輪的開啟會伴隨著意識的擴張，淨化相應於每一個脈輪的限制或雜質。與拙火覺醒有關的問題大部分來自淨化的過程，因為會淨化身體、心理和靈性層面。

拙火覺醒時（不論是出於靈修或自發），意識會被照亮，有如激發新的範疇，可能有令人狂喜的視覺景像、意識的開展、喪失自我的階段、靈視等微妙的知覺，和感官的甦醒。常有能量沿

著脊椎上升、貫穿全身的經驗，有時能量的流動溫和而令人愉悅，有時是強大的能量湧現，非常劇烈，可能產生強烈的抖動、不自主的抽搐和重複的動作，確實令人害怕。

有兩個比喻有助於了解這個過程，第一個是燈泡如何產生
光。光其實是電流通過鎢絲時的電阻所產生的，銅絲的導電性很 162
好，卻無法產生光。所以意識或身體被拙火「點亮」的部分，表
示對拙火有阻抗，是需要淨化的部位，當阻力產生的「熱量」
「燒盡」障礙時，這些感覺就會停止。

第二個比喻是澆花的水管在水流強大時會亂轉亂跳，可是同樣的水量如果通過消防栓的話，就沒有問題。同樣地，在拙火「拓寬」能量通道、移除障礙後，劇烈的抖動就會停止（Sannella, 1978）。

這些比喻說明拙火經驗是淨化的過程，能促進意識的擴展，使每一個脈輪的「雜質」或局限得到潔淨或移除。薩尼拉（Sanella）的研究顯示，對大部分西方人而言，如果拙火過程能順利進行，通常就能自我調節，幾個月內就會結束。在東方傳統中，可能會持續數年（但這種情形很少），人會變得更平衡，並打開心房接受生活中的靈性潛力。當這個過程被誤診而被藥物、住院等等破壞時，會使人懸在淨化過程的中間，甚至覺得羞恥，不願繼續這個過程。

拙火覺醒最常被誤診為躁症、焦慮疾患，出現身體的抖動時，可能被視為轉化症（歇斯底里）。

（二）瀕死經驗：公眾和媒體對瀕死經驗已耳熟能詳，甚至通俗電影也會談到。瀕死經驗的內容包括通過一條黑暗的通道或隧道，朝向光和充滿愛的智慧來源，當事人在過程中會感受到這

個愛的來源產生的無條件接納和寬恕，還可能回顧一生、評估過去的行為，當事人了解這一生還有尚未完成的事，根據這個更高的洞察力返回人間。

這種經驗可能是非常值得肯定、使人覺醒的召喚，也可能是
163 難以整合的經驗，使人產生極深的困擾。當事人想要讓生活配合這種靈性識見的企圖，在面臨日常生活的衝擊時，可能產生極大的挑戰。時至今日，一般人對此已很少抱持懷疑的態度，較常出現敬畏的反應，期待這種經驗的祝福會使人立刻成為聖徒或智慧的來源（這是當事人很難滿足的期待）。

瀕死經驗目前已很少被誤診，但仍常被視為妄想，特別是當事人在麻醉中出現瀕死經驗的情形。

（三）合一意識：個人的身分融入合一意識的神祕經驗雖然很少見，卻可能造成極大的迷惑，甚至使現世生活的功能出現困難或是難以為繼。有一個人描述這種經驗好像自我喪失於「虛空之中」，同時喪失自我的生活功能，無法在世上過有方向、有目標的生活，以至於連在餐廳點菜都無能為力。靈性傳統充斥許多聖徒或聖人的例子，在高等意識狀態時失去日常功能，需要由別人照顧，直到他們能掌握這種意識層面為止。拉瑪納・馬哈希是這類人的現代實例，他發生神祕覺醒時，如果身在美國的話，恐怕會被關入精神病院，接受大量藥物，好使他重回「現實」。

精神醫學體制常常把這種情形診斷為融合狀態、喪失界限、自我分裂或人格解離。

（四）回歸核心而得到更新（Renewal through Return to Center）：靈性危機提供一個較大的脈絡，認為精神病的歷程有可能具有療癒的作用。英國精神科醫師蘭恩是這個觀點最受歡迎

的代言人，他在一九六〇年代初期在倫敦金斯里醫院進行一項著名的實驗，不以藥物治療精神病人。如果精神病是心靈療癒自己的企圖，精神病就會在心靈整合成全新而涵蓋更廣的整體時自動結束。不幸的是，真正明顯變好的人很少，無法支持這項耗時費 164
錢的治療。

世界各地還有少數地方嘗試這個實驗，派瑞（John Perry）是探索這個方向的著名美國精神科醫師，也是知名的榮格分析師，寫了許多榮格取向的書。派瑞把超個人面向帶入工作，認為精神病的療癒潛力是心靈藉著激發自性的原型、靈性能量，而企圖更新自己。

在這個過程中，常見的主題是經歷死亡，然後在時間中回歸到起源的時候（個人的起源——誕生或子宮，甚至是世界創造的起源），重演起源時，會有宇宙力量的衝突：善惡或神魔之間的戰爭。對立的性別會努力爭取掌控權，可能在不同時間中經驗不同的性別認同。隨著更新過程的進行，當事人可能覺得被揀選進行一項特殊任務以拯救人類（可能會有救世主的主題或出現國王、拯救者之類的人物）。轉化的部分可能會與神話或神聖的人物進行神聖的結合。當經驗達到最高潮時，可能看見轉化的世界，被揀選的人帶來劇大的變革或世界的更新。最後，發現整個過程都是發生在個人的內心，而不是外在的現實，於是又回到平常的意識。

（五）前世經驗：這個現象通常發生在超常意識（經由迷幻藥、催眠、呼吸工作等所引發），會生動地經歷自己在不同時空、文化的另一種生活。「前世」被體驗成獨特又鮮明的記憶，由此對今生的行為、關係和感受展現洞識。重活「前世」時，可能伴隨有強烈的情緒釋放和宣洩作用。這個過程結束時，與前世相關的今世症狀或情結可能會得到改善或澄清。

165 當這個過程失控而侵擾日常生活時，就會造成靈性危機。不在前世的背景，卻向父母或朋友對質前世的事件，會讓人覺得很奇怪。這些「記憶」的浮現本身可能使人擔心將要發瘋，而抗拒這些清楚的記憶可能又會製造更多的緊張。常見的診斷是與精神分裂症或精神病相關的妄想或幻覺。

二、向靈界或微細界開啟

（一）**神通的危機**：神通能力的開啟，比如靈視、靈聽、心電感應、預知能力等等，對缺少認知架構以處理這些能力的人而言，可能引發靈性危機。神通經驗常常在各種靈性經驗中出現，當神通能力是個人經驗的主要特徵，而又無法整合這些能力，導致行為和情緒無法調適時，就會造成問題。聽見別人的思想或看見靈界的生命，是很難整合的事。當平常的自我—他人界限消失時，會覺得自我好像四分五裂。

神通能力最常被診斷為妄想或幻覺。

（二）**薩滿的危機**：許多文化和時代中的薩滿都是起於一次旅程，被人類學家稱為「薩滿之病」，這是一種進入超常意識的劇烈過程，當事人進入地底世界，在那裡經歷痛苦和折磨，最後被肢解、死亡，然後重生，升到高處。過程中可能會接觸有能力的動物、「同盟」，以及惡靈。過往已復原的身體或心理疾病可能再度浮現。薩滿的危機表示此人被選為薩滿，準備開始進一步的學習。

薩滿的危機傳統上被診斷為精神分裂症或憂鬱症。

（三）通靈或與指導靈溝通：一九八〇年代，通靈突然受到傳播媒體的注意和炫耀。透過靈媒或通靈者與超越形體的生命接 166 觸，或是透過心電感應，或是陷入恍惚（這種情形事後通常都不記得發生什麼事情），接收的訊息或是被大聲說出，或是被通靈者記錄下來。超越形體的生命被視為介於轉世之間的人類、更進化的生命、神祇或其他星系的外星人。

許多評論者都注意到，資訊的來源並不因為沒有形體，就必然是開悟、進化或擁有特殊知識的生命。資訊的性質有很大的差異，有些屬於最高等的性質，比如《可蘭經》、《摩門經》、《奇蹟課程》；有些資訊顯得很混亂、散漫、沒有條理；大部分資訊則介於兩者之間。

這些經驗不論是透過通靈或是接觸具有教導或保護功能的「指導靈」，如果當事人無法將之和日常生活整合的話，就會引發靈性危機。聽見聲音和看見靈體可能被解釋成「發瘋」的癥候。這些經驗最常被診斷為精神分裂症或多重人格疾患。

（四）附身狀態：與通靈最接近的經驗，可能是最怪異的靈性危機：附身。在附身時，當事人覺得被邪惡的靈體「掌管」，接管他的心靈和身體；會出現怪異的行為和聲音，伴隨身體的痙攣和扭曲，產生一種可怕的景象。好萊塢利用大眾對附身的恐懼，製作了許多恐怖電影，比如「大法師」。

大部分靈性傳統都會警告附身的危險，並有趕走入侵靈體的儀式。在《聖經》中，基督的神性有一部分就是透過趕鬼的能力得到證明。現代心理學誕生後，從現象學來描述附身的現象，一直將之詮釋為精神疾病的癥候，例如精神醫學稱之為「本我的衝

167 動和能量入侵『自我』」。超個人心理治療同時容納靈性和心理學的觀點，也就是說，有時我們會看到純屬精神病的現象，有時會看到純屬附身的狀態，而有的時候可能看到兩者的混合，既是精神病又是附身。在科學和心理學的世界觀中接納靈性的事實，能開啟大量新的可能性，這些可能性是超個人心理治療剛開始探索的領域。

附身的一般診斷是多重人格疾患、轉化症和精神分裂症。

（五）遇見幽浮：遇見幽浮或被外星人綁架，也常常是電影和電視的主題。外星生物的造訪、捉拿，進入外星人的太空船，被迫身體檢查和實驗，這些主題在其他形式的神通能力都是很熟悉的主題，比如薩滿的危機、附身和通靈，但此處把這些經驗都按字面解釋、具體化，並覺得真的發生在物理現實世界。報告這些事件的人常常都受到創傷，而這些事件常常被遺忘，直到透過催眠才記起來。

遇見幽浮的經驗最常被診斷為妄想或幻覺。

靈性危機對意識的本質和「客觀」現實，以及兩者的關係，提出許多疑問。值得注意的是，在這些靈性危機中，有半數的主題是類似的。在薩滿的危機、神通能力、通靈、幽浮經驗和附身中，都有接觸超越形體的生命（有些友善，有些具有敵意）、受到攻擊、被帶到另一個領域、暴力的折磨、肢解、死亡、轉送到另一個更高的領域、回到地球，並因為這些過程而受傷或得到醫治的經驗。也許這五種靈性危機只是向靈界開啟的單一過程中的不同表現罷了。

168 除了心理學在過去一個世紀廣泛探討的個人和集體潛意識之外，如果還存在微細、內在的現實界，與我們外在的形體現實共存（就如大部分靈性傳統的主張），當意識向內在世界覺醒時，自然會有當下的現實經驗到底發生在哪個層面的困惑。靈修者要經過多年的努力訓練才得以找出貫通各種界面經驗的方式。在一般人自發的覺醒，特別是心理較脆弱的人，很容易產生內在經驗的困惑，覺得難以控制。

當事人會以自己慣用的象徵系統來解釋自身的經驗，美國中部較熟悉的象徵系統是飛碟和外星人，而不是薩滿的靈境或玄祕世界的原型。對於尚未發展內在生命，以及內在經驗突然強烈打開的人，實在難以區分到底是內在或外在的經驗。內在心理經驗和靈性實相，和外在事件混淆的情形，可說是意識發展的常見階段。

例如，大部分超個人取向的心理治療師可能同意幽浮經驗不太可能是真正發生在外在現實的客觀事件，也不太可能加以錄影。毫無疑問發生了某種內在經驗，但什麼部分是純屬精神病理和潛意識的想像，什麼部分是懷有敵意的生命攻擊或善意生命的造訪，什麼部分是沉浸到集體潛意識的原型世界呢？對不同的人，有沒有可能是上述各種情形的不同組合呢？目前還沒有確切的答案。

個人的創傷如何造成較脆弱的內心結構，以至於個體的界限較容易穿透，而向潛意識的力量或靈界經驗打開呢？不論是哪一種靈性危機，這三種層面之間的關係是什麼呢？也就是說，個人潛意識和集體潛意識有什麼關係，而這兩者又如何向微細的內在次元與靈性經驗開啟呢？這是超個人心理學最有興趣探討的主題之一。

三、鑑別診斷

169 處理這類不尋常的經驗時，臨床工作者最常問的就是：到底是靈性危機還是精神病？還是介於兩者之間的情形？這個領域還需要進一步探討的，就是介於這些不同範疇之間的情形。

曾有人說：「神祕主義者在靈性大海中游泳，而精神分裂患者卻在其中溺水。」這句話描述出這些經驗間的界限是多麼模糊。當人向內在領域開啟時，個人的潛意識會滲入所有人類共享的集體潛意識，而兩者又會以我們尚不了解的方式連結到更基本的靈性意識。正是這種內在經驗的混淆或重疊，造成大部分靈性危機的現象。

治療師要決定處理的對象是靈性危機、精神病理，或是兩者的結合，必須考慮三種診斷準則：

（一）靈性危機的診斷準則

（二）精神病的診斷準則

（三）靈性經驗伴隨精神病特徵的診斷準則

（一）靈性危機的診斷準則

葛羅夫夫婦（1986）提出下述準則：

1. 意識的改變（包括知覺、情緒、認知、身心功能），且重點在於超個人的面向（如上述的經驗種類）
2. 有能力看見這種情形是內在的心理歷程，並以內在的方式處理。
3. 能形成足夠的治療關係（治療同盟〔theraputic

alliance〕），並保持合作的態度。這一點排除了嚴重的妄想狀態，以及一直保持投射、外化、行動化等防衛機轉的人。

有時能清楚看出一個人是正在經歷靈性危機，即使當事人的 170
功能暫時受損，也知道這不是病態的過程。靈性危機的人比精神病人更可能有一個觀察的自我。靈性危機時，當事人常常害怕發瘋，而精神病人則已經發瘋，迷失在經驗之中，缺少觀察的自我。

還有一點很重要，就是接受醫學檢查，以確定不是身體問題造成的經驗；有許多身體疾病（從腦瘤到中毒）會產生心理問題。和醫生約診時，有些人會遲疑要怎麼告訴醫生，或是該做多徹底的檢查，關於這部分，目前並沒有什麼廣泛認可的指導原則。如果醫生能了解靈性的觀點，就盡量多說自己的情形。可是，為了避免被非常傳統的醫生貼上不當的精神病標籤，有些人只模糊地描述自己的問題。有一個靈性危機支持團體擬出非正式的原則，要求常規的身體檢查和血液檢查，如果沒有問題的話，就診斷為靈性危機；如果心理結合靈性的治療方式有幫助的話，就持續朝這個方向處理；如果身體症狀一直持續的話，就接受進一步的檢查。

上述診斷準則必須和暫時性反應性精神病的診斷準則做一番對照，因為它是最類似靈性危機的情形，靈性危機也最常被誤診為暫時性反應性精神病。

（二）精神病的診斷準則

暫時性反應性精神病的 DSM 第四版診斷標準包括情緒的混亂，再加上至少下述四點中的一點：

1. 缺少條理或鬆散的聯想（思考停滯、顯著不合邏輯的想法）
2. 妄想（定義是「根據對外界現實不正確的推論所得的錯誤信念，不管所有人的看法，也不管明顯無法辯駁的相反證據，仍堅持己見」）
3. 幻覺
4. 非常混亂的行為或僵直狀態

171 許多靈性危機的情形顯然不是精神病，當事人的思考清晰、合乎邏輯，並非妄想。但也可能因為強烈的情緒而害怕，沒有認知到自己的處境而表現出混亂的行為，但意識的改變顯然在靈性經驗的範圍之中，能把焦點轉向內在，且保持治療的同盟關係。無法進行日常功能、被情感淹沒，都不是精神病理的癥候。情感的湧現可能是淨化過程的一部分，或是因為不了解過程而感到害怕。

有些人則明顯是精神病，很容易診斷。

（三）靈性經驗伴隨精神病特徵的診斷準則

可是，有些人同時有靈性危機和精神病的成份，無法做出明確的分野。盧可夫（1985）和尼爾森（Nelson, 1990）在這個領域做出創新的貢獻，提出兩種經驗並存的診斷準則，稱之為「神祕經驗伴隨精神病特徵」：

1. 狂喜的情緒
2. 獲得新知的感覺
3. 如果出現妄想，會有神話的主題。這個觀點非常符合派瑞對精神病過程的神話主題研究，八個主要的神話主題分別是：**死亡**（死去或遇見死神）、**重生**（新的身分或名字，復活成為神或國王）、**旅程**（身負使命或走上旅途）、**遇見神靈**（包括惡魔或幫助人的神靈）、**宇宙的衝突**（善／惡、光明／黑暗、男／女）、**神奇的力量**（超感官知覺、靈視、通靈的能力）、**神聖的合一**（神有如父母小孩；與上帝、基督、克里希納、聖母瑪莉亞等結合）。
4. 沒有概念上的混亂。（可能會出現很難聽得懂的妄現式隱喻語言，但可以理解其意。這種隱喻的語言在**表面上**可能非常混亂，但不是概念上的混亂，可以從當事人的經驗世 172
界來了解其中的意義和條理。）

如果符合下述四點準則中的兩點，精神病發作的情形較容易有正向的結果：

1. 發作前的功能良好
2. 急性發作，時間少於三個月
3. 有誘發的壓力來源
4. 對經驗抱持正向的態度

如果不符合這些準則，就可做出精神病的診斷。

尼爾森在《療癒分裂的自我》（*Healing the Split*, 1990）一書中提出以超個人取向處理精神病理，是非常獨特的貢獻，他掌握到如何區分表面看似病態的健康歷程與真正病態的不同，並認為靈性危機的幻覺是「較高層次」的幻覺，沒有妄想，不過會有適當的恐懼。他還提出另一個觀點，就是區分瓦許本（1994）所說的「回歸以促成超越」（簡稱 RIST）的靈性危機（或說是「靈魂的暗夜」）與精神分裂的不同。

思覺失調通常始於青少年或二十出頭的人，而 RIST 則可發生在任何年齡，通常在中年之後才出現。思覺失調患者對其歷程毫無洞識，但經歷 RIST 的人有深刻的洞識。思覺失調的感受通常是灰色、陰鬱，且伴隨著「膚淺或與自己所說的不一致」的情感；而「靈魂暗夜」的情感雖然可能陰鬱絕望，但較強烈，且會有高度正向、狂喜的狀態。思覺失調會破壞現實感和認知能力，但經歷 RIST 的人仍保有抽象思考的能力，即使出現幻覺，也是「較高層次」的幻覺，幻覺的內容可能向當事人提出建議，但不會強制命令。

這些準則非常有助於區分靈性危機和病態的退化精神病。但
173 治療師必須有真正的臨床經驗，隨著經驗增加，老練的臨床工作者就會越來越能掌握當前的問題。對個人、集體和靈性經驗層面間的介面逐漸產生更細微的覺知後，就越來越能可靠地區別進步的危機和退化的病態。

四、治療

靈性危機的治療非常不同於精神病的傳統治療。精神病的標準方式是把過程視為病態，要盡快將之壓制或停止，而靈性危機的歷程則被視為正向，要讓之自然發展下去。把靈性危機轉變成靈性提升，意味著創造適當的環境和心理狀態，支持並鼓勵轉化過程的展現。

教育

處理靈性危機最好、最有效的方法就是教育。有智慧的治療師或支持者會先提供一個心理靈性架構，以了解所發生的事，這個架構能為當事人的經驗去病態化，將看似失控的「疾病」視為正常。教育對靈性危機的重要，是再怎麼強調也不為過的。

關於靈性危機的教育有兩個基本功能。首先能讓當事人了解自己的處境，得到自己旅程的地圖，知道別人也走過同樣的路，就能提供相當大的抒解。其次，能改變當事人與經驗的關係，當事人（和身邊的人）如果能把經驗看成正向有益的，而不是病態不好的，就能改變當事人與經驗的關係。知道這個歷程有療癒的作用、有助於成長，歡迎它們，而不是試圖壓制或逃避，就能輕鬆地「順流而下」，不要緊張地想加以控制。與內在的經驗之流有較佳的關係，就更容易在內在的領域優游自得，並能忍受暫時的痛苦感受與經驗，不至於試圖立刻切斷經驗。 174

提供適當的環境

接下來要提供安全的環境，如果可能的話，最好是有一個庇護所，脫離日常世界，以經歷深刻的意識變化。最好不要在醫院或其他經過消毒的臨床環境。理想上，安全的庇護所要像家一樣舒適安靜溫暖，有柔和的燈光，接近大自然。這種理想的環境常常不可多得，這時可以考慮當事人的家，主要是保護當事人不受到日常世界的刺激，因為外界刺激常常使當事人痛苦，並阻礙內在的歷程。重要的是能自由宣洩，放鬆身體，可以活動、說話、大叫、哭泣，或表達任何感受，而不怕干擾別人。

同在感

在靈性危機中，治療師的同在是關鍵。雖然有些人能靠自己航行，但對大多數人而言，在旅程中有較具智慧、慈悲的嚮導或同伴在場，會有莫大的幫助。在這種情境中的治療師需要比一般臨床工作者具備更多條件。案主開放而脆弱的狀態具有高度覺察力，所以治療師的整合和真誠非常重要，只要治療師有一點點距離、屈就、過度警覺或假裝了解的情形，就會使案主掉進恐懼、不信任或妄想的深淵。

由於案主的「存有」面向受到非常強烈的激發，所以治療師的存有面向也非常重要。溫暖、憐惜和某種程度的溫柔、和善，是不可或缺的條件，因為意識改變過程的人具有非常細膩、敏銳的知覺，容易對嚴厲、冷淡或遲鈍的態度感到不舒服。此外，沉著和平靜的自信是非常有力的保證，可以抒解常見的憂慮和驚
175 慌。治療師本身對內在狀態的覺察力，以及向神性開啟的經驗，都可以為案主的經驗提供重要的共識。

除了治療師的個人特質，還需要許多技巧和知識基礎。第一項必要條件就是對精神病和靈性危機都有紮實的臨床經驗，接受

過兩種領域訓練的人常常很容易做出診斷，也更能正確評估兩者之間的灰色地帶。案主或其家人所需接受的任何教育，對治療師也有幫助。治療師還必須有良好的督導，要知道何時應轉介案主。

落實於身體

靈性導師米拉聖母（Mira Richard）曾說，對抗各種靈性攻擊的最佳利器就是身體。在靈性危機中的人常常較容易與身體脫節，而在靈性層面的騷亂經驗中迷失。臨床經驗證明在靈性危機時落實於身體，能使歷程以更容易被接受的方式進行。多年來發展出許多方法，幫助人落實經驗。

飲食：幫助人回到身體時，最容易而有效的方法就是吃紮實的食物，也就是較不易消化的食物，避免酒精和容易消化的食物。具體來說，就是富合穀類的食物（如糙米）、豆類、馬鈴薯、乳製品、肉類。避免生果、蔬菜沙拉或果汁。吃蔬菜最好要煮熟，最好避免糖分和刺激性食物，如咖啡因或巧克力。

運動和活動：各種運動都能把意識帶進身體，不需要學新的運動，熟悉的運動最有效。在靈性危機時，可能會發生不同的身體活動，如自發的瑜伽姿勢。任何身體訓練都有幫助。

散步也是很好的活動，但要避免擁擠的市區，可以去公園或人少的地方。 176

體力工作也是回到身體世界的方法，如掃地、洗碗盤、園藝。任何與大自然連結的方式都有幫助，不論是在泥土上工作，或是在大自然裡，或只是在戶外看看雲、呼吸新鮮空氣。

身體工作：身體接觸使意識集中在身體上。常常淋浴或泡澡是另一種喚醒感官和身體覺察的方式。輕微的按摩或身體工作不但能溫和地引導當事人回到身體，也能降低焦慮和緊張。可是有些人完全不想被別人碰觸，必須尊重這種情形，因為堅守界限本身就能界定和落實自我。

藥物：一般說來，盡量避免以藥物治療靈性危機，但也不需要完全排斥藥物。藥物的危險在於它可能會壓抑靈性危機的過程，使其無法得到圓滿的解決，以及否定當事人可以自行徹底化解危機的療癒潛力。可是，有時歷程過於強大，病人受到太大的震撼，或是過度焦慮，就可以藉助少許藥物或其他方法來減緩過程或降低焦慮，而不需要完全停止這整個過程。小量的酒精或抗焦慮藥常能減輕某些非常不舒服的感覺，讓當事人能好好吸收經驗，而不是在其中淹沒。但必須小心監測，避免過度使用藥物，因為有些人會尋求立刻的抒解，而不是安然度過危機。

睡眠：睡眠對有些人非常有幫助，特別是因為睡眠不足而引發危機的人（比如隱修時的長期靜坐）。即使不是這種情形，睡眠也有落實的作用。鼓勵當事人盡可能睡覺是有幫助的，因為意
177 識在一頓好眠後可以得到更新而安頓。無法入睡是使用藥物的指標。

改變靜坐：禪修常常是靈性危機的催化劑，密集的靜坐有時會產生問題，但長期的靜坐就好像長年鑽探油田，有時像挖到油田一樣，突然湧現新的靈性經驗，這時可以暫停或減少靜坐，有時會憑直覺修改靜坐的方式，如果覺得失控的話，最好能暫時完全停止靜坐。

這時一定要停止所有引發焦慮的情境和誘發靈性危機的活動，雖然這好像是常識，但當事人常常無法完全意識到某些情

境、地點或活動會強化內在的歷程。找出誘發的因素，加以減輕或消除，會很有幫助。

經驗性治療

治療靈性危機需要更多的經驗性工作，比一般的會談容許更廣泛的宣洩表現和情緒釋放。必須有安全的空間完全表達衝動和感受：憤怒、哭泣、擁抱、被擁抱、大力呼吸、跳舞和自由地移動、嘔吐、尖叫。隨著心靈的敞開，會浮現各式各樣的基本慾望、恐懼、創傷、發展的停滯，常常非常強烈。能以身體行動表現出來，釋放被誘發的強烈能量，是促進這個過程的重要方式。

創意表達也有幫助，象徵和隱喻的語言是連結靈性經驗與日常現實的方式之一。表達性藝術如塗鴉、繪畫、著色、黏土、音樂、寫詩、動作和舞蹈，不論媒介是什麼，都是表達並處理內在經驗的方式。葛羅夫在呼吸工作結束時，使用曼陀羅給圖來整合經驗，這種非語言的方式有助於人表達內在經驗，並整合言語難以形容的經驗。

雖然談話具有重要的落實和整合作用，但治療師不可以因為 178
自己的焦慮而過度使用。談話的期間和靜默、非語言經驗的時間交替，是很重要的。過多的談話可能過早撫平當事人，使經驗的重要面向消散。相反地，過多的沉默可能被當事人解讀成遺棄或照顧不良。治療師需要在兩者間取得平衡。當事人從靈性經驗中回來，以言語表述時，會有很多機會將前述的經驗象徵化，並加以整合。

治療時間的增加也很重要，靈性危機不適用每週五十分鐘的會談，常有連續數天、每天持續數小時的會談，等度過危急階段後，可以恢復標準的會談時程。

靈性危機的意含

湯瑪斯·孔恩（Thomas Kuhn）的經典著作《科學革命的架構》（*The Structure of Scientific Revolutions*, 1962）中，談到新的典範即將取代舊有、較不適用的典範時，新興典範會注意某些原本被舊典範忽視或沒有加以解釋的異常現象。舊的機械化、唯物論的笛卡兒典範代表大部分現代科學思潮、心理學和精神醫學，目前逐漸受到靈性和超個人取向的挑戰。在這個過程中，未被傳統心理學充分解釋的異常現象之一就是靈性危機。任何受過標準精神醫學評估和靈性危機良好訓練的人，都很清楚這是無法以傳統典範解釋的現象。靈性危機是破除舊典範的現象。

觀察拙火覺醒的過程，以及其中產生的深刻意識改變；看見某個人向靈界開啟時產生難以置信的神通能力；從準確的記錄得知有人在醫學判定死亡後發生瀕死經驗；聽見許多人的靈性危機被突然中斷，被善意卻訓練不足的專業人員灌輸而相信自己的經
179 驗是難以啟齒的疾病；某個經歷上帝恩典、宇宙合一、愛和極樂的人，心理功能卻暫時陷入混亂，因此被送入醫院接受藥物治療：在某個時刻，可以清楚看見這些經驗不能被簡化為僅僅是精神病理而已。

近年的 DSM 第四版加入新的診斷類別，將靈性危機放在「宗教或靈性問題」的分類之中，顯示新興的超個人典範已對傳統精神醫學產生一些衝擊。但在超個人典範站在最令人興奮、最

重要位置的時刻，卻還沒有積聚足夠的動力對當代的機械論典範產生重要的抗衡。

傳統精神醫學的潮流走向所謂生物精神醫學，但受到超個人心理學（特別是靈性危機）的嚴重挑戰。超個人觀點反對當代心理學思潮瀰漫的唯物論、笛卡兒傾向，認為意識並不只是身體的產物。奧羅賓多曾經談到意識雖然好像在身體裡面，其實是身體在意識之中。若是如此，試圖透過身體和藥物來操控意識的做法必然只有局部、有限的效果，因為意識的來源遠超過身體。雖然身體顯然佔有重要的角色，但生物精神醫學永遠無法對心靈有根本的認識，因為意識無法簡化成生物學。

如果精神病院裡的大量病患不只是有精神病，還有許多因附身問題，以及心靈受到其他層面的生命和力量刺激、壓迫、滿足的人，那麼我們對所謂精神病理及其治療的認識，就仍只在嬰兒學習踏出第一步的階段。

【第七章】

超常意識狀態

迷幻藥並不會神奇地召喚上帝，而是在心理和環境條件的適當支持下，可以使正常意識和靈性層面之間厚重的帷幕被揭開或變薄，使靈性層面得以展現。任何或所有這些身體、情緒、心智、或靈性的作用都有可能被經驗到。一開始通常是經歷感官層面，然後跨入內在層面，但也有人是立刻進入內在空間的旅程。

超常意識狀態有許多不同的形式，涵蓋的範圍從催眠、夢境到種種超脫現實的解離狀態。但對整體社會、超個人心理學，特別是意識研究領域造成最大衝擊的，則是迷幻藥引發的各種狀態。迷幻藥對超個人心理學很重要的理由有好幾項，但最主要的理由則是這些物質在適當準備下，確實能產生深刻強大的超個人和靈性經驗。迷幻藥的旅程可以開啟意識，通往遼闊嶄新的經驗層次，撼動過去對現實的概念，並呈現新的知覺世界，其中的靈性不再是抽象的概念，而是生動、鮮明的事實。 181

從某一方面來說，超個人心理學是六〇年代迷幻藥革命的產物。大部分超個人心理學的創立者都曾受到迷幻藥的影響，或是因為迷幻藥經驗而對靈性產生興趣。1967 年夏天嬉皮運動達到巔峰之後不久，就誕生了《超個人心理學期刊》，這並不是巧合，那個時期，社會的每一部分其實都在進行迷幻藥的實驗。

在那段時間之後，文化、精神和靈性的景觀大幅改變，藥物轉入地下，不再有那麼多人透過迷幻藥來了解靈性經驗。可是，在超個人心理學中，迷幻藥的使用仍然是自我探索的方法，一直有許多追隨者。 182

我們必須承認，最初充滿熱誠的李瑞（Leary）和其他宣傳迷幻藥的人確實忽略了使用迷幻藥的危險。由於西方社會最初以如此亂無章法、缺乏訓練的方式引進迷幻藥，自然會造成許多後果，並對失控的使用感到非常害怕。六〇年代和七〇年代教導我們另一種危險：當迷幻藥的大門開啟時，其他被濫用的藥物也很容易大行其道，對天真單純、無鑑別力的人可能造成極大的痛苦。這個社會目前仍然受到那段混亂時代的餘波所影響。

事後來看，當初如果有適當的監督、指導和管制，應該可以預防混亂的結果，但當時沒有足夠的知識基礎（大部分原住民文化擁有這種知識，並在儀式中使用這些物質）。我們常常以為這些藥物的使用狀況是我們的文化所特有的，其實需要從跨文化的歷史脈絡來看，歷史上幾乎每一種文化都有某種儀式化的方式來使用改變意識的藥物，最遠可以追溯到文字記錄的起源。在西方社會，最常被使用的就是酒精，在東方社會則是大麻；西方和東方都曾偶爾使用產生幻覺的磨菇，非洲和美洲新大陸也是如此。唯一的例外是愛斯基摩人，在白人提供酒精之前，他們沒有取得藥物的管道。

魏爾（Andrew Weill, 1972）假定渴望超常意識的週期性需要似乎是與生俱來的，就像對性、食物等等的渴望。從超個人觀點來看，這種慾望可能是邁向高層、合一意識狀態的演化驅力。雖然不是每一個人都以藥物來表達這種驅力，但在大部分歷史和幾乎每一個文化中，大部分人都會參加某種形式的用藥儀式。

這個領域的作者大多都同意酒精和常被濫用的藥物（古柯鹼和其他興奮劑、海洛因和其他鴉片劑，還有鎮靜劑），對於意識
183 的探索並沒有重要的價值。雖然每一種藥物的意識實驗多少對人的心靈有某種影響，但這類藥物並沒有迷幻藥深刻開啟意識的作用，所以下述討論著重於迷幻藥的作用。

迷幻藥的作用

現在被廣泛使用的迷幻藥（psychedelic）可分為兩大類，第一類是真正的迷幻藥：LSD、麥斯卡林（mescaline）和希洛西

賓（psilocybin），迷幻藥一辭是因為這些物質而創造的。「迷幻藥」的字源是希臘字的psyche——心（mind）加上delos——展現（manifesting），所以通常將「迷幻藥」的意義解釋為「展現心靈」（mind-manifesting）。可是，psyche也有靈魂或靈性的意含，所以從超個人觀點來看，「迷幻藥」的意義就變成「展現心靈和靈魂」。第二類包括MDMA和MDA，有時稱之為「感受增強物」（feeling enhancer）或「產生同理心的物質」（empathogen）（Naranjo, 1973; Adamson, 1985），將在本章稍後討論。

使用最廣泛的迷幻藥顯然就是LSD，這是一種合成的化學物，極小的量（百萬分之一公克）就有效果，能使意識產生劇烈的擴展，釋放出大量心靈能量，產生高度活化、甚至極其強烈的意識狀態。麥斯卡林是生長在美國西南部和墨西哥的培奧特仙人掌所含有的迷幻物質，作用是使意識逐漸變深、變廣。直接從植物攝取時，常有噁心的副作用，如果服用萃取液或實驗室的合成品，則幾乎沒有這種副作用。希洛西賓是某種磨菇的活性成份，這種磨菇存在世界各地，典型的作用是放鬆反應和擴張意識，可說是經驗最和緩的迷幻藥。不過，除了激發的層次略有不同，LSD、麥斯卡林和希洛西賓的作用大致相同。

這三種迷幻藥對意識的作用是擴大非特定的覺察力，也就是開啟意識的所有層面，包括身體、情緒、心智和靈性，解除平常的過濾網，使意識擴大。當意識擴大、加深、增高時，會揭開意
識的深層，在內心開啟廣大的內太空。 184

身體與感官經驗的開啟

在身體層面，感官會活躍起來，伴隨全新的知覺範圍，這種經驗喚起阿道斯．赫胥黎的靈感，將他第一本關於迷幻藥的書命名為《知覺之門》（*The Doors of Perception*，中文版譯名為《眾妙之門》），這個書名被布雷克（William Blake）在詩中引述為：「如果知覺之門得到淨化，就可以看見每一件事的原貌，就是無限。」每一種感官和經驗，從性歡娛的極樂到品嚐桃子時味蕾的爆發，都可以從中認識整個世界。可是，視覺和聲音的世界會展現整個宇宙的全新經驗，閉著眼睛就可以看見內心的影像和新世界的形貌，但最令人嘆為觀止的景象還是看見外在世界的繽紛壯麗，特別是大自然的絕佳美景。聽覺會發現本已存在、卻不曾注意的聲音。實驗室的聽力分辨測驗顯示 LSD 使人有更佳的聽力，包括聽見平常聽不到的高頻和低頻聲音。對音樂會產生全新的感受和欣賞，美感被提升到遠超出平常意識的層次。

在感官領域擴大的情形下，這種知覺的放大和細膩也會伴隨深刻的當下感和意義感。感官世界變得極度迷人，遠超過平時對周遭世界的粗糙認識。這時會有覺醒的經驗，好像從正常意識近似昏睡的狀況醒來，進入深邃的感官盛宴，充滿精緻的美麗、本然的意義和滿足的感覺。

葛羅夫（1985）堅稱這種感官障礙的開啟對意識不具有什麼重要的意含。當 LSD 只是被用來娛樂，當成一種「內在的迪斯耐樂園」時，他的話或許是真的；可是這種感官的開啟發生在心理－靈性成長的脈絡時，他的話恐怕草率地忽略了這種意識層面，因為這種層次的經驗可以不用藥物而達到，並成為一種正常意識的常態特徵。迷幻藥對生活方式造成一種深遠的影響，就是開啟感官生活的風景。塞爾維的感官覺察工作就描繪出感官的開啟對意識可以產生何等深遠的影響，其工作與各種靈性傳統的靜 185
坐也有許多關聯。進入身體，全然欣賞感官原本就有的美麗與感覺，可能是迷幻藥所提供最偉大的教導之一。

迷幻藥在情緒層面會使人大幅緩和心靈中的重大情緒創傷和衝突。葛羅夫對這個領域的描述比任何其他研究者都更詳細，稍後會有較詳細的討論。

浩瀚的心智空間與靈性經驗

在心智層面會進入浩瀚的心智空間，思想不再受到語言符號的限制，變得更為流動、有彈性，似乎是從更直觀的層面運作，或是受到更高智慧來源的指導。思緒更為快速，對事物的深層次序有深刻的洞識，既有的觀念和知識也會產生新的連結。在法律禁止使用迷幻藥之前，最有前景的迷幻藥研究就是以創意解決問題的研究。

在靈性層面會體驗到永恆哲學描述的所有靈性經驗，有些是中介層面的經驗，比如靈視、靈氣和能量場的微細知覺、看見各種靈體，以及獲得其他生命形態的知識，如動物、昆蟲、植物，甚至地球本身的種種知識。有些是靈魂的經驗，體驗到靈魂的光、愛、喜悅、力量和無限的平和，並與人格化的神性和屬天層面產生更大的交流。還有非人格化層面的經驗，在「大心」或無垠的內太空裡，意識在無邊無際的空間自由漫步。還有布克（Bucke）最初描述的典型宇宙意識經驗：完全失去自我，體驗到浩瀚的光明、難以想像的極樂，以及在無盡的狂喜時刻覺知到整個宇宙本身的意識。有些評論者發現，基於某種理由，這種經驗似乎只會發生一、兩次，通常不會再度發生。

186 迷幻藥並不會神奇地召喚上帝，而是在心理和環境條件的適當支持下，可以使正常意識和靈性層面之間厚重的帷幕被揭開或變薄，使靈性層面得以展現。

任何或所有這些身體、情緒、心智或靈性的作用都有可能被經驗到。一開始通常是經歷感官層面，然後跨入內在層面，但也有人是立刻進入內在空間的旅程。為了解釋各種不同的迷幻藥經驗，李瑞首度引進心理條件（set）和環境條件（setting）的術語，心理條件是指嘗試這種經驗的人具有的心理期待、希望、害怕、心情、意圖和心態，環境條件則是指服用藥物時的物理、人際和情緒環境。迷幻藥經驗會配合當事人的心理條件（內心以什麼態度嘗試這種經驗）、環境條件（地點是醫院、家裡、大自然、擁擠的城市、搖滾音樂會等等），以及外在環境的其他人（人際氛圍完全信賴和支持內在的探索，或是舞會的助興部分，還是對這種經驗充滿敵意）。如果心理和環境條件支持的話，可能疏通情緒創傷的難題，進入新的整合層次，如果心理和環境條件不支持的話，就可能成為可怕的「壞旅程」。

繪製迷幻地圖

迷幻藥經驗最詳細的地圖來自葛羅夫，長達三十年的研究使他成為全球最頂尖的迷幻藥研究者，本書第四章已詳細討論他的理論，這裡只做摘要介紹。

他的迷幻藥地圖描述的第一個範疇就是感官障礙和個人潛意識，迷幻藥對此的作用是開啟感官，使人更容易進入個人潛意識。他認為佛洛伊德式精神分析對這個意識範疇有最佳的描述，並在迷幻藥工作中證明許多佛洛伊德的發現。

葛羅夫把第二個範疇稱為出生前後的範疇，和出生過程有關。他的觀察發現四種基本出生母型，各個母型對應到不同的出生階段，並對相關心理素材分別提供一種組織架構。

第三個範疇是超個人範疇，這是前述靈性經驗的領域。雖然 187
不需要處理所有心理素材，就可以進入超個人範疇，但葛羅夫發現超個人範疇和出生前後的範疇有所關聯，好像出生過程可以提供某種進入靈性的門徑。

葛羅夫的地圖受到廣泛的接納，可以對超常意識工作遇到的現象提出詳盡的解釋。雖然他試圖把這張地圖應用到一般意識，但仍有許多問題，並沒有受到同樣熱烈的歡迎。

接下來的問題是，迷幻藥會產生真正的靈性經驗，或只是生動的心靈模仿、一種靈魂的類比呢？葛羅夫證明迷幻藥的現象學報告似乎和正統神祕主義典籍的敘述完全一樣。但關於這個議題的意見非常分歧，關鍵因素通常在於是否親自經歷過迷幻藥經驗，體驗過迷幻藥的人傾向於認為經驗的本質是千真萬確的，但沒有體驗過的人則傾向於忽視這種經驗，即使嘗試迷幻藥的人是受過宗教訓練的人也是如此。最有名的例子就是耶穌受難日的實驗，1962 年，潘奇（Walter Pahnke）讓二十位新教的神學生在受難日宗教儀式前服用一顆小藥丸，半數藥丸含有希洛西賓，半數是安慰劑，服用希洛西賓的人大多數都有無法和典型神祕經驗區別的經驗。二十五年後，追蹤研究當初的受試者，都毫無異議地把當年受難日的希洛西賓經驗描述成具有「真正神祕性質的要素，並視之為靈性生活的高潮」。

更重要的可能是這種經驗的影響，當事人通常會徹底改變世界觀，並激發或更新靈性的關注和潛在價值。不論迷幻藥引發的靈性經驗的「真正」本質是什麼，藥物經驗之後的靈性覺醒作用是毋庸置疑的。

迷幻藥治療的模式

心理治療發展出許多使用迷幻物質的方法，可惜迷幻藥在
188 三十年前被列為不合法，所以這些模式大多是一九五〇年代前後發展出來，或是來自祕密的地下實驗。自從六〇年代中期之後，再也不能自由進行各種治療方法、公開討論結果及進行一連串對話。不過，隨著食品藥物管理局逐漸對這類研究鬆綁，或許可以再度見到這類必要的學術交流。

低劑量治療

最初在治療中使用迷幻藥的方法之一就是讓案主服用低量到中等劑量，然後進行常規的治療。這種方法最初稱為心理溶解治療（psycholytic therapy），在一九五〇年代後期盛行於歐洲，一九六〇年代初期進入美國，直到迷幻藥被列為非法為止。這種療法的最大優點之一就是在使用低量到中等劑量的藥物時，治療師和案主的溝通沒有問題，服藥後的經驗又不會過於「激烈」而

無法在事後回憶。由於迷幻藥會談所發現的素材，在日後會變得更容易取得，所以能促進事後的治療。

低劑量治療主要是採取古典精神分析和榮格式分析，因為這是一九五〇年代的兩大臨床取向。效果一如預期，佛洛伊德式治療報告案主發現更多童年記憶，榮格式治療則報告案主有更多超越的經驗；佛洛伊德式治療的案主在重新體驗童年經驗後，得到大幅的治療進展，而榮格式治療的案主則在超越經驗後得到改善。有趣的是，佛洛伊德式治療的案主有超越的洞識時，並沒有伴隨任何進展，使當時的研究者塞維奇（Charles Savage）發現：「結果相當受治療師的人格、目標和期待所影響……如果沒有治療的意圖，就沒有治療的效果……我認為也可以說，當治療氣氛充滿害怕和懷疑時，結果通常也不好……很少有藥物像 LSD 這麼依賴周圍環境、需要密切的關照。」（引自 Yenson, 1988, p.40）現在對心理治療的認識已大幅提升，還有各式各樣的治療方式可資運用，我們只能用推測的方式猜想重新進行這種 189
實驗可能出現什麼情形。

高劑量治療

這種方式原先稱為迷幻藥治療，認為超個人或神祕經驗（如面臨死亡一重生或超越自我的經驗）能改善功能，強調的重點不在於低劑量模式促進治療的結果，而是著重於神聖奧祕的經驗，進而改善功能。這種方式最初由奧斯蒙（Humphry Osmond）和霍福爾（Abram Hoffer）在一九五〇年代治療長期酗酒者，這兩位先驅研究者一次給予案主大劑量 LSD，有時則在三、四次會談中連續使用這種方法，結果發現有神祕經驗的酗酒案主會產生最佳的進步。靈性經驗導致人生方向的重大改變，進而得到療效。雖然強烈、超越的經驗可以產生強烈的改變，但這種方法最明顯的缺點就是沒有以更完善的方式處理案主的心理素材。

設計式治療

來自墨西哥市的心理治療師羅奎特（Salvador Roquet）根據心理條件和環境條件的重要性，做出符合邏輯的推論，發展出一種療法，在團體治療的背景使用各種不同的迷幻物質。團體領導者運用幻燈片、影片和立體音效安排案主經歷一連串視覺影像和聲音，在服用一種或數種迷幻物質後，整個團體持續接受各種用來引發深度潛意識素材的影像和音樂。團體一開始運用的音樂和
190 影像通常與混亂、戰爭、破壞、死亡和性慾有關，團體結束前運用的主題則轉變成輕柔、寧靜的大自然影像和聲音，過程持續整個晚上，在隔日早晨和下午則整合心理素材，由參與者述說、分享自己的經驗。羅奎特安排每個月一次藥物治療，加上持續八小時的後續非藥物團體治療，還有一次不用藥物的個別治療。他的案主有百分之八十五得到改善。

這種療法有許多優點，比如團體治療的效率和心理素材的激發，缺點則是無法配合個人的特殊心靈狀態，強迫使用事先設計的心理主題也可能不切合案主當下的真實歷程，而使原本會自然產生的素材無法自由浮現。不過，這種療法是許多人覺得有用、充滿魅力的做法，常常被當成迷幻藥工作的入門方法。

薩滿的方式

北美和南美原住民與薩滿率先在儀式中使用培奧特、神奇磨菇和其他對心理有顯著影響的物質已有數百年歷史。有些治療師據此發展出一套模式，讓團體成員圍坐一圈，服用特殊的迷幻物質，在整個藥物旅程中保持這種神聖的圍坐方式。有些治療師只用迷幻物質的自然來源——植物本身，有些治療師則同時使用 LSD 和迷幻植物以強化效果。一般說來，一開始會有簡短的介紹，可能會說明目的，接下來是鼓聲（可能會持續整個過程）和祈禱。當迷幻藥開始作用時，成員會逐漸進入自己的內在世界時，這時幾乎就不說話了。如果有問題，指導者會過去幫忙，否則就由神聖的圍坐護持每個人的內在旅程。

這種方法有好幾個優點，特別是團體背景，以及不使用任何事先設計的主題。缺點則是較沒有明顯的心理治療脈絡，加上團體的背景無法使每個人都得到適切的照顧。

自我治療

許多人使用的方式是獨自服用迷幻藥，或是由親近的人或團 191
體陪伴；特別是熟悉迷幻藥的意識狀態、能夠獨自航行、不再需要嚮導幫助的人，更常使用這種方式。這樣的目的是自我探索，在兩人小組或團體中有極大的信任感，外在環境可以是私人住宅、大自然，或任何不會被人打擾的地方，好讓經驗能受到安全的接納，不受外界干擾。在預先準備好刻意選擇的外在環境後，迷幻藥可以開啟任何可能浮現的意識範疇，如果有特殊的意圖或議題，可以安排任何必要的線索或刺激，比如童年或父母的照片。

有些肯定迷幻藥價值的治療師因為怕違法而不做迷幻藥治療，但仍鼓勵案主自己進行這種探索，只要和真正的治療工作分開，就不擔心違反法律。優點包括治療或個人成長的意圖，自由設計個人需要的環境條件，隨意進行任何必要的人際溝通，不需配合事先設計的形式。缺點則是在惡水航行時，缺乏訓練有素的治療師幫助，但只要有足夠的心理治療經驗和先前的迷幻藥經驗，這一點通常不是問題。

感受增強物的作用

第二類迷幻藥通常稱為「感受增強物」，這個名稱是納蘭周發明的（1973），比其他名稱都更能捕捉這種藥物的現象學效果。這類藥包括廣為流傳的 MDMA（在街頭也稱為 E、快樂丸、搖頭丸或 X）、MDA（流行於七〇年代，但現在大多已被 MDMA 取代）、MMDA 和許多其他 MD 系列的化合物。雖然這些不同的感受增強物有許多差異（例如 MDA 較容易引發過去的記憶，而 MDMA 較以當下為中心），但都具有類似的作用。由於 MDMA 較受歡迎、容易取得，以下的討論將著重於 MDMA。

192 LSD 和真正的迷幻藥會開啟整個意識範疇，但感受增強物的作用有非常高的選擇性，只會開啟一種特別的意識帶或層次，也就是心和感受。意識的其餘部分只有微小的改變，心智功能仍保持正常，很少出現幻覺或感官的扭曲，但經驗的情緒範疇會大幅擴大。意識其餘部分只有微小改變的情形，具有極大的優點，因為 MDMA 的意識和平常意識沒有太大的差距，所以事後能回想較多細節，可以在會談中整合浮現的素材。

由於 MDMA 和其他 MD 類化合物都是安非他命鹼基的迷幻衍生物，所以具有刺激的作用（至少在前幾次旅程有這種作用），常常伴隨強烈、極樂的身體感覺，在重複使用後，這種身體作用容易逐漸消退，但不會完全消失。MDMA 俗稱「快樂丸」，就是來自這種身體作用。

許多隱喻可以描述 MDMA 的心理作用，其中一種就是把 MDMA 形容成精神官能症的麻醉劑，使防衛機轉安息，而大幅提高情緒的覺察和洞識。另一種描述則形容 MDMA 能消除或大幅減輕恐懼和焦慮，使人能夠感覺和經驗到表層之下的各種感受。第三種隱喻則形容 MDMA 的作用能開啟心輪（第四脈輪），心輪打開時，可以撐開原來的障礙，通往開放、廣闊的心房。日常意識的平常議題和感受原本會關閉心房、限制愛的流動，但在這時卻會進入心中所散發更廣大、深入的愛的核心空間。

MDMA 很少有「壞旅程」，若是出現的話，可能是缺乏航向內心旅程的技巧，不願承認、處理、疏通平常自我存在所具有的負面情緒模式、創傷、防衛姿態。所以，這類藥物最大的潛在心理危險就是缺乏心理治療的導向，或不願探索內在的陰影。

由於 MDMA 會非常強烈地增強感受，特別是正面的感受，而我們的感受又與他人有強烈的連結，所以 MDMA 比 LSD 更常用在社交助興的場合，其實 MDMA 已成為舞會的藥物，常常 193

製造迷亂激烈的場面。由於 MDMA 會使人際的恐懼大幅降低、和他人共處的喜悅大幅提升，所以常在舞會中使用，可是這恐怕也是 MDMA 最大的問題，當這種藥物的使用成為愉快的消遣，從心理治療的觀點來看，也浪費了深入探索心靈或親密關係的機會。有一點必須注意，在非社交背景獨自服用 MDMA 也可以有強烈的真情流露，這是 MDMA 在個別治療和夫妻治療最大的前景。

治療工作

合法使用 MDMA 的期間不夠長，還不足以像 LSD 研究一樣發展出許多不同的治療模式，舒爾金（Alexander Shulgin）博士在一九七〇年代末期合法使用 MDA 做為改善症狀的迷幻藥，在許多場合非正式地使用，直到一九八〇年代末期被列為禁藥為止。心理治療師特別受到吸引，因為能以較輕微、可控制的方式開啟心靈的感受和情感，加上 MDMA 的意識近似正常意識，可以在事後的會談處理浮現的心理素材。MDMA 大多用在個別心理治療、夫妻治療，以及在非正式場合進行自我探索與團體探索。

由於 MDMA 的旅程時間比 LSD 短許多（前者二到三小時，後者八至十二小時），所以更容易配合標準心理治療的架構。許多治療師讓案主在體驗藥物的巔峰作用時，安排正規或雙倍的會談時間，也有治療師喜歡在非正式的時間邀請案主到家中一個下午或晚上，並接受案主定期使用藥物的要求。這些方式的工作適用於個別或夫妻治療。

透過 MDMA 可以較容易進入深刻的感受、傷害和心理創傷，所以是非常好用的心理治療藥物。MDMA 也成功地運用於特定的案主團體，比如癌症病人、藥癮患者，以及瀕死病人。利 194
用 MDMA 可以感受到非常強烈深入的情緒，可以用簡單清楚的方式或劇烈的宣洩來表現這些情緒，進行過程會交替運用靜默的體驗和口語表達與探索。由於整體意識非常類似日常現實，所以很容易記住浮現的素材，在日後能更徹底地處理。旅程逐漸返回原狀的過程就像 LSD 一樣，常常是整合的時刻，可以從更寬廣的視野來看巔峰時刻的經驗。

MDMA 治療最引人注目的作用就是治療夫妻，陷入困擾的夫妻已經累積許多祕密或傷害，或只是漸行漸遠、彼此不再親密，都能透過 MDMA 建立親密感，拉近彼此的距離，開始面對使雙方分開的議題和感受。這種進入更深溝通的轉變可以使單次會談得到治療數年才有的效果。可是，更準確的說法可能是 MDMA 開啟的機會之窗可以揭露耗費數年才挖掘得出的素材，但處理的過程仍然像任何治療體系一樣，需要經年累月的時間才能得到療癒和成長。

使用迷幻藥的指導方針

法律禁止使用迷幻藥後，治療師使用迷幻藥治療案主的倫理議題就陷入一片迷霧。當然了，有些倫理議題非常清楚，比如治療師提供迷幻藥顯然是違法的，但這無法阻止祕密的地下治療社群使用藥物，只是讓治療師承受巨大的風險。對於不想因非法行為而被吊銷執照的治療師而言，還要考慮許多其他倫理的兩難，舉幾個例子來看：如果案主在迷幻藥引發快感的狀態下前來會談，合乎倫理的做法是治療還是拒絕案主？這個例子顯然可以做
195 出很好的決定，基於案主的福祉，最有利的選擇就是治療對方，並提供安全、促進心理成長的環境，而不是拒絕治療、拋棄案主。

如果案主事先告訴治療師，他來會談時會伴隨著迷幻藥的快感呢？治療師應該表示同意或拒絕？為初次體驗迷幻藥的案主提供資訊是有益的，還是在鼓勵案主用藥呢？支持案主實際體驗迷幻藥是否合乎倫理，還是要依據案主的意圖呢？治療師面臨許多棘手的兩難，但目前還沒有明確的倫理準則可供參考。雖然要優先考量案主的福祉，但在這些情形下，什麼是案主的福祉呢？答案要依據治療師的信念和人生經驗而定。

雖然六〇年代有許多關於迷幻藥的出版品，但今日只有很少量的資料可以指導有興趣的探索者或治療師。不過，歷經數十年經驗的優勢和整體文化非正式的探索，還是有一些確切的指導方針可以有效地進行迷幻藥經驗，把危險降到最低的程度。這些指導方針來自多年來在不同背景下的迷幻藥治療，我自己的背景包括在藥物治療領域工作十年，在會談或電話中處理服用各種迷幻藥、有各種不同情緒狀態的案主；在醫院則處理服用極高劑量的案主，這些人通常是被警察送來醫院；我在許多搖滾音樂會擔任醫療小組的成員，處理可能有壞旅程的觀眾；還在個別和夫妻治療中用過合法的迷幻物質。我提出下述指導方針，是為了幫助那些可能遇見案主要體驗迷幻藥的治療師。

任何指導方針歸結起來，都是企圖強調盡可能控制心理條件

和環境條件的重要性，使迷幻藥旅程受到不良影響的機會減到最低。

一、控制心理條件，包括預備和淨化各個層面：心智、情緒、身體、靈性。

心智的準備包括獲得迷幻藥經驗中各種範疇的知識，了解可能的旅程，以及迷幻藥的作用和持續的時間。對迷幻藥 196
了解越多越好。對迷幻藥經驗的正向期待非常重要，對療程中可能出現的議題抱持探索的態度也很重要。最重要的因素可能是服藥者的意向，願意進入負面、可怕、痛苦的態度，是在迷幻藥之海安全航行的必要因素，否則會逃避不愉快的情感狀態，反而造成悲慘的結果。為了娛樂、好玩或逃避而服用迷幻藥所產生的內在經驗，會非常不同於想要成長或自我探索而服藥的內在經驗。為了娛樂而使用，這種態度並沒有錯，畢竟每一種文化都會允許某些助興藥物的使用，差別只在於允許的藥物各自不同，但使用迷幻藥的危險常常就發生在這裡。嚴肅的心理治療或成長意圖，才是遼闊、自由之旅的最佳保證。

情緒上的準備包括在會談前花時間讓自己心神集中，也許要花數天到數週整理自己想處理的議題或方向，調整自己的情緒狀態，確定自己覺得沒有問題。對旅程的事先計劃和預期，可以讓自己想探索的議題有時間「發酵」，並做出特殊的安排，比如照片、特別的音樂、曼陀羅或宗教物品等等。初次嘗試的人難免會有一些害怕和焦慮，幾次經驗後才會自信有能力在迷幻藥之海航行，所以希望毫無害怕和焦慮的期望是不切實際的。不過，安全的外在環境和人際氛圍仍然非常重要。

在前幾次旅程中，需要有自己非常信任的嚮導負責「航道控制」，並在需要時提供保證和指導。對迷幻藥領域缺少透徹了解的人，顯然不應該當嚮導。人際氛圍的信任感是良
197 好經驗的關鍵，害怕則會造成最大的危險。如果嚮導不是當事人信任的朋友，就要預先花時間了解對方，使自己覺得舒服自在。

身體條件的控制是指確定身體適合迷幻藥經驗，簡單說就是身體的健康。生病、恢復期或已服用其他藥物，都不是嘗試迷幻藥的好時機。再者，迷幻藥開始作用時，意識有全身漫遊的傾向，有些人會噁心想吐，最佳的預防措施就是空腹服用，最好能完全禁食，否則至少要六到八小時沒有進食，可以大幅降低噁心想吐的可能性，以及額外的身體「雜音」。服用迷幻藥後，食慾通常會受到壓抑，但在事後則會胃口大開。

靈性的準備包括事前和開始時的打坐、禱告、靈修及保持良好的感覺。靜坐對進入迷幻藥世界有極大的助益，更確切地說，靜坐技巧中對任何升起的事物保持「專注而不起反應」、信任、奉獻的態度，都對內在旅程有極大的幫助。

二、控制外在環境條件。最好能在安全、接納迷幻藥經驗的地方，就此而言，LSD 和 MDMA 有一項重要的差異，服用 LSD 時，必須保護當事人不受外界影響，特別是不贊成迷幻藥的他人，會引起當事人極度的分心或引發害怕的感覺。理想上，最好待在可以表現各種情緒、又不會干擾別人的地

方。即使整個過程非常安靜、沒有發生特殊狀況，但知道可以自由讓任何事發生，對當事人仍有益處。理想的地點可能是孤立隔離的大自然，或是某個人的家。

MDMA 經驗可以允許較大範圍的人際接觸，即使如此，最好還是要分辨自己接觸到什麼種類的人際能量。

三、迷幻藥開始作用時，不論原先期望什麼「程序」或議題，都要放鬆地讓過程自然流動。數十年的經驗告訴我們，不論出現什麼內容，都是重要而符合當事人需要的。要信任心靈的 198
內在流動會去該去的地方。心理治療技巧非常有助於學習在內在的經驗大海中衝浪、騎乘感受和思緒的浪潮，以到達任何心靈的依歸處。

四、不時與嚮導或同伴交換經驗，有助於減少孤獨感，即使只是短暫的接觸和暗號也有助於更進一步的靜默時光。

五、從高潮退下時，是回顧旅程、開始整合經驗的時刻。根據整個旅程更全面的角度，開始去了解原本不了解的經驗。分享自己的學習和洞識非常有助於把經驗融入日常生活。把這些經驗象徵化、存在記憶中，有助於我們在日常意識中取用這些經驗。

六、隔天早上花時間和人討論，再次察看旅程中的重要事件和功課，非常有助於更徹底地把學到的功課帶入日常生活。迷幻藥的旅程經驗很容易消逝無蹤，所以要在印象還鮮明時，刻意記住、回憶前一天的經驗。

壞旅程的處理

許多人因為害怕「壞旅程」而不願嘗試迷幻藥，但這種害怕其實被過度誇大了。即使在迷幻藥的全盛期，壞旅程所佔的比例也不超過百分之一到二。但有時確實會出現壞旅程，特別是未經周延計劃、沒有考慮服用環境的時候。處理壞旅程的方式有兩種，介紹這兩種方式之前，要先說明什麼是壞旅程。

在迷幻藥、興奮劑的影響下，不論是外在環境或內在狀況都可能誘發不舒服、可怕、痛苦、黑暗或禁忌的事，有可能是影像、感受、思緒或內在狀態，當事人內心會逃避或趕走它，可是
199 迷幻藥會使正常的防衛機轉停止運作，再加上心靈的能量比平常強大，所以無法輕易趕走這種經驗，促使當事人更強烈地想逃避或推開它，結果它「變得更巨大」。想逃避這種可怕的狀態時，就會變得越來越焦慮和害怕。當事人越不願意去看，它就變得越大，直到最後，大到令人不知所措，完全失控，產生恐慌、逃跑、恐怖感、驚嚇、迷失，不計一切代價想得到安慰，這時就陷入壞旅程的掌控。

壞旅程的治療簡單又非常有效，根據環境的不同有兩種選擇方案。

最佳的方法是處理浮現的經驗，回頭面對它。可怕的影像或感受需要關注，不是逃避，逃避反而會加強這種經驗，關注才能使之消散。治療師的工作是在場保證、安撫，使當事人停止逃避，容許它的存在。原理就是停止奮力逆流划行，讓害怕、妄想或任何不好的感受進來，並加以探索，只要順勢飄浮，跟隨這種經驗到它想去之處，看看可以從中學到什麼。治療師的功能就是

在場指導當事人停止抗拒、順流而下。

如果當事人承受得住，心靈就會被這種感受沖洗、穿透，可能費時數分鐘或更久。葛羅夫和許多人的研究都證明，只要肯進入感受和經驗，當事人遲早會進入一種嶄新、極樂的整合和完整狀態。持續與當事人保持接觸，讓他盡可能說出自己的經驗，冷靜地說明這種經驗沒有問題、可被接受、能從中學習，讓當事人了解看似可怕的經驗其實是安全的。

第二個方法比較不好，但時間緊迫時（比如在搖滾音樂會中，有太多人陷入混亂，治療師來不及處理時），常常同樣有效。這個方法的關鍵很簡單，就是轉移當事人的注意力。例如，有一個人非常激動、害怕地來接受治療，就溫柔地指導他躺下來、注視天花板，注意可以看到什麼影像或是形成哪些不同的圖案。也可以注視蠟燭，或聽一些使人寬心的音樂。把當事人的注意力轉移到其他感官目標，留在其中。 200

這種簡單的注意力轉移常常非常有效，特別是壞旅程的狀況可能與環境有關時。進入不同條件的背景，可以使人恢復良好的狀況。第一個方法雖然比較理想，但環境不一定許可。當目標不在深度心理治療工作時，第二個方法也很有效。

另一種情形是當事人還沒有機會處理困難的素材，藥效就開始消退，葛羅夫認為這種情形會使當事人一直執著於某個層面，所以他會盡速讓對方再吃一次迷幻藥，以回去完成問題的處理，如此才能突破，進入新的整合。

幾項重要的提醒

就目前所知，LSD、麥斯卡林和希洛西賓並不會造成身體的問題。早期害怕大腦或染色體被傷害的可能，已經在大量研究後被徹底排除了。可是，MDMA 有可能產生毒害神經的作用。最初在猴子身上的研究顯示，大腦血清素神經細胞會受到損害，雖然一段時間後，細胞會自行修復，但現在還不知道這種情形對人類的確切影響，所以目前會對使用這類迷幻藥的人提出警告。

迷幻藥的主要危險是心理上的，也就是進入痛苦的心理素材，卻沒有內在或外在的資源可以成功地處理。任何服用迷幻藥的人都必須做好準備，才能面對艱難的感受和心靈領域。如果內心態度（心理條件）或外在環境（環境條件）不適當，就不應該服用迷幻藥。最適當的情境就是當事人的意圖和周遭環境都能支持心理素材的處理。

年齡也是影響因素，發展良好的自我結構非常重要，所以最好能等到十八歲左右才服用迷幻藥。雖然許多年輕人在十八歲以前就服用迷幻藥，但成人自我結構還沒發展好時，會有較多不良後果。

還有一點必須注意，少數人的議題和內心世界可能需要多次
201 迷幻藥治療才能疏通，這種狀況看起來像是得不到解脫的煉獄，當事人可能覺得不值得陷入其中、埋頭苦幹。顯然不是每一個人都適合服用迷幻藥，沒有全然同意或缺少興趣的人當然不應該給予迷幻藥，許多人對迷幻藥不感興趣，也有人可能是生理因素不能服用，因為有些人的體質就是不適合，這一點必須加以尊重。

超常意識工作的限制

超常意識狀態的處理有好幾種限制，首先就是「取決於特定狀態的學習」（state-dependent learning）。早期科學家讓老鼠服用 LSD、古柯鹼、酒精或其他改變意識的藥物後，教導老鼠跑迷宮，當藥效消退後，老鼠就忘記如何跑迷宮了，再讓老鼠服用 LSD、古柯鹼、酒精或其他藥物時，老鼠又知道如何跑迷宮。這種作用稱為「取決於特定狀態的學習」，也就是說，知識的儲存方式只有學習時的意識狀態才有辦法讀取，改變意識狀態就會改變讀取記憶的方式。

所以迷幻藥治療雖然可能帶來深刻的經驗和洞識，在當時似乎如宇宙般廣大、可以改變一生，可是回復日常意識後，原先的經驗或洞識可能變得非常虛幻、難以回憶或無法實行，經過一段時間後，就完全消逝無蹤。所以在藥效結束後和隔天早晨花時間重溫經歷，是非常重要的，可以帶回經驗中的學習。高劑量藥物治療有其價值，可以使人進入全新的經驗範疇，產生可能深深改變一生的超越狀態，但「取決於特定狀態的學習」的研究卻指出較接近正常意識的迷幻藥經驗的價值，比如 MDMA 或低劑量治療，因為這種經驗比較容易整合到日常生活之中。

超常意識工作的第二個限制就是迴避自我及其防衛（古典精神分析所用的語言），這是正統精神分析對催眠的批評，也適用 202
於此處。佛洛伊德生涯之初曾使用催眠，當他了解催眠只有暫時的效果後，就棄而不用。在發展出精神分析理論之後，他才了解催眠是直接作用在心靈，所以能想起某些感受和事件，但在過程中迴避了自我及其防衛結構。當人不在催眠的恍惚狀態時，自我和防衛充分發揮力量，於是再度出現症狀。佛洛伊德體認真正的工作其實是處理自我和防衛結構。

迷幻藥治療也是如此，使用迷幻藥雖然可以碰觸許多重要的心理素材，卻避開了平常的自我防衛機轉。心理治療大部分在處理自我，排除這個部分就排除了大部分治療過程（抗拒的處理），這一點再度指出低劑量治療的價值，以及把學習經驗帶入常規治療徹底處理的重要性。有些迷幻藥文獻強烈暗示案主只要服用足夠的 LSD，就可以療癒所有創傷、解決所有精神官能症的問題。事實並非如此，雖然有可能在一次宣洩、劇烈的處理中，似乎永遠解決了問題，但一個星期之後，就會發現問題仍然存在，而且像以前一樣鮮明。雖然迷幻藥確實可以完成某些工作，但還不清楚在超常意識狀態中可以完成多少工作，也不清楚在日常意識中需要做多少工作。

對迷幻藥治療的第三個批評出於自體心理學，自體心理學認為成長的關鍵在於發展新的自我結構，可是迷幻藥治療無法建立新的自我結構。新自我結構的逐漸成長是一種緩慢的過程，發生在治療關係和轉化性內化的歷程中，是長久的同理性探索，以及同理性連結不斷經歷破壞和修復的結果。也就是說，當代精神分析取向認為自我需要在關係、相互主體性的環境中逐漸發展，迷幻藥治療沒有這種持續、長期的關係基質，也沒有理由相信迷幻藥治療可以產生新的自我結構。迷幻藥治療的興起早於關係理論
203 （如自體心理學），所以當然不可能去處理這些理論關切的治療重點。如果仔細思考自體心理學強調的相互主體性取向對迷幻藥治療可能有什麼影響、可能產生的臨床結果，一定非常有趣，但仍有待進一步的研究。

第四個限制就是不論哪一種超常意識狀態產生的都是扭曲的意識地圖。曾有人相信迷幻藥之於心理學就相當於顯微鏡之於生物學，或是望遠鏡之於天文學，但現在已確知迷幻藥所產生特定的意識地圖，與日常意識沒有清楚、顯著的關聯。迷幻藥使我們認識的意識和現實，有某些部分非常重要、切題，但其他部分卻與日常生活無關，所以迷幻藥不是我們曾希望的意識顯微鏡或望遠鏡。當我們想認識意識本質未經扭曲的真理時，迷幻藥只是揭露某些部分、卻又使某些部分更模糊不清的鏡片。迷幻藥對人類意識觀點的重要性，目前還沒有得到普遍的共識。

迷幻藥的意含

當我們遵循某些措施時，就能可靠地引發超個人和靈性經驗，這實在是令人震驚、具革命性的事實。

許多文化曾運用這種知識使生活和工作進入深度的靈性和虔誠，只是這種知識還沒有被心理學領域和整體社會所接受和吸收。雖然迷幻物質已經被禁止使用，被放逐到社會的邊緣地帶，但這種知識和力量仍然存在，等待我們以明智的方式，在支持靈性追尋和心理探索的脈絡中運用。

蘭姆．達斯（Ram Dass）曾說過下述故事，他向自己的靈性導師詢問 LSD 的意義，靈性導師回答，西方社會過於強調唯物主義，上帝只好以物質的形態示現。

迷幻藥經驗向主流的唯物科學世界觀提出嚴肅的挑戰，撼動了唯物主義的典範。純屬物質的東西能開啟靈性範疇，雖然看似矛盾，卻也是更大奧祕的一部分，這個奧祕就是「聖靈沒有排除任何通往神性的通道」。

204 人類學家海莉菲克斯（Joan Halifax）曾觀察許多不同文化的薩滿，發現年輕的薩滿似乎較著迷於超常意識狀態和迷幻植物，可是年長的薩滿卻比較重視日常意識的清晰、當下和專注。超個人心理學始於對迷幻藥的強烈興趣，成熟時則有類似薩滿經驗的轉移。雖然迷幻藥引發的超常意識仍是超個人心理學的重要面向，但已不是超個人領域近代潮流的核心，目前較著重於探索日常生活中的神聖。

對薩滿的道路或中介層面的探索，迷幻藥可能有用，但真正進入魂和靈領域的生活（人格化的神性和非人格化的神性），似乎需要放下迷幻藥，認真投入靈性的道路。所以有人說迷幻藥只是一扇門，不是道路。這句話恐怕過於保守，因為迷幻藥確實有極大的潛力，不只能開啟靈性的大門，更有助於心理成長和療癒，只是有一些限制罷了。最準確的說法可能是：當迷幻藥被當成道路時，只是一段短短的路程，需要處理和轉化的終究是我們的日常意識。

【第八章】

超個人心理治療精選主題

從純粹心理學觀點看來非常健康的情形，從靈性的觀點卻可能顯得相當不健康、浪費生命。認識靈修對心靈可能會有的潛在壓抑和破壞作用雖然很重要，但內在發展持續進行時，一般所謂「健康」的嗜好也可能有同樣重大的、靈性上的傷害作用。如果滿足情緒需求，會在靈性上付出代價的話，怎麼辦呢？

出生與死亡

205 任何曾經參與嬰兒出生過程的人，都能證實這是極為強烈的經驗。新生命進入世界時，好像伴隨著某種極為廣大的神祕力量，這種力量能融化每一個在場者的心，難怪超個人觀點不僅僅把出生看成身體歷程，更視為心理和靈性的事件。出生確實是一種奇蹟。

一般認為成人不記得自己的出生經驗，但過去數十年，治療師運用超常意識狀態，發現可以用新的方式探索出生的過程。雖然難以確定真正的出生過程可以被想起多少，也不知道幻想和想像佔了多大的成分，但有一些事件在回憶之後確實得到產科醫
206 師、護士、醫院記錄等等的證實。加上近來醫學研究技術進步，可以研究新生兒和胎兒的經驗，於是出現胎兒和出生前後期心理學的新興領域。這些研究針對胎兒和新生兒所描繪的圖像，顯示他們相當清醒，有覺察力、分辨力，能配合身體和人際環境，這是我們以前無法想像的。我們現在知道瑪勒把第一個月的生命描述成「自閉期」，是對生命初期的重大誤解。

胎兒和出生前後期心理學這個新領域值得注意的是強烈的超個人和靈性導向，這個領域有許多治療師和科學家以敬畏、尊重、崇敬的觀點看待出生，治療師特別傾向於視胎兒和新生兒為靈體轉為物質的過渡期，這個階段的意識仍能覺察本身的靈性來源，然後逐漸轉向身體意識的認同與投入。進行重生、回溯或其他重新經歷出生過程的內在工作時，常見的特徵就是進入靈性狀態，所以出生是進入靈性的大門。也經常有報告談到嬰兒能強烈地覺察父母之間的關係、母親的心情和感受，以及家庭對新生命

的接納與否。

出生對心理發展的意義

出生對一個人心理發展的真正意義，目前仍有爭議。眾人對這件事的看法分歧的原因之一就在於是否有親身經驗，親自透過回溯工作探索自身出生的人，對這個領域的態度通常比純粹探討理論的人更為開放；有些與重生工作相關的治療師認為出生過程可能是日後心理問題的主要原因，但這種觀點可能過於極端，在出生創傷中追查成人心靈的所有複雜問題，實在過於簡化，很難使人信服。根據環境和日後的生活經驗來看，出生確實有某些影響，雖然看起來很合理，但目前還不了解這種影響的因素是什麼。

我們在出生議題上還會進入事實與幻想混合在一起的人類經驗範疇，在那裡，事實與幻想之間並沒有明確的分野。例如，準媽媽對胎兒如果有排斥感，心裡不想要這個小孩，但仍然生下他並撫養成人時，會產生什麼影響呢？在回溯工作中，變回小孩的成人具有胎兒的細緻心理靈性敏銳度和心電感應，能感覺到母親 207
這些令人震驚的想法與感受，但哪個部分是真實的記憶，哪個部分是日後童年經驗的幻想呢？科學家證實母親光是想到抽煙，胎兒的心跳速率就會加快，從超個人的觀點來看，很容易由此認定胎兒可能具有敏銳的心電感應能力。知覺、記憶和投射的幻想之間是如何交互運作的呢？在回溯經驗中，到底發生了什麼事？

即使在超個人領域，出生創傷的探索仍被視為邊緣活動，但它確實提出了許多重要的理論和治療議題，舉例如下：嬰兒或胎兒可能具有什麼樣的意識？出生創傷對日後的發展有什麼影響？母親的情緒狀態對子宮中的胎兒和剛出生的寶寶有什麼衝擊？各種方法（呼吸法、催眠、迷幻藥）產生真實回溯的可信度高不高？真正的回溯可以達到什麼程度，還是超常意識狀態強化了幻想，甚至是真實與幻想的結合，也就是記憶引發的幻想？

超個人觀點徹底改變了我們看待出生的方式，不再把嬰兒視為哭泣、扭動的一團原生質，只需要某些身體和情緒的安撫，而是把出生視為一件神聖的事，新生兒是有能力接觸靈性意識狀態的生命，只是在那個時刻還沒有發展出自我表達的方法而已。這種觀點並沒有犯下前個人／超個人的謬誤（誤把嬰兒視為開悟的生命），而是強調嬰兒即使還沒有自我反省的結構，仍可能與靈性意識狀態有良好的連結，甚至可能遠超過父母與靈性的連結。這種觀點的深刻意含當然不只是針對出生過程（生產狀況、小孩在剛出生時受到什麼對待等等），同時也對父母的照顧和小孩的養育有極大的影響。這些意含才剛開始滲入更大的文化架構裡，但這種觀念的轉變至少能引發我們對生命一開始的階段抱持更嚴肅和尊重的態度。

死亡與瀕死

208 貝克爾（Becker）在經典著作《死亡否認》（*The Denial of Death*, 1973）中，談到我們對死亡和瀕死抱持極大的否認態度，幾乎每一個人都為此感到驚懼，不計一切代價想要逃避死亡。死亡的冥想激起齊克果的靈感，因而說出人類對死亡的反應是驚懼、悲痛，並極力逃避對死亡的覺察。存在主義運動就是建立在這個重大的洞識，看見人類極力避免面對這個最基本的存在事實，並藉由各種方法轉移注意力，以調適對死亡的恐懼。

但瀕死過程也能為超個人提供一扇窗戶。葛羅夫（1985）指出，人類存在的兩個端點（出生與死亡）都與靈性交織在一起。瀕死過程釋放的巨大能量可以轉化瀕死的人和他們周遭的人。

重症末期和瀕死病人的心理治療原本受到忽視，直到數十年前，伊莉莎白．庫柏勒—羅絲（Elisabeth Kubler-Ross）才引起大家重視瀕死過程，自此之後，瀕死就成為一種專業，討論這個主題的文獻、研討會和處理瀕死工作的訓練計劃快速增加，這個領域的遠景也是純屬超個人和靈性的範疇。

所有瀕死主題的作者都注意到死亡為生命帶來展望，死亡清除了所有不重要的雜音，使人看見什麼才是真正重要的事，這是結束未竟之事的機會，特別是解決重要關係的情緒問題，這時會與他人產生充滿愛的關係，並開始注意生命意義的靈性問題，想了解死後的狀況。史帝芬．拉汶（Steven Levine, 1982, 1987）的著作詳談這個主題，顯示瀕死是產生巨大心理靈性變化的契機。

任何人如果練習過心理綜合學去除身體認同的技巧（源自印度聖者拉瑪納．馬哈希），都知道這種技巧其實很難實行，因為去除認同不只是理智的決定。例如，我們在生病時就會看見自己多麼認同身體。可是，無所不在的死亡卻可以鬆脫這種認同，當身體衰弱、死亡逼近時，自我會放下原本對某些身體和意象緊抓不放的認同，而開始接受我們原貌的其他可能性。 209

超個人觀點不僅僅把死亡視為身體的結束，同時也是意識的改變。雖然不同靈性體系對死後的狀況有不同的看法（譬如是否有轉世），但所有靈性體系都相信死亡不是意識的結束，還有一種超越死亡的靈性。不論是案主或治療師，這種信念都有助於接受死亡、減輕恐懼，使案主更能充分安住在瀕死的空間，而不是在恐懼、焦慮中掙扎；這個空間對治療師也有強大的影響，有助於治療師陪伴案主。當然不是每一個人都有這種經驗，但瀕死過程容易形成某種意識的氛圍，湧流到周遭的人，使他們也參與轉化的能量。

這個臨床領域如果缺乏超個人的導向，很容易對案主造成傷害。不尊重瀕死的靈性和超越意義，會對這件大事抱持非常狹隘的觀點，因為這段短暫的時間不但可以完成許多心理工作，而且死亡的逼近也會大幅擴展靈性經驗的可能，隨著死亡的接近，意識會向新的遠景敞開，情感的強度、內心的脆弱、神聖的臨在，全部會結合起來，使瀕死成為大幅進化的機會，也是此生成長的最後一步。

靈性逃避

靈性除了為人性帶來極大的好處，也可能在宗教組織中造成許多身心的痛苦。從佛洛伊德開始，心理學一直對宗教及其對心靈的破壞做出令人氣餒的批評。這種批評雖然會打破許多人的宗教信仰，但最終其實非常有助於靈性，因為歷史上許多宗教的破壞性都是以靈性掩飾心理扭曲的結果。以下討論一些心理學所揭
210 露最明顯的宗教負面後果。

宗教向來反對性慾，現在已證明壓抑性慾的痛苦後果會擴及性慾以外的部分，限制感受和溫情的表達。天主教迫害「女巫」

就是最明顯的破壞實例，據估計，有數十萬女性被壓抑性慾的神父所折磨及殺害，只因為神父把自己的性慾投射到「女巫」身上，她們因為「性感迷人」而被控勾結魔鬼。西方社會到現在仍受到數世紀性壓抑的牽連。

大部分宗教一向反對身體，想以身體和世俗生活為代價來得到靈性的解放；貶抑身體和否定塵世的宗教已經面臨肯定身體感官的生活和地球生態學的大量反彈。

大部分宗教都反對感受，最多只是讚揚愛和慈悲，卻試圖貶抑所有其他的感受；我們現在知道，壓抑憤怒和其他負面感受時，潛意識會以更具破壞力的方式表現這些感受。

許多宗教反對理智，西方的黑暗時代是最明顯的例子。大部分宗教甚至會反對靈性，宣揚獨一的真理，壓制其他形式的靈性。宗教雖然提供充滿希望及樂觀的世界觀，高舉愛和真理的理想，同時卻傷害了心靈生活的每一個面向：理智、感受、身體，甚至靈性本身。

這些文化和歷史上的運動仍然對集體心靈有很大的影響，當這些現象以個別的方式在特殊案主身上表現時，我們會從個人心理動力和靈修如何互相影響的角度來看，也就是所謂的「靈性逃避」（spiritual by-passing）。靈性逃避指的是以靈性觀念掩飾逃避的防衛機制，近來逐漸流行使用這個術語，有助於治療師描述日常生活常見的現象，這是維爾伍德（John Welwood, 1984）率先使用的術語。從歷史的角度來看，靈性逃避與靈性的物化及合理化作用有關，靈性的物化（spiritual materialism）是邱揚・創巴採用的術語，指的是自我以靈性的外衣包裝自己，但自我本身卻一直沒有改變；合理化（rationalization）是較傳統的術語，指 211

自我藉著壓抑衝動和感受來保護自己。靈性逃避會採用靈性的語言和概念「重新架構」個人的問題，以掩飾壓抑和防衛，這是一種超個人的合理化作用。

靈性逃避的特徵雖然常常被形容得很有趣，甚至造成誤導，但其實這種現象的普遍程度遠超過一般人的想像。以下舉幾個例子說明靈性逃避採用的各種形式：

靈性逃避的特徵

一、「我不想表現自己的憤怒，因為我不想傷害別人。」這句話是一位學習團體歷程的學生所說的，他以高度靈性的術語「不害」（ahimsa）、「正語」（均為佛教術語）來解釋自己的逃避憤怒，也為自己逃避團體的密切互動找到藉口。別人回饋說，他的憤怒其實會以嘲諷、冷漠、疏離的方式表達出來，他對此回饋大感驚訝，並表示願意嘗試用更清楚直接的方式表達憤怒，而不是在潛意識中間接地表達。

二、「我不想挖掘過去，我想放下過去，往事已無法改變，我要活在當下。」接受心理治療的人常有這種反應，把面對童年創傷的恐懼隱藏在受人讚賞的「活在當下」。經過多年的壓抑，一個人很難看見自己的過往並沒有真的過去，而是以未竟之事或「有缺憾的完形」（incomplete gestalt）持續到現在。雖然往事確實無法改變，但我們與過往的「關係」，卻可以在處理這些創傷的過程中，得到巨大的改變。與第二點有關的是：

三、「我只想原諒某某人，繼續往前走。」寬恕在靈性和心理上當然都是健康的，但努力或強迫寬恕，卻沒有真的處理痛苦、傷害、憤怒和哀傷，就好像把護創膠帶貼在感染的傷口上，傷口仍然會化膿潰爛。

處理過傷害和憤怒後，自然會產生原諒。如果強要原諒，就是以「放下」之名行否認之實。不論是兒時受虐、最近的爭吵或任何情形，原諒都是處理之後的副產品，這種原 212
諒是真誠的，是來自深層的反應，而不是埋藏真實感受的專制做法。

四、「我專注在靈性道路後，越來越不執著於自己對別人的期望和需要。」真正的不執著必須跟分裂和否認有所區別。經歷許多內在工作之後，靈性上確實會逐漸產生不執著，但這個字眼經常被用來掩蓋自己與真實需要之間的分裂，或是否認別人在自身情感生活裡的重要性。治療經常揭露破壞性的原生家庭模式，案主在其中求生存的最佳選擇就是退縮。靈性的理想是不執著於世界、超越人類關係的需要，這種理想對許多早年受到創傷的人有很大的吸引力，使他們找到理由逃避親密和自己對他人的需要。

五、「我想對人心懷慈悲，獻身於世上的慈悲行動。」關於內在發展的關注和外在的行動，在兩者間的平衡是心理—靈性成長最細膩的面向。普世大愛和慈悲服務的陰影面就是相互依賴（codependence），把重心放在別人身上，很容易喪失自我，不再注意自我和自己的需要。當愛與慈悲服務的價值被用來否定自己的需求時，很容易產生怨恨和耗竭。

太急於追求靈性功課，也可能產生靈性逃避。從超個人觀點來看，整個人生確實具有意義和更大的目標，而追尋更大的意義也是值得讚賞的，但過於急切地把所有目標集中在靈性功課的探索，也可能成為逃避眼前痛苦的方法。真正的靈性功課不在遠方，通常就在痛苦、黑暗及困惑之中，往往只有在回顧時才能認清這些功課的真相，而且可能在數年或數十年之後，整個故事才有機會展現出來。

還有一種較根深柢固的靈性逃避形式，通常見於宗教的基本教義派人士。基本教義派可能是僵化的性格結構用僵化的信念來掩飾自己的一種方式，譬如心理學文獻有許多紀錄，談到心理治
213 療減輕及處理防衛機制之後，如何使人的信仰從嚴厲、苛刻、舊約式上帝轉變成接納、關愛的上帝形象。隨著治療的進行，使人逐漸以較不壓抑的方式追隨靈性道路。

剛剛改變信仰的人和最近體驗到靈性開啟的人，恐怕是最容易出現靈性逃避的實例。當人試圖把新的靈性世界觀放入生活時，甚至可以把他們的全心投入和靈性逃避視為一種發展階段，他們在這個階段試圖學習自己「應該」和想要成為什麼樣的人，而不是了解自己的原貌。

靈性逃避的處理

在靈性逃避中，我們會選擇一種符合自身心理狀態的靈性道路，利用靈性內容來達到心理目標，結果會助長神經質的衝突。由於靈性逃避和整個心理結構糾結在一起，所以很難視之為單一的要素。

超個人取向的治療師站在一個可以處理靈性逃避的特殊位置

上，因為他們能同時掌握和肯定案主面臨的兩難困境。傳統治療師很容易貶抑或忽視容納逃避的靈性架構。靈性信仰對一個人來說是如此重要、親近及珍貴的經驗，直接挑戰或當面質疑其信仰會危害到治療，拉遠案主與治療師之間的距離，導致案主認為治療師暗指案主的信仰不好或有錯，而不再相信治療師能以同理心來了解案主的世界觀。把案主的信仰或靈修歸類為「靈性逃避」，很容易產生上述後果。

相反地，敏銳謹慎地探索這個議題，能增加同理心的連結，使治療師留在案主的世界中。溫和地探索案主的經驗是否發生了
別的問題，有助於將「靈性上的教條」轉變成面對生活的困境。 214
例如，對於剛被診斷罹患癌症卻試圖保持正向態度的人，治療師會先核對是否還有其他重要的感受不被承認，這時可以把問題定位在如何以最好的方式保持正向態度，而不必計較感受被壓抑還是被接受。

大部分時候，治療師需要的只是看見靈性的逃避，然後在整個心理治療過程中以間接的方式處理，當防衛減輕，案主在安全的治療空間浮現深層的需求和感受時，靈性逃避就會隨著整個心靈的轉變而自動改變。

自問以下的問題，必然會有益處：靈性信仰和靈修是否能擴大我們的世界、拓展我們的可能性、增加自我價值感、支持我們、幫助我們與他人及大自然連結，並滋養我們？或是剛好相反，使我們的世界變小、減損自我感和價值感、限制我們與他人及世界的接觸？當信仰使一個人的世界變小，就表示可能有靈性逃避的傾向。但也不能以過於僵化的規則來判斷。

重要的是，不要對純粹心理學的心理健康標準照單全收，而

超個人觀點則能同時容納心理學和靈性。靈性傳統所談的生命狀態比心理學更為崇高，最終也更令人滿足，所以有可能為了靈性成長暫時壓縮自我活動，但不會造成長久的傷害。所有靈性傳統都認為美好的生活不只是慾望的追逐和滿足，這些傳統提醒我們，不論慾望的追逐多麼符合心理健康，都不可能滋養我們的靈性。慾望的滿足或壓抑如果阻礙了微細的知覺，就不太可能有靈性經驗。

親身實驗，並在錯誤中學習

上述考量使整個議題變得更為複雜，因為從純粹心理學的觀點看來非常健康的情形，從靈性的觀點卻可能顯得相當不健康，甚至是浪費生命。認識靈修對心靈可能會產生的潛在壓抑和破壞作用雖然很重要，但內在發展持續進行時，一般所謂「健康」的嗜好也可能有同樣重大的、靈性上的傷害。如果滿足情緒需求，會在靈性上付出代價的話，要怎麼辦呢？超個人觀點不只注意靈性逃避的危險，也重視心理執著可能發生的危險。例如，有一段
215 時間盡量減少社交接觸、禁絕性生活，可能很有助於個人的內在發展。此外，還必須考慮上述做法在心理上也可能是健康的，比如使這個人對自己的內在資源有更好的感受，並強化自我價值感。

在靈性和心理兩方面都健康時，就是最理想的情形，但有時兩者卻有所衝突，比如靈性上獲益，卻在心理上付出代價，這時的問題就比較難評估了。如何知道潛在的靈性益處是否比心理代價更重要呢？沒有外在的衡量標準可以判斷這種情形，因為在個

人發展的某一點可能得到某個答案，但同一個人在不同時候的答案卻可能完全相反。也許只能親身實驗，在錯誤中學習，才能得到分辨的智慧。

此外，我們需要看見靈性逃避在任何人的生活中都是合情合理的，因為我們對靈性生活的渴望都伴隨著心理防衛機制。自我和神經質的「素質」會圍繞在靈性信仰的周圍（就像生活中的所有其他事物一樣），由此產生我們的世界觀，並利用靈性的理由來強化情感的狀況。

分辨某件事在心理上是健康還是壓抑、對靈性成長有益或有害、二選一或兩者皆是，都需要高度的自我覺察。靈性逃避的概念最有價值之處，可能就在了解靈性道路上的大多數人雖然看見了微細之處，卻又不夠微細。

成癮與復原

另一個背負強烈超個人印記的領域就是成癮。雖然酒癮或藥癮長久以來被當成無法治療的問題，在二十世紀前半葉甚至被視為「道德上的失敗」，但匿名戒酒會（Alcoholics Anonymous，簡稱 AA）數十年來努力將之歸類為一種疾病模式，最後，心理衛生界改變立場，讓酒癮藥癮像精神分裂症和其他精神疾病一樣被納入疾病類別。可是，成癮的領域從一開始就站在心理衛生體制之外，因為其復原需要強調靈性。

自從 AA 成立以來，它的十二步驟計劃就對療癒和復原抱持 216
超個人的觀點，一部分原因來自充滿開創精神的心理學家榮格對 AA 創立的影響。一九三〇年代初期，榮格對一位酒癮復發的病人坦言不要想從更多的精神醫學治療得到希望，唯一的其他希望恐怕就是親身經歷靈性或宗教經驗，後來真的發生這種經驗，這個病人對 AA 的創立有重大的影響。幾年後，榮格談到這個人時說：「他對酒精的渴望就相當於對完整靈性的渴求，只是處在較低的層次。所謂完整的靈性，以中世紀的話來說，就是與上帝合一……不信你瞧，『酒精』的拉丁文就是 spiritus，我們用相同的字描述最崇高的宗教經驗，也拿來描述最墮落的毒藥。所以幫助人的配方就是：酒精相對於靈性（spiritus contra spiritum）。」（Jung, 1975）

榮格指出心理治療無法幫助酒癮，AA 在一九三〇年代雖然帶有心理學色彩，但基本上一直是靈性的治療，並不是心理學的治療。我們今日所認識的酒癮較偏向心理學的角度，並不是榮格的觀點，而心理治療對酒癮的康復也比之前所以為的更有效果、更為重要。超個人心理治療讓我們能整合各種治療成癮的心理學取向，同時也肯定榮格的偉大洞見，將復原的過程放入靈性的脈絡。

沒有靈性轉化，不可能有徹底的康復

AA 最有力的發現之一，就是在深層的絕望中（酒癮或藥癮者對無常和「跌落谷底」感到最沒有希望的時候），會出現一個開口，使人體驗到靈性的救贖力量，重整生活的方向，由這個靈性之光逐漸引導日常生活的各種選擇而進入復原的道路。AA 認為「如果沒有某種靈性的轉化，就不可能有徹底的康復」。這是非常強烈的聲明，但從超個人觀點來看，也可以進一步說成「如果沒有心理的轉化，就沒有持久的靈性轉化」，所以超個人心理治療最適合成癮的治療。超個人對成癮和復原的看法也指出任何過於強調靈性的治療計劃的缺點：形成一種靈性逃避。超個人心 217 理治療試圖在靈性和心理工作間找到平衡點，提供一個比 AA 更大的架構。

例如，當一個人停止酗酒或戒除藥癮時，必然在生活中出現極大的空虛，包括內心和關係的空虛。即使這個人已婚或是有親密關係，但已不知不覺產生極大的距離，因為依賴酒精或藥物的人很難與人有真正的親密感。一開始要填補這種內心和人際的空虛時，不能只靠靈性。雖然終極、理想的靈性足以完全填滿這個空虛，但對大多數人來說，深層存有的靈性連結仍然不夠，需要與自己和他人有更深的接觸才能填補這個空虛，因此心理治療非常重要。持續參加 AA 而擁有的人際接觸雖然可以暫緩這種需求，但後來仍需要讓別人親近自己的心，建立長久的支持系統，尋找真正的親密感。雖然有些人能運用 AA 建立這種生活方式，但大多數人光靠 AA 是做不到的，因為它沒有處理人際障礙、防衛機制和早期創傷的心理學理論與技巧。

AA 對靈性轉化的洞識是復原的關鍵，許多人都因此得到確切的效果，他們需要靠更崇高的光明來生活，不能只靠黯淡無光的物質世界來生活。但不是所有人都有相同的需求。超個人觀點讓我們看見這是心理—靈性的轉移，可是，有些人只需要純心理學的方法，比如「理性戒酒計劃」（Rational Recovery），這個事實很難用純粹 AA 的模式來解釋。

同樣地，疾病模式也受到各方的抨擊，許多人不喜歡標準的酗酒疾病模式。例如，曾有研究顯示戒酒並不是復原的唯一可能目標，有些人可以接受適度飲酒的目標，並成功達到這個目標，疾病模式無法對這種現象提出令人滿意的解釋。疾病模式對治療領域造成重大的影響，避免酗酒和藥癮者被污名化，所以現在的酗酒者早已脫離道德墮落的污名。但從超個人吸納心理動力和存
218 在心理學派的觀點來看，必須認真考慮這些學派對疾病模式的批評。

酒癮是疾病嗎？

酒癮確實有基因、身體、情緒和心智的成分，其實從意識的多元觀點來看是非常正確的，可是酒癮是否符合身體疾病的條件，已經越來越受到質疑（例如，除了酒精本身造成的副作用，人體並沒有組織的損壞），情緒疾病也是個有問題的隱喻，正如薩茲（Thomas Szasz）深具洞見的探討。如果說酒癮是一種「靈性疾病」，那麼其意含到底是什麼呢？生病的是靈性，還是自我呢？去除酒癮污名雖然非常重要，但這和是否放入疾病模式完全是兩回事。存在的觀點也可以為酒癮去除污名，可是疾病模式為酒癮帶來了新的污名：「疾病」。超個人觀點以比較嚴肅的態度看待整個化學物質成癮被視為疾病的議題，對化學物質的成癮和復原抱持心理學和靈性的雙重觀點，可以容納不斷出現的疑問和爭議，不需要配合任何特殊的信念。

AA 的另一項限制就是出自一神論信仰體系，對佛教徒和其他非二元信仰的人會造成問題。超個人觀點治療成癮時，會向佛教和其他非二元靈性取向的人開放，比如改變十二步驟的傳統用

語，但仍保留其基本精神。

AA 計劃常常被批評缺少明確的靈性和靜坐技巧，無法滿足復原中的人對靈修的渴望。超個人取向則結合各種傳統的靈修，教導復原中的案主。我們正開始修改某些數百年歷史的古老靜坐方法，用來引導治療。

臨床和倫理的難題

超個人取向的心理治療雖然有許多優點，但也有某些困難之 219
處，目前對這些難題雖然沒有確切的答案，但從長遠的角度來看，最好能承認這些難題的存在，並開始針對相關的議題進行對話。

治療師坦露自己的靈性取向和靈修方法

一般說來，超個人心理治療師會公開承認自己的治療方向是在靈性脈絡中進行心理工作，可是治療師對自己的靈性價值觀和信仰要坦露到什麼程度呢？治療師應該向案主說出自己是基督徒、佛教徒或某種教徒嗎？治療師應該用宗教或靈性藝術品裝飾辦公室嗎？治療師應該在辦公室懸掛其靈性導師的照片嗎？這些做法對不同靈性取向或世界觀的案主會有什麼影響呢？以不同態度坦露自身靈性偏好的治療師，對這些問題的反應也有所不同。治療師如何回答這些問題，也可能要依據移情作用的探索在治療中的重要程度。由此又引發另一個問題，治療師如何看待自己與案主靈性生活的關係？這是接下來要討論的議題裡的一部分。

教，還是不教？

雖然心理治療比較傾向於避免讓治療師扮演老師的角色，但這個觀念仍有爭議，因為所有的心理治療都是一種教育：學習認識自己，學習了解自己的感受，學習如何與自己有更深的連結、與他人更加親密。所以治療師可以被視為老師：透過親身示範如何與困難和痛苦同在而教導別人，比如教導同理心，教導新的價值觀（如「感受是生活的關鍵指引」，「親密是重要的」等等）。

以靈性為脈絡的超個人取向，是否不同於傳統的取向（例如認為宗教是錯覺的佛洛伊德取向）？這個疑問仍有待討論，卻不曾在治療中直接談到。也就是說，所有取向的背後豈不都有其哲學嗎？治療師的信念雖然不曾明說，但在能量層面會向案主傳遞到什麼程度呢？上述討論所要提的疑問是：清楚直接地表明治療師的信念體系時，會造成什麼影響？

220 由此可以進一步提出許多疑問：治療師是靈性老師，甚至是導師、上師嗎？治療師的角色該停在哪裡，靈性老師的角色又從哪裡開始？治療師與案主的靈性生活應該有什麼關係？如果治療師跨入上述領域，對移情作用會產生什麼影響呢？這些複雜的問題需要更多的關注，因為篇幅有限，此處不詳加敘述，只討論一些主要的議題。

治療師成為上師或靈性導師：把案主放在心上，視之為獨特、珍貴、不斷成長的生命，這是一回事；當這個人的靈性導師或上師，則完全是另一回事。可是，當一個人對其文化背景裡的組織化宗教感到幻滅時，會留下靈性的空虛感，因此許多人認為心理治療可以也應該填補這份空虛。治療師很容易受到誘惑，把自己視為新的神職人員，甚至為這種立場辯護，比如說：「我對人性的一切認識、我做的所有內在工作，都顯示我比案主更進步，在這條道路上走得更遠，所以我的指導對他一定有幫助。」

治療師「比較進步」的假設實在令人懷疑（最終將顯示這個觀點是沒有根據的），此外，「治療師比別人更適合指導靈性事務」的想法，很類似「治療師比案主更了解如何生活，所以應該向案主提出忠告」的觀念，除了危機處理，在深度心理治療中，這種立論是站不住腳的。

超個人治療師必須比傳統治療師更小心提防未經檢視的理想化移情作用的誘惑，當案主把力量交託給靈性權威（或治療師）時，就需要透過心理治療工作來檢視這種感覺的潛意識根源。治療師內心很自然會被激起自大的反移情作用，以及自己很重要的需求、被人視為了解真理的需求和自我膨脹的傾向。狂熱崇拜的邪教就是來自這些未經探索的感受。在過去短短的數十年間，即使是受過高度訓練和「先進」的靈性老師，已有許多人因為這些心理力量而沉淪。

資訊的給予、外在資源的分辨、肯定和支持案主進入靈性領域，這些都是超個人取向心理治療範疇之內的事。但再進一步成
為靈性導師或上師，就超過了心理治療的界限，承擔起專業訓練 221
所沒有提供的角色。

接下來又有一個問題，如果治療師不是上師，那麼當個角色比較受限的靈性老師呢？超個人治療師是否可以教導案主關於

靈性的事物或治療師的哲學？到目前為止，這個領域的答案似乎是：視狀況而定。要依據兩種狀況而定：案主問題的內容和治療師的定位。就第一個狀況而言，某些內容需要以教導和重新架構的方式，例如靈性危機的治療就要教導案主了解自己發生了什麼事，並連結到靈性典籍的紀錄，使原本困惑、害怕的經驗能被視為正常，並賦予新的意義。在這個特殊的例子中，治療師的教導功能已受到良好的肯定。

就治療師的定位而言，有些學派原本就支持、甚至鼓勵治療師教導案主，例如，心理綜合學中，治療師工作的一部分常常就是教導案主了解超個人自我和高層潛意識之類的事（治療師可以在什麼程度內試圖說服案主相信其哲學，又會引起一整套的其他問題）。另一方面，大部分超個人取向的治療師都來自不鼓勵教導的架構，例如，超個人取向的精神分析師可能不會教導案主任何靈性哲學，這一點非常符合標準的治療傳統。

假使治療師接受過當靈性導師或老師的訓練呢？這個人可以為靈修學生做心理治療嗎？這個問題會引發一個嚴肅的議題：治療關係的本質。如果案主的治療師也是他的靈性導師或老師（表示這個人掌管案主的靈性生活，他的勸告能使案主走向天堂或地獄），案主如何能自由地表現自己對治療師的憤怒或失望呢？這種雙重關係是正當的嗎？會有幫助嗎？靈性指導和心理治療之間的界限一旦模糊不清，就會引發一連串的難題。

除了一些特定的取向，在深度心理治療中教導靈性事物是不是好主意？有什麼治療的益處和風險？這種情形對移情作用有什
222 麼影響？這些都是重要的問題。目前已注意到某些治療師會提供這類教導，其他治療師則不教，但這個領域顯然還需要更多對

話。

治療師的「處方」是否可以包括靜坐？

超個人心理治療最迷人的領域之一，就是結合靜坐和心理治療兩種意識取向，可是把這種理念延伸到臨床實務時，會引發許多難題。假定靜坐有幫助，可以在哪些情況下運用靜坐呢？應該在治療中運用，還是在治療外當成輔助的方法？靜坐的運用應該針對什麼問題、什麼性格結構，同時要為案主準備什麼樣的氛圍或支持呢？把靜坐從一種文化環境移植到另一種時，會造成哪些結果？是否某些靜坐比較適用於各種案主，某些靜坐則應該小心運用，只針對具備相關專門知識的案主？治療師對靜坐或特定靈修傳統應該有多少認識，也就是說，要接受多少訓練才可以開立這種「處方」呢？

目前對這些疑問有各式各樣的反應。在靈修界，有些靈性老師贊成這種異類的結合、支持治療的實驗，他們主張不論文化背景為何，意識就是意識，這些意識的工具應該讓所有人自由使用。有些老師比較謹慎，認為靜坐必須用在特定、有系統的宗教文化背景之中。

治療師對這個問題也有類似的歧見。有些超個人取向的治療師完全拒絕涉入，僅建議案主找靈修老師學習靜坐，寧可讓兩種取向完全分開；有些治療師則隨意向案主推薦和教導各種靜坐，並且深信這種做法非常有益。介於兩者中間的臨床工作者則緩慢謹慎地處理，只在某些案主或議題上運用特定的靜坐。這些不同的立場都是完全正當的。

223 我在此想推動的觀點是，這種實驗不但正在發生，也會持續下去，而且必須不斷針對這個領域進行研究，以促進我們對意識和療癒的知識。西方科學透過探索促進了許多原本是宗教禁忌的領域，譬如醫學的進步來自違反天主教會對屍體解剖的禁令，因此而了解身體的結構。同樣地，只有盲目的信仰才會拒絕探索宗教訓諭之外的意識範疇。所以，心理學，特別是超個人心理學，必須探討意識的所有面向。

這意味著靜坐的探索要兼顧文化背景之內和之外的因素。由於禪修技巧沒有專利，無法限制使用，不論是個人或治療師都難免嘗試任何可能有效的意識工具。靜坐在不同文化背景下會如何影響意識呢？動機對靜坐有什麼影響呢？也就是說，帶著靈性意圖的靜坐所造成的影響是否不同於具有治療意圖或毫無意圖的靜坐？撇開意圖和文化背景不談，靜坐本身是如何對意識產生作用呢？哪些因素的結合最有利於心理治療的背景？人格變數會如何影響靜坐？這是一個龐大的主題，問題不在於是否應該進行這種實驗，而在於如何做出可靠的研究，並成為專業論述，以豐富我們對療癒和成長的認識。

要介入到哪一個層次？

超個人取向大幅擴展了現實領域的可能範圍，例如，它引進了微細物質的範疇，如靈氣、能量場、脈輪、靈視、沒有形體的生命和實體、拙火等等，於是開啟了潘朵拉的盒子，引發了許多認識論的問題，是目前的知識完全無法解答的，比如說，某個特定問題是心理、能量、身體，還是靈性上的問題？如果從現實的多元本質來看的話，到底是能量場和堵塞的脈輪造成精神官能症，還是精神官能症和有缺陷的自我結構造成了能量的阻塞？應 224 該接受心理治療，還是需要脈輪的平衡和能量的療癒，要用藥物治療，還是要建議驅魔呢？最有效的介入層次是什麼？什麼是「真正的」病因？如果從現實的全像模式來看這些問題，到底有沒有道理呢？然而治療師終究需要有所行動，以介入病人經驗的某個層次。

治療師是否可以建議：

- 靜坐？
- 靈修？
- 特定的老師或道路？
- 脈輪平衡或靈氣淨化？
- 薩滿的旅程？
- 找靈媒或通靈人士？
- 回溯前世的療法？
- 驅魔？
- 服用迷幻藥？
- 羅夫按摩法？
- 運動？
- 寫日記？
- 閱讀特定的書籍？

我們如何在這些相關的做法中劃清界限？標準的臨床實務毫無疑問可以接受最下面的三種方法，但建議靜坐是否不同於建議書籍閱讀或寫日記呢？大部分超個人心理治療師也許可以接受靜坐，但能否接受驅魔呢？合理的「家庭作業」止於何處，從什麼地方開始算是瘋狂古怪的做法？每個超個人治療師都可能在不同的點劃下界限。

難以捉摸的介入方法當然存在一些問題（如靈氣、脈輪平衡、驅魔等），最大的問題就是缺乏品質管制。運用超出一般人實際經驗的微細能量和靈性力量的所謂「超個人治療」是有危險的，能量療癒真的有助於心理治療嗎？會晤通靈人士有幫助嗎？大部分人對這些事的經驗，可以證實有高度天賦和能力的靈媒或療癒者在治療中的確能促成強大的轉變，可是這種極為有效的靈媒非常稀少。

225 即使這些過程已經得到證實，可以接受微細能量的存在，還是有許多自欺欺人的空間，這種情形特別容易發生在心存善意但天賦不足的療癒者身上。脫離公認的臨床實務的堅實基礎，逃避深度心理治療的艱難工作，也是有危險的。以水晶療癒、靈氣平衡和脈輪淨化來處理微細身體可能有趣又有用，但畢竟不是深度心理治療。即使這種能量工作能連結到深度的治療，甚至具有最佳的動機，但這種連結還是很容易忽略界限，落入新時代（New Age）的錯覺裡。

在現今的世代，當某人說自己以超個人方式工作時，可能代表非常不同的含意，從嚴謹、紮實、老練地整合臨床實務和靈性背景，到非常古怪、沒有根據、草率運用新時代技巧和靈性教導，都有可能。現代科學和心理學的發現是根據確切的證據、拋棄對上帝的信仰、保持懷疑和實驗的態度而發展出來的。如果超個人運動顯示我們正準備在心理學中重新納入靈性事物的信仰，就必須同時保有懷疑的態度。現代深度心理學已顯示人類經驗中的幻想和想像是多麼強而有力，人類心靈創造錯覺的力量非常強大，由此看來，超個人實務有多少部分是純屬幻想的呢？整個領域都必須面對這些議題，但所用的方式不能簡化或曲解靈性觀點。於是接下來就會引發另一個難題，也是本章的最後一個議題。

理論、研究和臨床實務不夠清晰、嚴謹

雖然超個人取向願意檢視所有現象和範疇，但重要的是以健全的認識論和方法學來進行。大部分傳統心理學取向強調的是單一的世界觀或認識論（例如，行為主義單單強調科學實驗和感官數據），但超個人心理學是一種整合的取向，運用所謂的「知識的三隻眼」：感官之眼（身體）、內省－理性之眼（大腦和心）、默觀之眼（靈性）。我們如何在研究靈性經驗的範疇時，既能合理地看待經驗的完整性，又不將之簡化成外在可測量的行為變數？闡明何種取向或哪些取向的結合可以產生效果，由此發 226
展出新的認識論方法，是超個人領域最豐饒的部分。同樣地，超個人取向曾被用來說明傳統臨床取向所不知道、不熟悉的現象。治療師的「神聖存有」非常重要，可是只能用來支持完善的臨床訓練和經驗，不能加以取代，因為只有整合治療師的存有和紮實的治療技巧，成為更大、更有道理的超個人理論架構時，超個人取向才能代表心理治療的真正進步。

第四部

結論

【第九章】

超個人實務的原則

靈性危機、超常意識狀態、靜坐經驗、出生、瀕死，每當跨出自我的界限，靈性就傾瀉而出。這些界限是模糊不清的，舊有的定義不再適用，我們正從過去的嚴格區分進入新的結合，這是沒有止境的發現之旅。心理和靈性的內在豐富就在我們面前，我們只是站在發現之旅的起點，盡我們所能地探索。

由於超個人心理學的範圍如此廣泛，超個人世界觀又包含了 229
許多特殊的觀點，所以很難為所有超個人心理治療師找到共通的基礎，或是為所有靈性觀點找到可被接受的哲學觀。雖然如此，我相信仍然有某些共通的原則可以具體呈現超個人取向的臨床工作。

這些原則雖然能衍生出許多技巧，但這些廣泛的原則並不是技巧大全。技巧只會流行一時，任何療法如果緊連於技巧，必然很快就被淘汰。超個人心理治療雖然有技巧的內涵，但不能用技巧的內涵來界定超個人心理治療。

超個人心理治療的六大原則

一、超個人心理治療是一種理論架構， 230
在展現靈性的脈絡中看待心理工作

超個人心理學的基本假設，就是我們真正的身分認同不只是心理學的自我，還包括靈性的存有，這種靈性脈絡是建立在一神論和非二元論兩個永恆的傳統上，將自我的心理療癒和成長視為實現靈性來源的命運旅程的一部分。

自我和靈性的關係是什麼，個人與超個人的關係又是什麼呢？這也許是超個人心理治療最基本的問題，因為我們連結心靈與靈性根基的方式，會決定臨床工作的取向。超個人心理學試圖回答這個問題的歷程，可以分為兩個不同的階段：

第一個階段的特徵是對這個議題採取理論取向，並假定一個人要完成心理工作才可能有真正的靈性工作。可是超個人取向的臨床實務興起後，產生了不同的觀點，臨床工作者發現靈性工作的呈現是在心理工作的過程之中，而不是之後。簡短回顧這兩個階段的歷史，或許有助於釐清這個變化。

超個人心理學誕生後的頭十年，幾乎只是一個理論領域。馬斯洛是第一個假定從心理走到靈性是單線發展的人，他的心理動機層次論認為人是從低層需求走向高層需求，最頂點則是靈性和超個人層次。可是數十年後我們才知道，在達到馬斯洛需求層次頂點之前就可以有很好的靈性展現。雖然大多數研究支持馬斯洛的觀點，認為需求層次通常無法跳級而上，但並非總是如此，某些例子顯示需求層次其實能跳級而上，特別是靈性可以成為每一個動機層次的核心。

肯恩．威爾伯為這個問題提供了更詳細的解答，他的答案建立在馬斯洛的理論基礎，但賦予新的解讀。威爾伯也認為心理層面是邁向靈性的第一步，但他把各種心理學派附加在不同的心理功能層面，堆疊成一連串不同層次的心理學派，產生階梯模式，在各個特定的心理學取向之上則是靈性工作。本書第二、四章
231 中，已解釋我為什麼認為這個觀念有問題。馬斯洛和威爾伯認為心理和靈性是前後接續的環節，為兩者有什麼關聯的疑問，提供了最初步的理論性答案。超個人心理學最初幾年的工作大部分衍生自這個模式，認為要先完成心理工作，然後是靈性工作。

可是在接下來的十到十五年，興起了榮格的思想、哈彌．阿里的鑽石途徑、葛羅夫的全方位呼吸工作，以及第四章討論的其他超個人取向，還有深入探討靈性危機的現象，於是對這個問題提出第二種解答。超個人取向心理治療師從各種不同方式的工作

中，都發現靈性的展現是在整個心理工作的過程之中，而不是之後。

這當然是榮格的觀點，他認為深度心理工作是進入靈性、原型範疇的通道。哈彌・阿里支持這個看法，他的方法是把自我視為喪失靈性本體後的替代品，要透過心理工作一點一滴地恢復靈性本體。葛羅夫的超常意識工作也得到類似的答案，只是途徑不同，在超常意識狀態中，心理素材能成為進入超個人範疇的途徑，有時透過個人潛意識範疇的探索而進入，有時則透過出生前後經驗的範疇而進入，也有的時候是毫無心理素材的處理，便自發地進入。靈性危機的領域又從完全不同的角度回答上述問題，在靈性危機中，強大的靈性能量灌注會產生極大的心理混亂，幾乎所有靈性危機都是因為大量靈性能量的宣洩激起心理素材而引起的，顯示兩者互相影響、互為門徑：心理與靈性交織，靈性與心理連接。所以臨床資料指出，心理和靈性之間的關係遠比第一階段的理論更為密切。

心理和靈性發展路線彼此的關係

關於「我是誰？」的問題，超個人心理學會回答：「心理和
靈性的存有。」但是大部分人的經驗都只有心理的存有，通常需 232
要靈修才能體驗自己的靈性存有：這是轉向內在、穿透帷幕的必要條件。轉向內在時，第一個遇見的就是自我，一個受過傷害、充滿防衛、焦慮不安、滿懷渴望的自我。除非從心理上處理自我，否則它就會遮蔽我們可能經驗到的小小光亮。

如果不注意自我的潛意識和防衛過程，大部分人（雖然不是所有人）都會迷失於神經質的內在形貌，或擱淺在防衛結構的暗

礁上，成為不切實際的超我期望的受害者，建立符合自身舊有標準的新版「靈性」。他們仍像以往一樣封閉自己的心，或是迷失於逃避和盲目的內在迷宮，或是永無止盡地兜圈子，以新的靈性角色和故事情節重複舊有的模式。心理治療有助於釐清這種情況，穿透自我以找出內在更深的魂或靈，幫助尋求靈性的人航向內太空，這比單靠靈修更為精巧細膩。心理治療本身雖然不是靈修，但大部分人藉著它而對靈修產生極大的幫助。靈修和靈性的提升會發生在任何時候及自我結構的任何層面，心理治療不是展現靈性的先決條件，而是它的輔助工具。

就某種意義來說，當心理治療的目標是擴展意識時，其實就是在從事靈性工作。人格這種「工具」只要存在一天，就必然需要一些關注、提升、指引、療癒、展現。如果沒有潛意識防衛機制的作用，人格無法長期自動運轉，所以人格所需要的關注可能在某個時段變少，但不會完全消失。

從這個角度來看，心理治療是一種淨化工作，但顯然不是淨化所需的唯一工作。未來的心理學工作將逐漸增加靈性的工作，因為整合、凝聚的自我能更有效地做任何事，包括靈修。整合的心靈較不受潛意識力量扭曲，有更好的技巧橫渡內太空，有更高的人際和諧度與滿足感，少了這些，都會破壞靈性的成長。但即使心理治療有助於靈性工作，也絕不是靈性的必要條件。

233 雖然我們是心理一靈性的存有，但心理發展和靈性發展並不是同一件事。近幾年臨床經驗產生的觀點認為發展的靈性面向可能包括好幾種不同的過程，這些過程有時會相互重疊、互相影響。心理發展也有好幾條路線，分別表現為客體關係和自我的發展、性心理和社會心理的發展階段、發展的自我客體路線（鏡像、理想化和孿生這三種自我客體關係），以及身體和認知的發展。不難想像靈性發展至少不會比自我發展單純，可能也有好幾種不同的發展路徑，而且各個路徑對自我會產生不同的心理作用。發展的心理和靈性路線可能彼此相關，但絕對不是相同的事。

靈性經驗的豐富性

從某個層面來看，談論任何形式的靈性發展都是出於錯覺，因為靈性範疇不需要任何發展，也不會得到任何東西，就靈性經驗的豐富性來說，在當下就可以取用整個靈性。開悟、梵我或佛性都是當下永恆不變的存在，我們只需要覺醒就能認識它，或是透過神聖的恩典呈現它，這種情形可以發生在任何瞬間。

從另一個層面或觀點來看，靈修是發展的過程，使人可以在日常心智活動與生活裡越來越接近和展現這種靈性層次（梵我、佛性）。意識覺醒時，平安感和內在的寧靜可以平息怠慢、散亂的自我，自我逐漸被淨化，於是能反映或允許這種意識層面越來越完整地浮現。

再從另一個層面或觀點來看，靈修能揭示靈魂及其力量，逐漸轉化自我。靈性的太陽可能升起到生命任一層次（或多個層次）的任何高度，對外在自我產生各式各樣的複雜作用。當靈魂或神聖力量或靈能（Shakti）作用在人的意識時，可能有一些完全向內發展靈性的階段，與表層自我沒有任何關聯，但在某個時刻有可能刺激不同的自我面向。這種作用有時可能是全面的，但更多時候是選擇性、局部性地作用在存有的某些部分，包括身體、情緒或心智的作用。這個過程會喚起心理議題，碰觸早年的

創傷，激發緊繃、防衛的自我，或是照亮蟄伏的潛能。自我轉化
234 時，靈魂的愛、光、力量和喜悅會越來越充分而生動地閃現。

同樣地，心理工作解放的意識也可能有靈性的作用，釋放靈性的能量、開啟脈輪，或是讓靈修循著一條特殊路線深入。有時心理和靈性似乎會在一個過程中相互影響、彼此交織。

所有上述觀點都把心理和靈性發展看成多重、複雜的發展路徑，有時會相互混合、交織、重疊，有時卻各自不同、完全獨立。有時的成長是心理的，有時是靈性的，有時則是兩者一起發生的。

超個人觀點抱持這兩種面向，或是更準確地說，把心理成長的層次看成在更大的靈性覺醒層面之內。關於心理生活和深層靈性實相的確切關係，目前只能隱約瞥見一小部分，離完全了解還有一大段距離，但不表示心理生活對內在深層靈性的依賴是不真實的。所以我們有可能同時追求心理和靈性的完整，而不是分段追求。雖然有時可能其中之一比較重要，但這個過程是「兩者兼有」，而不是「二選一」或「先其一，然後其二」。抱持心理完整和靈性發展的雙重意圖，可能有加成效應，能增加更多燃料，讓渴望的火焰燃燒得更高、更亮。

在這個過程中，我們可能發現深層魂或靈的實相可以透過自我這個表層工具現身，當自我越來越被淨化，深層靈性就更能現身，所以心理療癒也是淨化的一部分。雖然精神病或邊緣性人格患者把靈性經驗與洞識整合到日常生活的方式，可能不同於精神官能症患者，但不表示何者較好或較有效，而是根據維持外在自我表徵的魂或靈的存有「豐厚度」和成熟度來判定。「豐厚」的
235 靈魂表現於邊緣性人格時，可能產生改變一生的強烈作用；而年

輕的靈魂在調適良好的精神官能人格的靈性經驗，可能在覺醒後很快又睡著了。心理和靈性的發展路線相互影響，有時可能同時發生，但不完全相同。一個人的整個心理靈性存有根本不可能簡化成某個診斷類別或某個自我組織的層次。

對超個人心理學的正確認知

雖然就某個層面而言，所有事物都是神聖靈性的示現，但在實際的層次來看，可以將其區分為終將一死的身／心／智有機體與不死的靈性。身、心、智都是工具，透過它們得以展現靈性的本質。覺醒或認識上帝的人都是神聖智慧與行動的完美表現，這無疑是令人嚮往的，可是神性並不排斥形形色色的不完美表現。聖徒或佛陀的身體可能充滿活力、非常健康，也可能生病衰弱，但不影響其靈魂或靈性；大腦可能清晰聰穎或遲鈍老邁，但其內在的靈性不受影響；同樣地，情感的整合可能有高有低，但靈性的本質不會改變。就如數世紀以來的聖賢所言，即使是死亡也不會影響內在的永恆靈性。靈性實現的狀態無法以工具的狀態來測量，所以在《薄伽梵歌》中，阿朱納詢問克里希納什麼是開悟者的本質、這個人會有什麼行為、長相等等的問題時，克里希納的回應只談到這種人的內在經驗，因為靈性的實現不能由任何外在標準來測量。

達到高度心理整合、通過精神官能症之後的「成熟」功能層次，是過去一百年來心理治療出現後的近代觀念，有些人猜測各種文化和時代裡的所有薩滿、聖徒、聖賢都是自然通過潛意識防衛機制和童年創傷而達到「成熟」的階段，這實在是沒有根據的主張，大部分受過訓練的深度心理治療師也不會相信這種看法。

整個西方歷史大部分是由宗教來支配人類的思想領域，現在則是心理學成為主流典範，其觀點很容易被強加在任何相關主題上。我們這些在心理學圈子裡的人必須小心不要落入「把靈性心理學化」的陷阱中，這種陷阱的誘惑正是來自人強烈地喜歡擁有
236 特殊知識以及宏大視野的感覺，骨子裡其實是對心理學觀點的自戀式投入。威爾伯的模式落入這個陷阱，許多榮格學派、瓦許本陣營的人和其他超個人心理學家也是如此。重要的是能承認心理學的限制，心理學不能使世界變完整，靈性則可以。

雖然超個人心理治療認為靈性發展可以與心理發展和療癒同時進行，但必須體認它也可以和心理工作分開。事實上，所有世界靈性傳統都純粹致力於靈性，並沒有深度心理學知識的管道。超個人心理治療認為心理療癒是進入靈性神聖存有的方式之一，但不是唯一的方式，只是增加了一個觀點，認為內在心理治療工作可能有助於大多數尋道者的靈性旅程。心理工作有時可能遮蔽靈性工作，使旅程看似變得更長，但藉著清除心理泥沼，終究會促進這個過程，因為許多尋道者遲早會發現自己陷在泥沼之中，光靠靈修不足以處理困境。心理層次就像整個身體表徵一樣，最終要依賴深層的靈性存有基礎。即使深度心理工作可能是進入靈性的途徑，即使靈性意識可能會因為心理層面而有不同程度的提升、淨化和轉化，心理發展仍然不同於靈性發展。

這種靈性、超個人架構包含許多知識和理論，就像任何其他取向一樣，了解這種知識基礎是非常必要的。這個知識基礎有一部分是要熟悉各種靈性道路和修行方法，但這個部分不是本書的篇幅所能涵蓋的，治療師本身的靈性傳統可以提供一部分這種知識，但絕對不能抱持狹隘的心態或過度受限於單一特殊的道路。

對形形色色的靈性和靈性發展擁有廣泛含融的了解，是不可或缺的態度。

以開放的態度接受治療過程中的超個人內容

超個人取向意味著以開放的態度接受心理治療過程中出現的 237
超個人內容，這種態度可以有許多不同的形式，從案主需要被看見和確認其靈性的完整性，到靈性或神祕經驗在案主生活中展現時所產生的各種表徵，比如靈性危機。超個人內容的辨識和覺察，是超個人治療師非常重要的技巧。超個人治療師還要了解形形色色的心理—靈性經驗可能代表進步或退步，這種注意並不是要美化或輕視靈性經驗，而是試圖看見經驗對案主生活和功能的意義。超個人治療師特別容易傾向於美化靈性或超個人經驗，因為這種經驗被視為真實轉化的基礎，也是治療工作隱含的目標，但必須徹底了解當事人的心理背景，才能避免把前個人或退化經驗誤判為真正的超個人和進步經驗。

這個知識基礎的另一部分包括了傳統心理治療的基礎訓練，亦即可以從行為、心理動力和存在的觀點進入案主的經驗。探索可以停在此處（就如這些學派的治療師所做的），也可以進展到深度工作的任何或所有層面，越廣泛的探索越能釋放出更多的意識。

超個人觀點同時接受心理學的其他三大勢力，我在先前的章節曾解釋我為什麼認為結合這三種心理學取向的多重觀點，比視之為分開發生的階級層次理論，不但在臨床上更為有效，在理論上也更為健全。可是，不論使用哪一種取向，重要的是願意涵蓋所有三種舊的心理學勢力。

總結來說，本書主張人類經驗和發展的心理與靈性層面是不同的（但有時會互相重疊），並且是以靈性為基礎。心理的整合並不是靈性實現的必要條件，當靈性實現沒有產生心理整合時，
238 光是進入靈性的神聖存有，也可能為心理、自我的困境與痛苦提供完整的解決方式。心理治療可以幫助靈性道路上的許多人，避免在潛意識防衛和逃避上兜圈子。同樣地，靈修產生的內在深入作用也有助於心理工作。這兩種工作各自可以幫助對方，但都不是對方的必要條件。超個人心理治療清楚說明靈性衝動如何迂迴幫助心理防衛機制（靈性逃避），也指出如果不進入深層的靈性基礎，單單強調心理部分又會如何造成永無止期的治療（心理固著）。

二、意識是超個人心理治療的核心

除了超個人架構的知識學習，超個人治療師還需要不斷地追尋，使自己能越來越深入接觸神聖存有；治療師必須越來越著重內心深處對神性的渴望與追求，因為在參與案主的意識時，改變的關鍵、真實的支持、超個人心理治療的內在基礎，都取決於治療師的意識。治療師的靈性和渴望、治療師的活在當下、治療師本身深入內在的探索和意識工作，都會為治療旅程提供指引的明燈。

如果治療師為了心理防衛而投入一個宗教信仰體系，卻迴避真誠的內在工作，就會變成另一種靈性逃避，這種防衛姿態將會防礙治療的成果。這個歷程的核心是一種鮮活、持續的內在靈性探索，不是以信念、信仰的教條做為人生的解答。

反移情作用和個人反應的處理，都需要這種內在工作。超個人心理治療師需要接受數年到數十年的個人心理工作和治療，還要加上數年到數十年的靜坐與靈修經驗。自古以來所推崇的美德：耐心、奉獻、毅力，終將得到成果，雖然緩慢，卻必然豐收。在個人發展的領域中，沒有「西班牙語速成」或「五個簡單步驟完成超個人心理治療」之類的事，這種話可能是逆耳忠言，卻是事實。內在成長不是建立在轉瞬即逝的心理學流行風尚，而是需要時間和承諾，如此才能有紮實的發展。

治療師的意識作用好像一種微細的能量場，有助於引導案主 239
進入深層的存有經驗，由此傳遞出一種內在的感覺，一種能提升整個心理治療志業的能量。這種心理治療的自然結果就是案主和治療師相互激盪的意識擴展。

三、超個人心理治療是多重面向、經驗性的治療

超個人心理治療把意識視為多重面向，願意經過任何門徑、進入案主任何層次的世界。即使不同人的內在經驗之門會經過不同的管道，焦點仍在於案主的意識，這是重視全人的經驗性歷程。強調任何特殊層次（身、心、智），都只是有助於進入身—心—智—靈整體的第一步。此外，還要對不同的經驗模式抱持開放的態度，比如超常意識的經驗、靈境追尋或是靜坐，都能有極大的轉化潛力。

可是，心理治療大部分發生在語言世界，雖然所有深度心理治療的意圖都是以語言做為進入更大經驗世界的通道，但也太常陷入語言心智的泥沼。洞察力的誘惑、令人舒服的輕鬆「談

論」、釐清困難素材時隱藏的害怕和焦慮，都會共同阻止經驗的加深，可是超個人心理治療的核心是來自經驗的，只有靈性經驗能滿足靈魂的探索，只有跳入內心和感受的深處，才可能一探靈性存有的範疇。正如禪宗故事中的「師父指月」，要看的是月亮，而不是師父的手指，語言也指向某種超越語言的東西：存有的經驗層面。內在經驗的述說有助於巧妙地穿越感受和意義的內在世界。只有在語言成為進入深層經驗的跳板時，才能真正領悟到語言的妙用。

四、超個人心理治療以心為重

超個人心理學在治療室實現愛和慈悲的靈性價值。人本心理
240 學對精神分析的批評顯示相關專業過於冷漠、疏離及無情的危險，但這種體認有時也使人本心理學犯下矯枉過正的錯誤，試圖透過愛來治療，最壞的情形可能造成沒有節制、過度融合的相互依賴。超個人觀點想要整合這兩個學派的優點：以開放的心做心理治療。印度密宗第四脈輪（心輪）的開啟能使人向靈性與愛敞開，所以超個人取向比以前更徹底、直接地開展用心治療的可能性，恐怕不是出於偶然。

羅傑斯對愛的重要性發出最強烈的呼喚，他談到無條件及正向尊重的重要，因為在他的時代，如此直接談論愛似乎顯得太不專業，而這正是羅傑斯的基本訊息。羅傑斯是以心和愛做為超個人治療觀點的先驅者，他直到晚年才較公開地談到心理治療的超個人層面。在心理治療過程容納愛時，必須記住這種愛是內在的感受，不需要加以明說，這是有界限的內在經驗，在治療過程中

注入更溫暖、慈悲的不同能量。愛能擁抱帶著創傷的案主，看見內在的神聖潛力，將案主視為旅程同伴，和我們一樣是神性的神聖兒女，彼此連結，並不是分裂的自我心靈所以為的彼此分離。

五、超個人心理治療非常樂觀、充滿希望

超個人的視野非常樂觀，超越了人本心理學對人類潛能的信念，進一步相信存在的整個靈性本質和神性的潛力，這是每個人可以在生活中展現的神聖動能。這種觀點可說是充滿希望（Clinebell, 1995），但不是盲目樂觀的天真或透過樂觀的鏡片觀看世界。心理治療實務每天都會看到人類巨大的悲劇、創傷和可怕的痛苦，這是無可否認的事實，許多宗教甚至以這種人類存在的基本事實為起點：生命即苦，痛苦和死亡是必然的。

但世界各宗教傳統的視野也超越這個物質世界，看見正在進行的更偉大的活動，看見物質世界背後的靈性實相。各種宗教傳統都堅信有一種極樂、至福、靈性存在的喜悅、神聖存有純粹無染的至樂。當生活連結上這個更大的實相，就得到了救贖和轉化 241
的意義。

這表示不論案主的經驗在表面上多麼淒涼、痛苦、莫名其妙或缺乏意義，治療師仍要不斷地視之為有意義的經驗。這種觀念很難捕捉，但超個人觀點把人的心理歷程視為靈性旅程，以更令人興奮、更具啟發性的觀點，將心理治療變成神聖的工作，在過程中擁有更深刻的信任。相反地，純心理取向就顯得非常有限而狹窄了。

這種觀念需要信心，相信展現的歷程，相信更大的故事會自

已呈現出來，相信更深的意義會被發現。這種信心使治療師能以更開闊的方式接納案主的悲劇和痛苦，既不會陷入憤怒、哀傷或個人的反應，也不會抱持封閉、麻木或防衛的退縮態度，而是溫柔、開放地托住案主心中的痛，幫助案主更完滿地與痛苦同行。超個人治療師有一種無可動搖的信念，相信案主會邁向更高的自我或更大的靈性，路途上的所有創傷、痛苦和障礙都有助於新生命的誕生。

六、超個人對心理—靈性轉化的觀點遠超過自我的療癒和成長

超個人觀點對「治癒」、療癒或解決心理問題的看法，涵蓋了所有傳統心理治療已知的治療過程，而且不止於此。它不但非常重視傳統心理治療的療癒和成長，強調揭開一層又一層的痛苦、未解決的衝突、早年創傷造成的發展缺陷，並能完滿治療創傷和早期童年的傷害、實現每一個人的更大潛能，因為只有向靈性存有開放，才能得到徹底的解答和轉化。只有在心靈中注入靈性能量，才能產生徹底的改變。

所謂神聖存有，會因為我們考慮的是一神關係論或非二元觀點而有所不同，可是這兩個觀點對於邁向神聖存有的行動的共
242 識，卻比我們所以為的更多。不同體系以不同語彙描述進入神聖存有的行動，例如，可以將其描述成靈魂的顯露、神恩的流入，或是佛性的逐漸展現。最終結果也有所不同：進入自性或無我（由於完全進入無我是非常少見的情形，所以這一點在目前不太重要）。有趣的是，一神關係論和非二元論對神聖存有的顯露會如何轉化自我，竟然有非常相似的觀點，都主張那是進入更大的

平和、寧靜、廣闊及愛的意識。意識被擴展，變得更加精細，更深入內心，並得到更大的智慧、慈悲、同理心、敏感度，以及感官和身體的覺察力。人變得比較少呈現自動反應，更專注於自然的存在、內在喜悅的靈性意識，也不需要依靠外在的回應來證明自己。

本書介紹的各種超個人取向都只是進入靈性存有的策略，以自我、創傷和防衛做為這條道路的踏腳石。有些人較容易從身體進入，有些人從心智或想像進入，有些人則經由心和感受而進入，但所有超個人取向都是進入神聖存有的路徑。所有靈性傳統的觀點都認為這個旅程是看不到終點的，從自我到神聖存有的活動是沒有止境的旅程。

結論

超個人典範挑戰心理學和靈性之間舊有的區隔界線。在超個人運動出現之前，心理學和宗教、科學和靈性、世俗和神聖之間有一道鮮明的區隔，但現在的超個人心理學挑戰這個區隔。如果心靈的根源是靈性，如果意識的基礎是靈性實相，這道截然劃分的區隔就再也站不住腳了。無論是靈性危機、超常意識狀態、靜坐經驗、出生或瀕死，每當我們跨出自我的界限，靈性就會傾瀉而出。這些界限是模糊不清的，舊有的定義不再適用，我們正從過去的嚴格區分進入新的結合，從超個人觀點來看，心理學乃是心理—靈性的領域。

雖然超個人心理學對自我的觀點遠比傳統心理學寬廣，使我 243

們能詢問更多基本的問題，但也必須承認我們對自我本質的完滿認識仍有很大的距離。內化的過程是如何又為什麼發生在早期客體關係？自我如何浮現於家庭或相互主體性場域的關係裡？自我是什麼，自我要呈現什麼？為什麼自我如此持久不變，而有些靈性傳統卻斷言自我只是一種錯覺？在集中於意識的演化旅程中，自我的功能是什麼？這些問題的答案距離我們仍然非常遙遠。

超個人心理學站在獨特的位置，是唯一能整合、涵蓋人類所有經驗，並把心理生活放入靈性架構的心理學取向。所有其他試圖進行整合的心理治療學派，不論有多廣闊的視野，都必然缺少最根本的人類經驗：我們不只是身心情緒受創、被制約的自我，更是靈性的存有。我們的真正身分是靈性的本質，不同於表面的認同，任何不承認這一點的心理學都必然是不完整而破碎的心理學。

只有超個人心理學具有夠大的容量，能吸納所有其他的心理學，並透過靈性的透鏡來看心理生活的理論與事實，這個透鏡能看見嶄新的世界。靈性能支持、維護、指引心理生活，並賦予意義。深處還有更深之處，這是沒有止境的發現之旅。心理和靈性的內在豐富就在我們面前，我們只是站在發現之旅的起點，盡我們所能地進行探索。

【附錄一】

參考資料

Allison, J. (1971). Respiratory changes during transcendental meditation. *Lancet*, 1(7651), 883.

Almaas, A. H. (1986). *Essence*. York Beach, ME: Wiser.

Almaas, A. H. (1988). *Pearl beyond price*. Berkeley: Diamond Books.

Almaas, A. H. (1995). *Luminous night's journey*. Berkeley: Diamond Books.

Almaas, A. H. (1996). *The Point of Existence*. Berkeley: Diamond Books.

Atwood, G., & Stolorow, R. (1984). *Structures of subjectivity*. Hillsdale, NJ: Analytic Press.

Aurobindo, S. (1971a). *Letters on yoga*. (Vol. 1). Pondicherry, India: Sri Aurobindo Ashram Press.

Aurobindo, S. (1971b). *Letters on yoga*. (Vol. 3). Pondicherry, India: Sri Aurobindo Ashram Press.

Aurobindo, S. (1972). *Essays on the Gita*. Pondicherry, India: Sri Aurobindo Ashram Press.

Aurobindo, S. (1973a). *The problem of rebirth*. Pondicherry, India: All India Press.

Aurobindo, S. (1973b). *The synthesis of yoga*. Pondicherry, India: Sri Aurobindo Ashram Press.

Banquet, J. (1973). Spectral analysis of the EEG in meditation. *Electroencephalography. Clinical Neurophysiology*, 35, 143-151.

Basch, M. (1988). *Understanding psychotherapy*. New York: Basic Books.

Becker, E. (1973). *The denial of death*. New York: Free Press.

Benson, H. (1975). *The relaxation response*. New York: Avon Books.

Binswanger, L. (1956). Existential analysis and psychotherapy. In F. fromm-Reichmann & J. Moreno (Eds.), *Progress in psychotherapy*. New York: Grune & Stratton.

Blanck, G., & Blanck, R. (1974). *Ego psychology: Theory and practice*. New York: Columbia University Press.

Bogart, G. (1991, July). The use of meditation in psychotherapy: A review of the literature. *American Journal of Psychotherapy*, *45* (3), 383-412.

Boss, M. (1958). *The analysis of dreams*. New York: Philosophical Library.

Boss, M. (1979). *Existential foundations of medicine and psychology*. New York: Jason Aronson.

Bowman, P. (1987）. *Phenomenological comparison of vipassana meditation practice and existential psychotherapy*. Unpublished doctoral dissertation, California Institute of Integral Studies, San Francisco.

Bragdon, E. (1988). *A sourcebook for helping people in spiritual emergency*. Los Altos, CA: Lightening Up Press.

Bucke, R. (1923). *Cosmic consciousness*. New York: Dutton.

Bugental, J. (1976). *The search for existential identity*. San Francisco: Jossey-Bass.

Bugental, J. (1978). *Psychotherapy and process*. New York: Random House.

Bugental, J. (1987). *The art of the psychotherapist*. New York: W. W. Norton.

Campbell, P., & McMahon, E. (1985). *Bio-spirituality*. Chicago: Loyola University Press.

Clinebell, H. (1995). *Counseling for spiritually empowered wholeness*. Binghamton, NY: Haworth Press.

Doblin, R. (1991). Pahnke's "Good Friday Experiment." *Journal of Transpersonal Psychology*, *23* (1), 1-28.

Eisler, R. (1987). *The chalice and the blade*. San Francisco: Harper.

Engler, J. (1986). Therapeutic aims in psychotherapy and meditation. In Wilber, K., Engler, J., & Brown, D. *Transformations of consciousness*. Boston: Shambhala.

Epstein, M. (1984). On the neglect of evenly suspended attention. *Journal of Transpersonal Psychology*, *16* (2), 193-206.

Epstein, M. (1986). Meditative transformations of narcissism. *Journal of Transpersonal Psychology*, *18* (2), 143-158.

Epstein, M. (1988). The deconstruction of the self. *Journal of Transpersonal Psychology*, *20* (1), 61-70.

Epstein, M. (1989). Forms of emptiness. *Journal of Transpersonal Psychology*, *21* (1), 61-72.

Epstein, M. (1990). Psychodynamics of meditation. *Journal of Transpersonal*

Psychology, *22* (1), 17-34.

Epstein, M. (1995). *Thoughts without a thinker*. New York: Basic Books.

Freud, S. (1959). *Civilization and its discontents*. In J. Strachey (Ed., Trans.), *The standard edition of the complete psychological works of Sigmund Freud*, (Vol. 20). London: Hogarth.

Freud, S. (1966). Obsessive actions and religious practices. In J. Strachey (Ed., Trans.). *The standard edition of the complete psychological works of Sigmund Freud*, (Vol. 1). London: Hogarth.

Gendlin, E. (1981). *Focusing*. New York: bantam Books.

Gendlin, E. (1996). *Focusing-oriented psychotherapy*. New York: Guilford Press.

Glueck, G. (1975). Biofeedback and meditation in the treatment of psychiatric illness. *Comprehensive Psychiatry*, (16), 303-320.

Goleman, D. (1976). Meditation and Consciousness. *American Journal of Psychotherapy*, (30), 41-54.

Goleman, D. (1988). *The meditative mind*. Los Angeles: Tarcher.

Grof, S. (1975). *Realms of the buman unconscious*. New York: Viking Press.

Grof, S. (1980). *LSD psychotherapy*. Pomona, CA: Hunter House.

Grof, S. (1985). *Beyond the brain*. Albany, NY: SUNY Press.

Grof, C. & Grof, S. (1986). Spiritual emergency: The understanding and treatment of transpersonal crises. *ReVision 8*(2), 7-20.

Grof, c. & Grof S. (Eds.) (1989). *Spiritual emergency*. Los Angeles: Tarcher.

Group for the Advancement of Psychiatry. (1976). *Mysticism: Spiritual quest or mental disorder*. New York: Author.

Hoffer, A., & Osmond, H. (1967). *The ballucinogens*. New York: Academic Press.

Hoffman, E. (1988). *The right to be human: A biography of Abraham Maslow*. Los Angeles: Tarcher.

Horton, P. C. (1974). The mystical experience: Substance of an Illusion. *American Psychoanalytic Association Journal 22* (1-2), 364-380.

Huxley, A. (1954). *The Doors of perception*. New York: Harper & Row.

Jones, J. (1991). *Contemporary psychoanalysis and religion*. New Haven: Yale University Press.

Jung, C. (1975). *Letters*. (Vol. 2: 1951-1961). Princeton: Princeton University Press.

Kakar, S. (1991). *The analyst and the mystic*. Chicago: University of Chicago

Press.

Kohut, H. (1971). *The analysis of the self.* New York: International Universities Press.

Kohut, H. (1977). *Restoration of the self.* Madison, CT: International Universities Press.

Kornfield, J. (1993a). The seven factors of enlightenment. In *Paths beyond ego.* Los Angeles: Tarcher.

Kornfield, J. (1993b). *A path with beart.* New York: Bantam Books.

Krishnamurti, J. (1973). *The Awakening of intelligence.* New York: Harper and Row.

Kuhn, T. (1962). *The structure of scientific revolutions.* Chicago: University of Chicago Press.

Leary, T. (1967). The religious experience: Its production and interpretation. *Journal Psychedelic Drugs*, *1* (2), 3-23.

Leary, T. (1968). *High priest.* New York: college Notes and Texts, Inc.

Leary, T., et al. (1962). Investigations into the religious implications of consciousness expanding experience. Newsletter, 1, Research program on consciousness altering substances. Cambridge, MA: Harvard University.

Leary, J. H. (1929). *Psychology of religious mysticism.* New York: Harcourt Brace.

Levey, J., & Levey, M. (1987). *The fine arts of relaxation, concentration and meditation.* Boston: Wisdom Publications.

Levine, S. (1982). *Who dies?* New York: Anchor Press/Doubleday.

Levine, S. (1987). *Healing into life and into death.* New York: Doubleday.

Lukoff, D. (1985). The diagnosis of mystical experiences with psychotic features. *Journal of Transpersonal Psychology*, *17* (2), 155-181.

Lukoff, D., Lu, F., & Turner, R. (1992). Toward a more culturally sensitive DSM-IV. *Journal of Nervous and Mental Disease*, *180* (11), 673-682.

Mandel, A. J. (1980). Toward a psychobiology of transcendence. In Davidson & Davidson (Eds.) *The Psychobiology of Consciousness.* New York: Plenum.

Maslow, A. (1968). *Toward a psychology of being.* (2md ed.). Princeton: Von Nostrand.

Maslow, A. (1970). *Religions, values and peak experiences.* New York: Viking.

Maslow, A. (1971). *The further reaches of human nature.* New York: Viking.

May, G. (1982). *Care of the mind/Care of the spirit.* New York: Harper Collins.

May, R. (1969). *Love and will*. New York: Norton.

May, R. (1977). *The meaning of anxiety*. New York: Norton.

May, R., Angel, E., & Ellenberger, H. (Eds.). (1958). *Existence*. New York: Basic Books.

Meadow, M., & Culligan, K. (1987) Congruent spiritual paths. *Journal of Transpersonal Psychology*, 181-196.

Michael S. R., Huber, M., McCann, D., (1976). Evaluating transcendental meditation as a method of reducing stress. *Science, 192* (4245), 1242.

Murphy, M., & Donovan S. (1985). *Contemporary Meditation Research*. San Francisco: Esalen Foundation.

Naranjo, C. (1973). *The healing journey*. New York: Random House.

Naranjo, C. (1990). *How to be*. Los Angeles: Tarcher.

Naranjo, C. (1993). *Gestalt therapy*. Nevada City, CA: Gateways.

Nathanson, D. (1992). *Shame and pride*. New York: W. W. Norton.

Nelson, J. (1990). *Healing the split*. Los Angeles: Tarcher.

Pahnke, W. (1963). *Drugs and mysticism: An analysis of the relationship between psychedelic drugs and the mystical consciousness*. Ph. D. dissertation. Harvard University, Boston.

Perls, F. (1969). *Gestalt therapy verbatim*. Moab, UT: Real People Press.

Roquet, S., Favreau, P., Ocana, R., & de Velasco, M. (1975). *The existential through psyschodisleptics—A new psychotherapy*. Mexico, D. F.: Asociacion Albert Schweitzer, A. C.

Rorty, R. (1989), *Contingency, irony, and solidarity*. Cambridge: Cambridge University Press.

Rothberg, D. (1986). Philosophical foundations of transpersonal psychology. *Journal of Transpersonal Psychology*, *18*, 1-34.

Rowan, J. (1993). *The transpersonal*. London: Routledge.

Russell, E. (1986). Consciousness and the unconscious: Eastern meditative and Western psychotherapeutic approaches. *Journal of Transpersonal Psychology*, *18*, 51-72.

Sannella, L. (1978). Kundalin: Clasical and Clinical in White, J. (Ed.), *Kundalini, Evolution and Enligbtenment*. Garden City, N.Y.: Anchor Books/Doubleday.

Schneider, K., & May, R. (1994). *The psychology of existence*. New York: McGraw Hill.

Schwartz, T. (1995). *What really matters*. New York: Bantam.

Smith, H. (1976). *Forgotten truth*. New York: Harper and Row.

Speeth, K. (1982). On psychotherapeutic attention. *Journal of Transpersonal Psychology*, *14* (2), 141-160.

Stolorow, R. (1992). Closing the gap between theory and practice with better psychoanalytic theory. *Psychotherapy*, 29, 2.

Stolorow, R., Brandchaft, B., & Atwood, G. (1987). *Psychoanalytic treatment*. New Jersey: Analytic Press.

Suler, J. (1993). *Contemporary psychoanalysis and Eastern thought*. Albany, NY: SUNY Press.

Sutich, A. J. (1969). Some Considerations regarding transpersonal psychology. *Journal of Transpersonal Psychology*, *1* (1), 15-16.

Tomkins, S. (1962). *Affect/imagery/consciousness*. Vol. 1: *The positive affects*.

Tomkins, S. (1963). *Affect/imagery/consciousness*. Vol. 2: *The negative affects*. New York: Springer.

Tomkins, S. (1991). *Affect/imagery/consciousness*. Vol. 3: *The negative affects: anger and feel*. New York: Springer.

Trungpa, C. (1974). *Cutting through spiritual materialism*. Berkeley: Shambhala.

Vaughn, F. (1979). Transpersonal psychotherapy: Context, content and process. *Journal of Transpersonal Psychology*, *11* (2), 101-110.

Wallace, R. (1970). Physiological effects of transcendental meditation. *Science*, *167* (926), 1751-1754.

Walsh, R., & Vaughn, F. (1993). *Paths beyond ego*. Los Angeles: Tarcher.

Washburn, M. (1988). *The ego and the dynamic ground*. Albany, NY: SUNY Press.

Washburn, M. (1990). Two patterns of transcendence. *Journal of Humanistic Psychology*, Vol. 30, No. 3, 84-112.

Washburn, M. (1994). *Transpersonal psychology in psychoanalytic perspective*. Albany, NY: SUNY Press.

Weill, A. (1972). *The natural mind*. Boston: Houghton Mifflin.

Welwood, J. (1980). Reflections of psychotherapy, focusing, and meditation. *Journal of Transpersonal Psychology*, *12*, 127-141.

Welwood, J. (1984). Principles of inner work: Psychological and spiritual. *Journal of Transpersonal Psychology*, *16* (1), 63-73.

Wilber, K. (1977). *The spectrum of consciousness*. Wheaton, IL: Quest.

Wilber, K. (1980). *The atman project*. Wheaton, IL: Quest.

Wilber, K. (1981a). *No boundary*. Boston: Shambhala.

Wilber, K. (1981b). *Up from Eden*. New York: Doubleday.

Wilber, K. (Ed.). (1982). *The holographic paradigm and other paradoxes*. Boston: Shambhala.

Wilber, K. (1983). *A sociable God*. New York: McGraw-Hill.

Wilber, K. (Ed.). (1984). *Quantum qrestions*. Boston: Shambhala.

Wilber, K. (1990). *Eye to eye*. Boston: Shambhala.

Wilber, K. (1991). *Grace and grit*. Boston: Shambhala.

Wilber, K. (1995). *Sex, ecology, and spirit* (Vol. 1). Boston: Shambhala.

Wilber, K. (1996). *A brief history of everything*. Boston: Shambhala.

Wilber, K. (1997). *The Eye of Spirit*. Boston: Shambhala.

Wilber, K., Engler, J., & Brown, D. (1986). *Transformations of consciousness*. Boston: Shambhala.

Wolpe, J. (1958). *Psychotherapy by reciprocal inbibition*. Stanford: Stanford University Press.

Yalom, I. (1980). *Existential psychotherapy*. New York: Basic.

Yenson, R. (1988). From mysteries to paradigms. *ReVision 10* (4). 31-50.

【附錄二】
英文索引

編按：附錄二、附錄三所標示之數字為原文書頁碼，請對照貼近內文左右之原文頁碼。

A

Adler, Alfred 阿德勒 35, 96
Addiction 成癮 215-218
affect regulation 情感調節 130, 138, 150
affirmations 自我肯定 143, 144, 145
aikido 合氣道 21
Alcoholics Anonymous 匿名戒酒會 20, 215, 216, 217, 218
Ali, Hameed 哈彌・阿里 90-95, 231
altered states of consciousness 超常意識狀態 7, 10, 15, 16, 19, 21, 55, 94, 117, 120, 181-204, 205
angels 天使 29
anima 阿尼瑪 84
animus 阿尼姆斯 84
archetypes 原型 29, 82, 83, 86, 89, 90
Assagioli, Roberto 羅貝托・阿沙鳩里 95-97
assumptions, of transpersonal theory 超個人理論的假設 16
astral body 星體 29
atman 梵我 3, 28, 31, 94, 128, 146, 233
auras 靈氣 29, 223, 224, 225
Aurobindo, Sri 奧羅賓多 39, 52, 53, 73, 128, 141, 179
awareness continuum 連續性覺察 105

B

behaviorism 行為主義 15, 21, 22, 33, 34, 40, 43, 48, 51, 143, 144
Berne, Eric 艾瑞克・伯恩 68, 74
Bhagavad Gita 薄伽梵歌 19, 27, 235
Bhakti 虔誠 32, 126, 134-140
biochemistry 生物化學 9
bioenergetics 生物能學派 11, 15, 21
biofeedback 生理回饋 21
birth 出生 98, 99, 100, 205-207
body-centered therapeutic approaches 以身體為中心的治療取向 21, 64, 93, 115-119, 176
bodynamics 身體動力學 115
Boss, Medard 博斯 46, 103
bracketing 存而不論 103
Brahma 梵天、大梵 30
breathwork 呼吸工作 16, 21, 93, 95, 115, 116-117, 207
Buber, Martin 布伯 102, 106
Buddhism 佛教 11, 27, 28, 30, 31, 32, 33, 43, 52, 54, 85, 87, 94, 105, 106, 107, 108, 110, 111, 112, 117, 124, 125, 126, 127, 128, 132, 135, 142, 143, 145, 146, 156, 218, 219, 233, 235
Bugental, James 布金妥 56, 103, 106

C

Catholic Church 天主教 18
celestial plane 屬天層面 29
chakra 脈輪 29, 140, 141, 161, 223, 224,

225, 234
channeling 通靈 10, 165, 224
Christianity 基督教 12, 26, 27, 77, 106, 118, 135, 138, 142, 145, 146, 156, 157, 219
clairvoyance 靈視 29, 223
client centered therapy 以案主為中心的治療 15
COEX systems 濃縮經驗系統 98, 99
cognitions 認知 21
cognitive insight 認知的洞識 53
cognitive script pathology 認知的腳本病理學 68, 74
cognitive therapy 認知治療 33, 43, 68, 74
collective unconscious 集體潛意識 29, 82
compassion 慈悲 21, 108, 114, 239-240
concentration-building practices 建立專注法 145
conflict model 衝突模式 34, 49
contemplation 默觀 141
core energetics 核心能量學 115
countertransference 反移情作用 220, 238
criteria for spiritual emergency 靈性危機的診斷準則 169-170
cults 邪教 220

D

dark night of the soul 靈魂的暗夜 70, 86-88
Dass, Ram 蘭姆・達斯 203
death 死亡 60, 208-209
deficiency states 匱乏狀態 111, 112
definition of transpersonal 超個人的定義 8-10
demons 魔鬼 156
derepression 解除壓抑 132, 137
devas 提婆 29
developmental models 發展模式 66
devotion 奉獻 32
diamond approach 鑽石途徑 63, 90-95, 120
Divine Father 聖父 30
Divine Mother 聖母 30
diet 飲食 175
dreamwork 夢工作 21
dream analysis 夢的分析 11
dynamic ground 動力之源 84, 85, 86

E

Eckhart, Meister 艾克哈 72
EEG patterns 腦波型態 124
Eisler, Riane 艾斯勒 28, 72
empathy 同理心 59, 137, 147
energy field 能量場 223, 225
Engler, Jack 英格勒 108, 110, 132, 133, 149, 151
ESP 超感官知覺 29
episodes of unitive consciousness 合一意識 163
epistemological methods 認識論方法 226
Epstein, Mark 艾普斯坦 58, 108, 111, 112
Erikson, Erik 艾瑞克森 68, 74, 75
essence 本體 60, 91-95
etheric body 以太體 see astral body（參考星體）
ethical dilemmas 倫理困境 194, 195, 218-226
evocative practices 誘發法 140-145
existential pathology 存在病理學 69, 74
existential therapy 存在治療 18, 37, 38, 40, 45, 46, 47, 63, 68, 69, 74, 102-108, 120, 129, 217
exercise 運動 175, 176, 224

exorcism 驅魔 224
expressive arts techniques 表達性藝術技巧 21

F

fallenness 墮落 27
family systems 家庭系統 9, 42, 131
fasting 禁食 16
focusing 澄心聚焦 21, 118
Fankl, Victor 法蘭可 20
free association 自由聯想 11, 112, 141
Freud, Sigmund 佛洛伊德 9, 13, 34, 37, 42, 46, 65, 66, 81, 129, 136, 142, 157, 188, 209, 219
fundamentalism 基本教義派 212

G

Gendlin, Eugene 尤金・錢德林 118
genetics 遺傳學 , 9
gestalt therapy 完形治療 14, 15, 18, 21, 37, 96, 104-107, 112, 131
ghosts 鬼魂 , 29
Gill, Merton 吉爾 46, 111, 114
Goleman, Daniel 高曼 125, 126, 142, 152
Good Friday experiment 受難日實驗 187
Grof, Stanislav 史坦尼斯拉夫・葛羅夫 11, 26, 64, 97-102, 120, 140,184, 185, 186, 187, 208, 231
Grof, C. & Grof, S. 葛羅夫夫婦 73, 158, 160, 169
grounding 落實 175-177
guided imagery 引導想像 15, 21, 96

H

Hakomi 哈科米療法 115, 118
heart-centered 以心為重 21, 108, 114, 136, 239-240
Hinduism 印度教 3, 27, 28, 30, 31, 52, 54, 77, 135, 156, 240
historical prejudices 歷史的偏見 42-49
holes, theory of 坑洞理論 92
holographic 全方位 127, 224
holotropic breathwork 全方位呼吸工作 15, 21, 64, 97-102, 117, 231
Horney, Karen 荷妮 35
humanistic psychology 人本心理學 15, 22, 33, 37, 40, 42-48, 52, 129, 239
Huxley, Aldous 阿道斯・赫胥黎 26, 184
hypnosis 催眠 16, 21, 207

I

I and Thou 我與你 106
idealizing transference 理想化移情作用 220
identity neurosis 認同性精神官能症 68, 74
imaginal realm 想像世界 84, 90, 96, 120
immune response 免疫反應 141
infinite plane 永恆層面 29
inner child 內在小孩 96
intermediate plane 中介層面 29
interpreation 詮釋 11
intersubjectivity 相互主體性 43, 57, 106, 110, 111, 112, 113, 114, 119
intrinsic health 內在固有的健康 106
Islam 回教 26, 27, 135

J

John of the Cross, Saint 聖十字若望 70, 86-88
Jones, James 瓊斯 110
Journal of Transpersonal Psychology 超個人心理學期刊 12
Judaism 猶太教 26, 27, 30, 118, 135
Jung, Carl 榮格 2, 3, 11, 18, 26, 35, 63, 64, 69, 81-90, 95, 120, 164, 188, 216, 231

K

Kabat-Zinn, Jon 卡巴金 22
Kali 卡莉 30
karma 業 67
Kernberg, Otto 克恩伯格 67
Kierkegaard, Sören 齊克果 103
koan 公案 143
Kohut, Heinz 寇哈特 43, 46, 74, 110, 111, 114
Kornfield, Jack 康菲爾德 117, 125, 126
Korzybski, Alfred 柯布季斯基 12
Krishna, Sri 克里希納 19, 30, 235
Krishnamurti, Jiddu 克里希那穆提 55, 106, 128, 147
Kubler-Ross, Elisabeth 伊莉莎白・庫柏勒—羅絲 208
Kuhn, Thomas 湯瑪斯・孔恩 178
Kundalini 拙火 10, 70, 146, 155, 161, 162, 178, 223

L

Laing, R.D. 蘭恩 44, 163
Leary, Timothy 李瑞 182, 186
Levine, Steven 史帝芬・拉汶 208
LSD（一種迷幻藥名稱的縮寫）97-102, 183, 184, 190, 192, 193, 197, 201, 203
Lukoff, David 盧可夫 158, 171

M

Maharshi, Ramana 拉瑪納・馬哈希 128, 163, 208
Mahler, Margaret 瑪勒 47, 67, 85, 206
mantra meditation 持咒靜坐 124, 125, 146-148
Maslow, Abraham 馬斯洛 17, 37, 38, 43, 44, 47, 67, 230
May, Rollo 羅洛・梅 44, 74, 103
MDMA（搖頭丸的化學成分）183, 191, 197, 201
medication 藥物 67, 176
meditation 靜坐 7, 16, 21, 58, 111, 112, 113, 123-153, 177, 197, 220, 221, 222, 223, 224
Merrill-Wolff, Franklin 梅瑞爾一吳爾夫 54
methodology 方法學 10, 11, 14, 15, 51-60, 105
mid-life crisis 中年危機 84, 86-88
mindfulness practices 觀照法 125, 127-134
morality 道德 , 107
motivational hierarchies 動機的層次 17

N

Naranjo, Claudio 納蘭周 107, 127, 183, 191-194
nature spirits 自然的靈體 29
narrative therapy 敘事治療 42
near-death experience 瀕死經驗 162, 163, 178
Nelson, John 尼爾森 171, 172
neuroscience 神經科學 9
new converts 剛剛改變信仰的人 213
non-defensiveness 無防衛 112
nondualism 不二論、非二元論 26, 27, 28, 30, 31, 32, 48, 72, 118, 135, 230, 241
nuclear program 核心計劃 18, 36, 110

O

object relations 客體關係 18, 43, 92, 93, 110, 129, 131
object relations, reactivation of 客體關係的誘發 87, 113
organismic self-regulation 有機的自我調節 18

P

paranaormal research 超自然研究 2
past-life experiences 前世經驗 164
past-life regression 回溯前世 224
perennial philosophy 永恆哲學 26-31, 53, 66
perinatal realm 出生前後的範疇 186
Perls, Frederick 波爾斯 43, 52, 94, 105, 106
Perry, John 派瑞 164
peyote 培奧特仙人掌 183, 190
phenomenology 現象學 37, 54, 103, 111, 137
phobias 畏懼症 124
Piaget, Jean 皮亞傑 66
Plotinus 柏羅丁 72
possession states 附身狀態 29, 166, 167
post-modern 後現代 25
post-traumatic stress 創傷後壓力症候群 124
pranayama 調整呼吸 117
pranic disorders 氣脈不調 70
predictions of future 預測未來 29
prepersonal 前個人 65-68, 71, 73
present-centeredness 以當下為中心 104, 113, 128
pre/trans fallacy 前／超謬誤 65-66, 72, 86
pseudo-duhka 假苦 70
pseudo-nirvana 假涅盤 70, 87
psilocybin 希洛西賓 183
psychedelics 迷幻藥 16, 21, 97-102, 181-204, 207, 224
psychic opening 神通能力的開啟 165, 167, 178
psychic phenomena 神通現象 29
psycho-spiritual framework 心理—靈性架構 25-49, 173
psychosynthesis 心理綜合學 15, 18, 95-97, 221
purification 淨化 41

R

Ramakrishna 拉瑪克里希那 72
Rank, Otto 蘭克 35, 96, 99
Rational Recovery 理性戒酒計劃 217
Rebirthing 重新誕生 117, 206
reciprocal inhibition 交互抑制 142, 150, 152, 153
recovery, see addication 復原，見成癮
regression 回溯 206, 207
regression in the service of transcendence 回歸以促成超越 85-88, 172
Reich, Wihelm 威罕．芮克 35, 36, 37, 52, 99, 115, 116, 118, 119
relational matrix 關係母質 55
relaxation response 放鬆反應 124, 125
reincarnation 輪迴 28
renewal through return to center 回歸核心而得到更新 163
Rogers, Carl 羅傑斯 37, 43, 240
role pathology 角色病理學 68, 74
role-playing 角色扮演 21
Roquet, Salvador 羅奎特 189, 190
Rorty, Richard 羅提 25
Rothberg, Donald 羅斯伯格 28
Rowan, John 羅旺 15, 28, 127
rule pathology 規條病理學 68, 74
Russell, Elbert 拉塞爾 12, 123, 151

S

sacred marriage 神聖結合 32, 48
salvation 救贖 27
Sartre, Jean Paul 沙特 98, 102
Satir, Virginia 薩提爾 42
script pathology 腳本病理學 68, 74
Self, Jungian term 自性（榮格學派的用

語）2, 83, 84, 85, 86, 88, 90, 91
Self, Hindu term 梵我（印度教的用語）2, 60, 146, 147
self-actualization 自我實現 17, 37, 110, 137
self-disclosure 自我坦露 219
self knowledge 自我認識 109
self psychology 自體心理學 18, 36, 42. 44, 110, 113, 129, 131, 144
self regulation strategy 自我調節的方法 124, 150, 151
Selver, Charlotte 夏洛特・塞爾維 52, 106, 115, 118, 184
sensory awareness 感官覺察 21, 106, 115, 117, 118
sensory barrier 感官障礙 98, 186
set 心理條件 185, 186, 195-197, 200
setting 環境條件 185, 186, 197, 198, 200
shadow 陰影 84
shamanism 薩滿 2, 10, 12, 16, 21, 29, 58, 156, 165, 167, 190, 204, 224
shamanic crisis 薩滿的危機 165
Shiva 濕婆 30
sleep 睡眠 176
Smith, Huston 赫斯頓・史密斯 26, 28, 53
somatic psychotherapies, see body-centered 身體心理治療（見「以身體為中心」的治療取向）
spectrum model 光譜模式 64-81
Speeth, Kathleen 史畢斯 58
spiritual by-passing 靈性的逃避 19, 209-215, 238
spiritual director 靈性導師 221
spiritual emergency 靈性危機 7, 60, 69, 101, 155-179, 231, 237
spiritual experience with psychotic features 靈性經驗伴隨精神病特徵 171, 172
state-dependent learning 取決於特定狀態的學習 101, 201
Stolorow, Robert 史托羅洛 46, 54, 109, 130
strategic therapy 策略性治療 42
stress 壓力 124, 160
structure-building 建立結構 36, 55, 67, 69, 131, 202
subtle body 微細身體 29, 225
Sufism 蘇菲教派 27, 91, 118
Suler, John 蘇勒 108, 109, 127
suppressive practices 壓抑法 142-145, 147
systems theories 系統理論 42
Szasz, Thomas 薩茲 218

T

Tara 塔拉 30
Tao 道家 19, 108
Tereas of Avila, Saint 亞維拉的聖女大德蘭 88
Trungpa, Chogyam 邱揚・創巴 78
tai chi 太極拳 21, 58
techniques 技巧 11, 14, 15, 21, 22, 229
technology 技術 10, 11
temporal orientation 時間取向 108, 113
  horizontal time frame 橫向時間架構 104
  vertical time frame 縱向時間架構 104
terrestrial plane 人間層面 29
theism 一神論 26, 27, 29, 30, 31, 32, 48, 72, 118, 126, 134-140, 230, 241
therapeutic relationship 治療關係 7
therapist as seeker 身為尋求者的治療師 56
therapist as teacher 身為靈性老師的治療師 219, 220
Thich Nhat Hahn 一行禪師 43
Tillich, Paul 田立克 102

titans 泰坦 29
transactional analysis 溝通分析 68, 74
transcendental meditation 超覺靜坐 124
transference 移情作用 11, 36, 54, 55, 113
12-step programs 十二步驟計劃 216-218

U-Z

UFO encounters 遇見幽浮 157, 167, 168
Vaughn, Francis 方恩 14, 158
Vedanta 吠檀多 27, 31, 85, 135
Venn diagrams 交集圖 132, 138
vipassana 內觀 see mindfulness
Vishnu 昆濕奴 30
Visualization 心像 96, 141, 150
voice work 聲音工作 21
Walsh, Roger 渥許 26, 124, 125, 158
Washburn, Michael 瓦許本 26, 31, 64, 73, 81, 84-90, 95, 109, 126, 128, 172
Weill, Andrew 魏爾 182
Welwood, John 維爾伍德 118, 130, 209
Whitaker, Carl 懷泰克 42
Wiber, Ken 肯恩・威爾伯 11, 26, 28, 31, 63-81, 109, 119, 230
witches 女巫 210
yoga 瑜伽 21
yogic illness 瑜伽病 70

【附錄三】

延伸閱讀

一、本書譯者與超個人心理學有關的其他譯著

- 《關係花園》(2005),麥基卓,黃煥詳(Jock McKeen,Bennet Wong)著,心靈工坊。
- 《超凡之夢——激發你的創意與超感知覺》(2004),克里普納,柏格莎朗,迪卡瓦荷(Stanley Krippner,Fariba Bogzaran,Andre Percia de Carvalho)著,心靈工坊。
- 《超越自我之道——超個人心理學的大趨勢》(2003),羅傑·渥許,法蘭西絲·方恩(Roger Walsh,Frances Vaughan)編著,心靈工坊。
- 《疾病的希望——身心整合的療癒力量》(2002),托瓦爾特·德特雷福仁,呂迪格·達爾可(Thorwald Dethlefsen,Rüdiger Dahlke)著,心靈工坊。
- 《聖徒與瘋子——打破心理治療與靈性的藩籬》(2001),羅素·蕭圖(Russell Shorto)著,張老師文化。

二、超個人思想經典

- 《神話的智慧——時空變遷中的神話》(2002),約瑟夫·坎伯(Joseph Campbell)著,立緒。
- 《宗教經驗之種種》(2001),威廉·詹姆斯(William James)著,立緒。
- 《超越後現代心靈》(2000),休斯頓·史密士(Huston Smith)著,立緒。
- 《西方心靈的激情》(1995),理查·塔那斯(Richard Tarnas)著,正中。

三、榮格思想選書

- 《榮格心靈地圖——人類的先知神祕心靈世界的拓荒者》(1999),

Murray Stein 著，立緒。
- 《人及其象徵》（1998），榮格（C. G. Jung）主編，立緒。
- 《榮格自傳——回憶・夢・省思》（1997），榮格（C. G. Jung）著，張老師文化。
- 《導讀榮格》（1997），Robert H. Hopcke 著，立緒。
- 《榮格心理指南：理論、實踐與當代應用》（2022），雷諾斯・帕巴多博洛斯（Renos K. Papadopoulos）編，心靈工坊。

四、肯恩・威爾伯思想選書

- 《意識光譜》（2017），肯恩・威爾伯（Ken Wilber）著，一中心有限公司。
- 《萬法簡史》（2005），肯恩・威爾伯（Ken Wilber）著，心靈工坊。
- 《事事本無礙》（2002），肯恩・威爾伯（Ken Wilber）著，光啟。
- 《恩寵與勇氣》（1998），肯恩・威爾伯（Ken Wilber）著，張老師文化。

五、哈彌・阿里（阿瑪斯）的思想

- 《鑽石途徑 III——探索真相的火焰》（2005），阿瑪斯（A. H. Almaas）著，心靈工坊。
- 《鑽石途徑 II——存在與自由》（2004），阿瑪斯（A. H. Almaas）著，心靈工坊。
- 《鑽石途徑 I——現代心理學與靈修的整合》（2004），阿瑪斯（A. H. Almaas）著，心靈工坊。

六、阿沙鳩里的心理綜合學

- 《超個人心理學——心理學的新典範》（2002），李安德（Andre Lefebvre）著，桂冠。
- 《明日之我》（1991），Piero Ferrucci 著，光啟。

七、靜坐與超個人心理學

- 《狂喜之後》（2001），傑克・康菲爾德（Jack Kornfield）著，橡樹林。
- 《心靈幽徑——冥想的自我療法》（1995），傑克・康菲爾德（Jack Kornfield）著，幼獅。
- 《內觀自得》（1990），Pet A. Campbell, Edwin M. McMahon 著，光啟。

- 《超越正念：當下立斷的覺知練習》（2024），史蒂芬・鮑地安（Stephan Bodian），心靈工坊。

八、其他

- 《超心理學》（2001），艾畦著，老古文化。
- 《眾妙之門》（2000），赫胥黎（Aldous Huxley）著，新雨。
- 《新生命手冊》（2000），麥基卓，黃喚詳（Jock McKeen，Bennet Wong）著，心理。
- 《身心合一——肢體心靈和諧的現代健康法》（1998），肯恩・戴特沃德（Ken Dychtwald）著，生命潛能。
- 《意識革命——人類心靈的終極探索》（1997），史坦尼斯拉弗・葛羅夫，郝爾・吉那・班奈特（Stanislav Grof，Hal Zina Bennett）著，生命潛能。

Master 092

超個人心理治療：
心理治療與靈性轉化的整合

Psychotherapy and Spirit:
Theory and Practice in Transpersonal Psychotherapy

著—布蘭特・寇特萊特（Brant Cortright）　譯—易之新

出版者—心靈工坊文化事業股份有限公司
發行人—王浩威　總編輯—徐嘉俊
執行編輯—裘佳慧　編輯協力—趙士尊　特約編輯—林靜宜
內文排版—龍虎電腦排版股份有限公司
通訊地址—106 台北市信義路四段 53 巷 8 號 2 樓
郵政劃撥—19546215　戶名—心靈工坊文化事業股份有限公司
電話—02）2702-9186　傳真—02）2702-9286
Email—service@psygarden.com.tw　網址—www.psygarden.com.tw

製版・印刷—中茂分色製版印刷事業股份有限公司
總經銷—大和書報圖書股份有限公司
電話—02）8990-2588　傳真—02）2290-1658
通訊地址—242 新北市新莊區五工五路 2 號（五股工業區）
二版一刷—2024 年 12 月　ISBN—978-986-357-410-1　定價—500 元

國家圖書館出版品預行編目資料

超個人心理治療：心理治療與靈性轉化的整合 / 布蘭特・寇特萊特（Brant Cortright）著；易之新譯．-- 二版．--
臺北市：心靈工坊文化事業股份有限公司，2024.12
面；　公分．--（Master；92）
譯自：Psychotherapy and Spirit: Theory and Practice in Transpersonal Psychotherapy
ISBN 978-986-357-410-1（平裝）

1. CST：心理治療　2. CST：超心理學

178.8　　113018865

心靈工坊 PsyGarden 書香家族 讀友卡

感謝您購買心靈工坊的叢書，爲了加強對您的服務，請您詳塡本卡，
直接投入郵筒（免貼郵票）或傳眞，我們會珍視您的意見，
並提供您最新的活動訊息，共同以書會友，追求身心靈的創意與成長。

書系編號—MA 092　　書名—超個人心理治療：心理治療與靈性轉化的整合

姓名　　是否已加入書香家族？ □是 □現在加入

電話 (O)　　(H)　　手機

E-mail　　生日　　年　　月　　日

地址 □□□

服務機構　　職稱

您的性別—□1.女 □2.男 □3.其他

婚姻狀況—□1.未婚 □2.已婚 □3.離婚 □4.不婚 □5.同志 □6.喪偶 □7.分居

請問您如何得知這本書？

□1.書店 □2.報章雜誌 □3.廣播電視 □4.親友推介 □5.心靈工坊書訊
□6.廣告DM □7.心靈工坊網站 □8.其他網路媒體 □9.其他

您購買本書的方式？

□1.書店 □2.劃撥郵購 □3.團體訂購 □4.網路訂購 □5.其他

您對本書的意見？

□ 封面設計　1.須再改進 2.尚可 3.滿意 4.非常滿意
□ 版面編排　1.須再改進 2.尚可 3.滿意 4.非常滿意
□ 內容　1.須再改進 2.尚可 3.滿意 4.非常滿意
□ 文筆／翻譯　1.須再改進 2.尚可 3.滿意 4.非常滿意
□ 價格　1.須再改進 2.尚可 3.滿意 4.非常滿意

您對我們有何建議？

□本人同意＿＿＿＿＿＿＿（請簽名）提供（真實姓名/E-mail/地址/電話/年齡/等資料），以作為心靈工坊（聯絡/寄貨/加入會員/行銷/會員折扣/等之用，詳細內容請參閱http://shop.psygarden.com.tw/member_register.asp。

廣　告　回　信
台北郵政登記證
台北廣字第1143號
免　貼　郵　票

心靈工坊 PsyGarden

10684台北市信義路四段53巷8號2樓

讀者服務組　收

免　貼　郵　票

（對折線）

加入心靈工坊書香家族會員
共享知識的盛宴，成長的喜悅

請寄回這張回函卡（免貼郵票），
您就成為心靈工坊的書香家族會員，您將可以——

⊙隨時收到新書出版和活動訊息

⊙獲得各項回饋和優惠方案